近世関東の土豪と地域社会

鈴木直樹著

吉川弘文館

目次

図表目次

序章　本書の課題と構成

近世前期の関東村落には、土豪が広範に存在していた。本書は、土豪およびその子孫らを主軸に、村政運営をめぐる村民の動向、村落内の経済構造、地縁・血縁関係をはじめとした社会関係、および領主支配の構造などの変化を分析し、近世関東における村落社会の形成・展開過程の一端を明らかにするものである。

戦後歴史学の課題は、戦後社会の随所に見られた「封建遺制」を克服するべく、封建社会・封建権力確立の過程を解明することにあった。なかでも、封建社会の基盤となる小農民経営の形成について、激論が交わされた。その結果、一七世紀における小農自立の様相が解明され、小領主・土豪を中心とする村落から、小百姓を中心とする村落への変化こそが、近世村落の形成過程であると言われた。そして、近世前期の土豪（小領主）は、成長した小農共同体によりいずれ「解体」「克服」「止揚」されるべき存在である(1)と評価されてきた。

しかし近年、村の存続と自治性を支える存在として、中近世移行期（おもに一五世紀後半から一六世紀）の侍衆・土豪が再評価されている(2)。さらに、金銭などの融通機能を通じて、その性格を変えながら近世社会に存続する土豪の子孫（土豪家）の存在が明らかにされている(3)。本書では、土豪を先祖に持つ家を「土豪家」と呼ぶ。

近年の中近世移行期研究の進展を受け、近世前期の土豪の存在や役割についても見直しが進んでいる(4)。だが、土豪らによる大規模な家父長的地主経営が広範に見られるとされてきた(5)近世前期の関東（東国）の村落に関しては、研究が進展していない。それゆえに、村の自治とそれを支える小農自立を達成した「先進的」な畿内・近国村落と、それからは大きくかけ離れた「後進的」な関東村落という構造が、今もなお通説のように語られている。そして、土豪が存在する関東村落も、その後畿内・近国村落と同じように小農自立が達成され、土豪は克服されていくと理解されている。(6)

近世後期（文化～天保期）に編纂された官撰地誌『新編武蔵風土記稿』『新編相模国風土記稿』を紐解いてみると、「旧家者百姓」という項目が設けられている。本書第二部第四章が明らかにするように、両書に記載される「旧家者百姓」の多くが、戦国末期の土豪の子孫である。近世後期になっても、関東の各所に土豪の子孫（土豪家）が存続した。本書で分析する武蔵国久良岐郡永田村（現・神奈川県横浜市南区）の服部家や同国榛沢郡荒川村（現・埼玉県深谷市）の持田家などは、『新編武蔵風土記稿』に記載のある、土豪家である。

もちろん、両書の記述は由緒的側面も含むものであり、記事内容を個別に精査する必要はある。また一方で、両書に掲載されなかった家、あるいは両書の成立までに没落した家もあるだろう。こうした家を含めると、戦国期以来の土豪は近世前期には相当数存在していたことは間違いない。土豪は、その性格をどのように変え、近世後期に至るまで優位な地位を維持したのであろうか。

このような問題関心の下、本書では土豪の変容過程を軸に、土豪が広範に存在する関東に特徴的な近世村落社会の形成・展開過程の一端を示したい。こうした試みは、関東における中世的村落社会から近世的村落社会への変容過程を解明することになり、畿内・近国村落を事例としてきた従来の研究を相対化するものとなろう。

では、節を改めて、①土豪について、②近世前期の関東について、の研究史を整理し、研究課題をより詳細に述べていくこととする。

一　先行研究の整理

1　「土豪」とは

太閤検地論と中近世史研究

安良城盛昭氏(7)による太閤検地論は、中世・近世の中間層（土豪や小領主・地主）の存在に注目が集まる契機となった。安良城氏は、太閤検地以前の社会を荘園体制社会と規定し、荘園体制社会の基礎である名は名主の家父長的奴隷制による経営体であるとした。これは、それまで農奴制（封建制）社会であるとされてきた中世社会を、家父長的奴隷制社会であると規定した画期的な研究であった。そして、太閤検地は名主の支配下にあった小作・名子・下人らを自立した小農たらしめた革命的土地政策であり、単婚小家族形態をとる直接生産者（農奴）から成る農奴制社会成立の画期だと主張した。

中世奴隷制（荘園体制社会）から近世農奴制（幕藩体制社会）へという安良城氏の見解は、近世史研究者にはおおむね受け入れられ、その後、小農経営の自立過程をめぐって小農自立論が展開されていく。そして、近世前期の小農の対概念としての中間層について、本格的に分析したのが、佐々木潤之介氏(8)、朝尾直弘氏(9)であった。

佐々木氏は、近世初頭の中間層を「名田地主」と定義した。名田地主の経営は、譜代下人労働力に依拠した手作地経営と、自立した譜代下人による小作地経営の二つの柱から成っていた。こうした経営のあり方は、小農自立が進展していくにつれて変化した。すなわち、譜代下人の労働力に依拠した手作地経営は、小農自立の影響により縮小され、現物小作料を収取する小作地経営へとその経営の主軸が移り、彼らは質地地主化したということである。

朝尾氏は近世前期の中間層を「小領主」とし、彼らを「近世の村単位ていどの広さで水利・林野を占有し、商品流通を独占的に掌握することによって土地所有を補強しており、非血縁下人を大量に集積するとともに、これら下人を放出する家族を従え、その外側に自己の同族団と他の従属的同族団の経営を隷属させていた。その経営は、下人労働による手作地と、隷属農民による下作地とからなっていた」存在と定義した。そして一七世紀前半の村落には、小領主制的支配秩序と小農民共同体的秩序の対立・緊張関係があり、前者の最終的な解体と、後者への包摂の過程が存在するとした。

佐々木氏、朝尾氏がおもに小領主・土豪の経済的側面に着目したのとは対照的に、水本邦彦氏(10)は国家史的観点から村政運営の状況を中心に考察した。水本氏は、畿内の初期・前期村方騒動を分析し、その「庄屋―惣百姓（中核は年寄）」という対立構図が「庄屋・年寄―小百姓層」へと変化していったとして、その背景に村政の担い手が庄屋個人（庄屋個人請）から有力農民層、村構成員全体（「相談」方式＝集団運営方式）へと徐々に拡大していく動向があったことを明らかにした。村政運営を個人的才覚により担っていた土豪は、小百姓層の成長を受け、小百姓共同体の秩序へと包摂されていくというのである。

このように、近世前期の中間層は小領主・名田地主のような経済的概念として捉えられ、さらに、村政運営との関わりから村役人論として分析が深められた。そして、階級闘争的把握を前提とする一九六〇～八〇年代の近世史研究において、小農自立の阻害要素である小領主・名田地主などの中間層は、一七世紀前半には「解体」「克服」「止揚」されていくべきものと位置付けられたのであった。

近世史研究者が安良城説を好意的に受け入れた一方、中世史研究者はそれまでの通説的理解を打ち破る安良城説に否定的な反応を示し、中世社会における封建制の実態を改めて問い直す方向に進んでいった。こうした研究の一つとして、戦国の世に終止符を打った統一政権の主体形成過程を解明するべく、中間層の性格をめぐる議論が展開した。

ここでは、中世における中間層の性格について、大きく分けて二つの見方が示された。一つは、彼らが上級権力と被官関係を結び、領主として上昇転化していくと捉えた「小領主」論[11]であり、もう一つは、彼らが横に連合し土着化していくと捉えた「地主」論[12]である。両論は、中間層の運動方向（上級領主への被官化を重視するか在地への土着化を重視するか）や性格規定（「小領主」なのか「地主」なのか）についての評価が大きく異なっている。しかし中間層を、在地百姓を支配する、またはその剰余を収取する階級として、在地百姓と相対する存在と捉えている点では一致している。そのため、中間層を否定する太閤検地や兵農分離の意義を重視することにつながり、結果として中近世移行期の断絶的理解をさらに深めることとなった。

以上のように、太閤検地に対する評価が分かれたまま、中世史研究と近世史研究がそれぞれ進展したため、中世社会から近世社会への移行過程は断絶的なものとして描かれることになった。

中近世移行期研究の登場と進展

太閤検地論争によって断絶した中世史研究と近世史研究に橋が渡されるには、一九八〇年代末から一九九〇年代、中近世移行期村落史研究の登場と、その本格的な進展を待たなければならなかった。

勝俣鎮夫氏[13]は、内藤湖南氏が戦国期を近代日本の出発点と評価したことを再評価し、一五世紀から一七世紀半ばまでを一つの時代と捉え、とくに一五世紀を社会の転換期とした。そしてその特徴として、①百姓の「家」が形成され、彼らを中心とする村町制が成立したこと、②貨幣経済の発達、文字の普及により呪術的観念の支配する社会から合理主義的観念の支配する社会に移行したこと、③国民国家的性格の強い国家が形成されたこと、の三点を示した。

こうした勝俣氏の研究を受け、藤木久志氏[14]は、中世後期に新しく形成されてきた村を「自力の村」として把握した。藤木氏の研究は、それまでの領主・農民関係論から「自力の村」対領主論へとその視角を転換させたことに研究の画期性がある。従来、領主と個別百姓との間に想定されていた支配関係を、領主と村との間に想定し、一六世紀から一七世紀にかけて引き継がれる百姓や村の自治・自立的側面を重視するものであった。また領主は、支配者として百姓の上にただ君臨する存在ではなく、村成り立ちの責務を果たすことが求められたとしている。

勝俣氏・藤木氏の所説は、それまでの近世社会の特徴とされてきた村請・兵農分離・検地などを再考し、こうした諸要素を戦国期段階においても見ることができるとして、中近世の連続性を強調する議論であった。また、このような村町制論や「自力の村」論の提起により、村や百姓の自律的・自治的側面が高く評価されるようになった。すると、こうした高い自律性や自治の機能を支えた中間層を再評価する動向が生まれてきた。つまり、従来のように中間層を、在地百姓を支配またはその剰余を収取する階級とのみ捉えては、当該期の社会状況を説明することができなくなったのである。

久留島典子氏[15]、稲葉継陽氏[16]が提起した「侍」身分論は、戦国期の中間層を再評価するものであった。中間層を、政治的・法的・経済的・宗教的側面において村落や地域社会に奉仕・尽力する存在として捉え直し、村落の再生産に寄与する者としたのである。そして彼ら侍衆が近世の村役人になっていく点を指摘し、近世社会にも存在し続けることを重視した。その後、長谷川裕子氏[17]は「侍」身分論を下敷きに土豪論を展開している。

近世前期の社会的権力

近世前期の中間層についても、一九八〇年代以前のような階級闘争的把握を相対化し、中間層が性格変化を遂げ、近世社会でも独自な地位を占めていく過程を解明する端緒が開かれた。吉田伸之氏[18]が提唱する社会的権力論である。

吉田伸之氏は、朝尾氏の示した、小農共同体による小領主の包摂によって在地社会構造が均質化するというイメージでは、社会構造を秩序付けるヘゲモニー主体という点で、一七世紀と一八世紀を断絶したものと見る捉え方につながると主張した。そして在地社会構造は、Ⅰ期＝一七世紀末まで、Ⅱ期＝一八世紀、Ⅲ期＝一九世紀以降という三段階を経て変容するとし、社会的権力、小農共同体、「日用」的要素の三要素により構造化された単位社会を在地社会における地域であるとした。Ⅰ期の社会的権力αは、中世末以来の郷村社会を小領主的・農奴主的に統合・編成するヘゲモニー主体であるが、小農共同体の成立・台頭により、徐々に在地社会における対抗的ヘゲモニーとして現れてくる。Ⅱ期の社会的権力βは、自立化を遂げた小農経営に適合的な質地地主へと自己転生を遂げ、在地社会は小農共同体と社会的権力βの二元的なヘゲモニー主体を有する構造へと変化したとする。

吉田伸之氏の理論的提起を受けて、地域社会構造を分析したのが吉田ゆり子氏[19]、町田哲氏[20]である。

吉田ゆり子氏は、太閤検地・兵農分離の村落・地域社会に対する影響を重視し、一六世紀から一七世紀の中間層の動向が地域社会をどのように変容させたのかを分析した。さらに、「小領主」という概念について、国人層（在地領主層）も土豪層も区別されることなく使用されてきたことを批判し、一六世紀の各地域に存在した国人と土豪・地侍層を区別して分析することを主張した。

吉田氏によれば、武士化の志向を持ち続ける国人層は、太閤検地以後も在地に居住したとしても、地域の百姓と自らの差異化を図ろうとし、庄屋役を務めない場合も多く、執拗に武士化の機会を長くうかがった。一方土豪層は、垣内集落を基盤として経営に密着し、一六世紀の動乱の過程で、地域の利害を守る方向で自らの行動を決する。国人や戦国大名家臣への被官化も、土豪層が垣内集落内で百姓層に対抗して主導権を握るための権威を添える役割を果たすことにはなるが、領主化の契機にはなりにくい。土豪層の中でも、統一政権と結びついた者、しかも領主としてではなく、百姓身分にあって在地支配を担う役割を与えられた者が、その後の地域社会のヘゲモニーを握る社会的権力として成長していくと述べている。

町田哲氏は、和泉国泉（和泉）郡の村々に注目し、近世村落の「個体性」的把握を行った。具体的には、黒鳥辻村の元禄期の村方騒動により、小領主の系譜を引く庄屋と、庄屋を牽制する年寄衆との対抗関係による村政運営体制から、階層的に上層の年寄衆が村政運営を担う体制へと変化したことを解明した。こうした変化と、質地関係の展開とそれに伴う農民層分解の中で、村内における金融・資金力を基調とする新たな社会的権力が再生するとしている。このように、村落の内部構造を詳細に分析することで、社会的権力や、彼と生産・生活・労働の諸側面で関係を取り結ばざるを得ない人々が展開する場における社会秩序＝地域社会構造を究明した。

また、朝尾直弘氏の「小領主」論、佐々木潤之介氏の「名田地主」論を批判的に継承した牧原成征氏[21]の成果も注目される。小領主論・名田地主論では、自立的な小農層の展開を軽視し、小農層のみによって構成される村落の存在を十分に論理化できなかったという難点を抱えていた。そこで、近世初期の有力農民（中間層）を、「小農経営の展開を基礎に、それに全面的に規定され、自らも小農の本質を持つところの村方地主」として捉えることを提起した。

土豪論の展開

中近世移行期研究の登場により、太閤検地論争以来の中世史研究と近世史研究の断絶状況は解消されつつある。なかでも「侍」身分論は、侍衆を百姓らとの非和解的な存在ではなく、村や地域に奉仕・尽力する存在と評価するところに特徴がある。

長谷川裕子氏[22]は、こうした「侍」身分論の提起を批判的に継承し、土豪論を展開している。長谷川氏は、土豪を「村と直接関係を持ち、村の生存を支える活動を行っていた人びと」と定義し、彼らの政治的・金融的・外交的側面について検討し、彼らは村落や地域において人々の生命維持を担う存在であったと評価した。

さらに近年、長谷川氏[23]は、一五〜一七世紀における村請の実態や土豪の政治・軍事上の役割について分析を行っている。長谷川氏は、村請の収納実務の面から見れば、一五〜一七世紀は同じ村落構造を持った時代であり、土豪が最終的に年貢請負責任を請け負うシステムこそが当該期の村請の特徴で、それは庄屋を責任者とする近世まで変わらないとする。また、土豪が村の外交・軍事機能を担うことにより、村内身分としての「侍」身分が形成され、百姓との役負担の違いが認められたと述べる。そして、「十七世紀後半における小百姓の「家」の成立以後も、依然として土豪の存在が必要視されていたことから考えれば、小百姓の「家」の一般的成立と、土豪の身分的特権の維持とは、矛盾なく村のなかで併存するものであったといえ、その点においては村の構造に本質的変化はなかった」と評価した。

一方、近世前期の中間層を土豪と定義して、土豪の存在形態とその性格変化を明らかにした小酒井大悟氏[24]の研究がある。

小酒井氏は、土豪を①小農を中心とする村からの規制を被っておらず、②開発主としての性格と、③家に収斂しきらない同族団としての性格を持つ、戦国期〜近世前期における村の上層農と定義する。

そして、戦国期の村やその存立・活動を支えた中間層＝土豪を、近世村落による否定・克服の対象としてのみ捉えることはできず、一七世紀後半までの中間層は、戦国期に引き続き土豪範疇で括ることが可能であるが、そのさい、近世の中間層（質地地主・豪農）の固有な特質をまだ十分には帯びていない点を重視すべきであると主張する。さらに、一七世紀の土豪の性格変化とは、土豪が小農自立動向に当面し、小農を中心とする村からの規制下に組み込まれていく＝近世的特質を帯びていく過程（土豪としての性格が否定されていく過程）であるが、これはその家の経営的な没落や、他の百姓との差異性が失われたことを意味したわけではなく、土豪は経済的に村や地域を下支えする役割を果たすことで、他の百姓との差異性を維持することができると評価する。また、一五～一七世紀を中世から近世への移行期として、一つの時代として捉えることは妥当であるが、そのうえでなお、統一政権の成立する一六世紀末と、小農自立動向の進展する一七世紀後半という、従来注目されてきた二つの時期に、看過し得ない画期を認める、と述べている。

中近世移行期研究は現在、黒田基樹氏[25]、長谷川裕子氏[26]、池享氏[27]、池上裕子氏[28]らの著書が出揃って、一つの到達点を示そうとしている。

そして、湯浅治久氏[29]は、近年の研究成果を踏まえ、全国各地の事例から、中世後期～近世初頭の村落・地域社会の実態と惣村・土豪の機能や役割を総括した。

湯浅氏は、一五世紀半ばに本格化する全国各地の集村化および土豪による村落の再編と、中世的な社会編成によるその組織化に日本の村落の自立的・団体的性格の淵源があり、かつそれが近世へ連続するものであると評価している。また、百姓の家の全般的な成立に先行し、惣村的な共同体原理と土豪の家が成立することが大きな要因となり、この惣村的原理と土豪が矛盾を孕みつつも密接不可分に展開するところに、中近世移行期における惣村（郷村）固有の特質があるとした。

2　近世前期関東論

関東村落論

従来の研究史における関東村落の位置付けについて、繰り返しになるが確認しておきたい。

関東を含む東国の村落は、①分付記載などに示される大規模な家父長的経営（名田地主経営）が多く残されている点や、②石高制に基づく生産力が畿内・近国と比較して低位である点から、在地の土豪らに依存しなければ貢租・夫役を確保できなかったとされてきた。(30) さらに、広範な土豪の存在から、小農自立を達成した「先進的」な畿内村落と、それからは大きくかけ離れた「後進的」な関東村落という構造が示されてきた。(31)

近世前期の関東村落を対象とした研究は多くない。そのなかでも、史料の伝存状況とも関連して、近世前期の関東社会の実態を解明するうえで注目されたのは、検地帳を使用した分析である。

近世前期の関東地域を総合的に分析した北島正元氏(32)は、関東では新領主である徳川氏の入部により、直接の権力基盤として徐々に領国の編成が行われ、江戸を中心とした新たな社会が形成されたとした。そして、在地社会では幕府検地政策などにより小農自立が促進され、土豪的経営が相対化され、近世的な村落構造が成立したと評価した。

北島氏の提起を受けて、検地から関東の小農自立の動向を分析したのが、大舘右喜氏(33)、和泉清司氏(34)である。

大舘氏は、慶安・寛文期に、土豪を中心とする村落秩序は否定され、村が小農経営を中心とする近世的共同体へと変質する過程を解明した。その背景には、土豪経営の解体があると主張する。和泉氏は、初期徳川検地の施行過程やその特色を明らかにした。具体的には、慶長後期頃から、有力農民層による家父長制的経営が解体され、それに伴い分付関係が相対的に減少し、一町前後の主作地を持つ近世的本百姓（小農経営）を中核とする近世的村落が形成されてくるとする。両者とも、寛文の総検地を小農自立、および土豪経営解体の画期として評価している。

一方、中野達哉氏(35)は、近世初頭の検地を小農自立化政策と捉えるのではなく、領主と民衆との間での合意に注目し、村の自発的・自主的な要求・運動や村内部における合意のあり方を究明した。

このように、近世前期の関東村落に関する研究は、史料的制約もあって、おもに検地帳や年貢割付状などの分析により行われた。そして、寛文・延宝期を画期に小農自立が達成され、土豪を中心とした村から小百姓層を中心とする村へと変化したと評価した。

関東における、近世前期の具体的な土豪の動向に関しては、先行研究がほとんどないが、そうしたなかで注目されるのは安澤秀一氏(36)、根岸茂夫氏(37)の成果である。

安澤氏は、武蔵国多摩郡を事例に、一七世紀における近世村落の形成過程を解明した。その結果、旧体制としての小領主的結合が解体することで、自立した経営主体としての小農民が近世的村落共同体の形成者としての立場を確立することを明らかにした。この過程において、当初、小農民は新開により経営基盤を拡大することができた。しかし、新開するべき空間的余裕がなくなり、村が自立した小農民の地縁的農業共同体となることで、自由な経営拡大は経営安定のため共同体規制に強く影響されるようになったという。

根岸氏は、近世初頭に武蔵国足立郡登戸村（現・埼玉県鴻巣市）に土着した道祖土氏の子孫である道祖土兼寛が、宝永期に記したとされる『道祖土氏伝記』に表れる心情・家意識を分析した。その結果、彼の心情は、幕藩制の支配原理や近世村落の展開とは相いれぬものであったが、一方で時代の流れを厳しく見据えながら形成されたものであったと評価している。さらに、治安の悪い近世初頭の関東社会に対応するべく武力を保持した土豪と、それを容認し必要とした領主層の意向を明らかにした。また関東においては、名主・土豪層の領主化と離村は、自然発生的なものではなく、戦乱と領主交代という政治的条件により強行されたと推測した。そして、兵に上昇転化した層と、農として村に残った層との間に生産力段階・生産構造の格差があったとは思われず、兵と農との差は、政治的諸条件、土豪層の政治的判断にあったとしている。

また、関東における中近世移行期の村落史研究では、当該期の社会を特徴付ける動向として、開発を取り上げた研究が目立つ。

池上裕子氏[38]は、開発にまつわる様々な大名発給文書に表れる在地の側の主体的・能動的な動きを分析した。そこでは、北条氏にとって開発の促進が軍事力増強策に匹敵するほどの重要課題であることや、土着した小領主層が開発を主導し、在地との利害調整を行っていたことが明らかにされた。稲葉継陽氏[39]は、近世村内の人的秩序形成の起点を戦国期の荒地再開発に求め、戦国期の名主と近世の村役人の連続性を強調した。田中達也氏[40]は、近世前期の耕地開発の動向を分析し、開発によって村内の村組の様相を変容させ、それに伴って地縁的社会組織を中心とした村政運営が行われるようになったとしている。

一方で、一七世紀中ごろに土豪によって開発された新田村を分析したのが、小酒井大悟氏[41]である。小酒井氏は、「土豪開発新田」の典型例とされている武蔵国多摩郡小川村（現・東京都小平市）を事例に、村内の空間構成から開発目的の差異や開発の有無を解明し、土豪開発新田の特徴を見出した。さらに、開発主（土豪）と入村百姓との関係と、その変化を分析し、土豪の性格変化を開発主から地域振興主体への変化と評価した。

関東における特徴の一つは、一七世紀に入っても百姓の「家」が安定的に形成されず、人と土地の流動的な状況が続いた点にある[42]。とくに、近世前期の関東地域には村の境界や利用権が未確定な「フロンティア」が広く存在していたのである。

近世前期の関東および東国の地域社会論

関東の地域社会論として注目されるのは、「領」に関する研究である。

澤登寛聡氏[43]は、北条氏の支城を中心とした領国支配単位である「領」が近世期以降も継承・再編・拡大され、江戸周辺の地域秩序の基礎となっていたことを明らかにした。また、「領」の内部では戦国期以来の小領主を中心とする在地秩序を容認しつつ地域を支配していたとする。つまり、「領」による地域支配を戦国末期の小領主の在地支配の延長線上に位置付けている。

同様に「領」と地域支配の関係を考察したのが佐藤孝之氏[44]である。佐藤氏は北遠地域の「領」を分析し、「領」が広域村落支配の単位として設定・機能していたことを解明した。とくに、「在地手代」に登用される「小領主」の中世以来の郷村支配力を評価し、中近世移行期における彼らの連続的なあり方を明らかにした。「領」研究により、幕府による江戸周辺の地域編成の特徴やその展開過程が解明され、関東における国郡制と領主制の社会編成原理が相互に補完しあう姿が示された。

一方で、志村洋氏[45]は、松本藩領における大庄屋制を分析し、一七世紀以降に設定された筋・組は、在地の土豪勢力の支配権とは関係なく設定されたとしている。志村氏の研究は、関東の「領」研究が明らかにした、中世以来の連続的側面に対する批判であった。つまり、近世初期の筋・組を単位とする支配制度の設定は、戦国期段階からの継承や「小領主」層の地域支配に対する妥協として捉えるべきものではなく、本質的にはその解体を意図するものだというのである。

二　本書の課題と分析対象の概観

1　研究史の課題

第一節の研究史整理を踏まえ、先行研究から見出される課題は、次の二点である。

近世前期の土豪の性格変容と近世中後期以降の展開過程

先述したように、長谷川氏[46]は、小百姓の「家」の一般的成立と、土豪の身分的特権の維持とは、矛盾なく村内部で併存するとし、小百姓の成立以後も村の構造に本質的な変化はなかったと評価している。しかし、水本氏や小酒井氏らは、小農自立の進展する一七世紀後半には小農を中心とする村が成立し、土豪はその性格を否定されると評価した[47]。著者も、小農自立が進展しても、村落構造に本質的変化はなく、土豪の性格についても一八世紀以降も変化がないとする見解には賛同しかねる。

一方で、小酒井氏が一七世紀後半以降も、土豪の家が性格を変えつつも他の百姓との差異性を維持する背景として、融通などを通じて村や地域を下支えする役割や地域振興主体としての役割を果たす点を重視していることは、疑問を覚える。これらは、土豪のみならず豪農や地方名望家など、地域有力者に共通して求められる役割である。

つまり、百姓への救済機能や地域振興の役割は、土豪が以後も土豪家として他の百姓との差異性を維持するための必要条件とはなるだろうが、こうした点のみでは、近世中後期にまで村や地域で特異な性格を有する家として存続する理由を解明することはできない。中近世移行期に、地域有力者として活躍することで得られた土豪特有の性格があるからこそ、近世中後期に至ってもなお、他の百姓との差異性を維持し続けることができたのではなかろうか。

先に述べたように、中近世移行期研究の成果により、近世社会の出発点である一七世紀の中間層像が大きな転換を遂げた。しかし、一七世紀から一八世紀の中間層の性格変化は、おもに経営面や権力との関係性において示されているのが現状である。また、社会的権力については、彼らが具体的にどのような要因により、どのような性格変化を遂げたのか、見通しは示されているものの実証は不十分である。

現在求められているのは、土豪家の村政運営や経営などとともに、血縁関係や地縁関係などの社会関係を含めた土豪家の連続的側面と断絶的側面の双方を明らかにし、近世的村落社会が展開していく過程で、土豪家と村落・地域社会が相互にどのような影響を与えているのかを解明することである。

近世前期～中期の関東社会の変容過程

これまで、徳川氏が江戸を中心に地域を編成・把握していく過程を解明するべく優れた研究が蓄積されてきた。しかし、ｉ関東各地の村落構造について、検地帳による経済的側面から分析する研究に限られている点や、ⅱ関東の村や地域の近世化について、水本氏などが示した小農自立を達成する畿内・近国をモデルとした過程が、タイムラグを伴いながらも同じように展開するとしている点、が問題点として挙げられる。土豪の広範な存在が地域の特徴であるとされてきたのが、関東であった。近世前期の関東における土豪の評価は、「克服」されるとしてきた一九八〇年代の理解を踏襲するものであり、かつ畿内・近国から導き出された小農自立の過程に依拠するものである。こうした通説的理解も、見直しが必要な時期にさしかかっている。

近世社会成立期における関東の村や地域を動態的に解明するためには、村の経済構造のみならず、関東に広範に見られる土豪の存在形態を通じて村政運営や社会関係などを分析する必要がある。先行研究は、検地帳分析などによる村の経済構造の解明に力を入れており、村政運営や村内の社会関係を分析することのできる訴訟史料や証文類が扱われることは少なかった。関東の近世前期史料は、中後期に比べて圧倒的に量が少なく、また伝存する場合でも、村落の中心的存在であった土豪家が多くを所蔵している。そこで、当該期の村落社会の研究を進めるには、土豪を中心に分析する必要がある。

関東は、近世後期に至るまで有力な土豪家が広範に存在していることに特徴がある。しかしながら、iiのように理解されているため、関東の事例に即した具体的な土豪の変容過程については解明されてこなかった。小農自立により、土豪の性格が変化するという動向が紛れもない事実だとしても、それによりそれまでの村政の中心的立場にいた土豪が、その存在を否定されていくとする関東村落史研究の成果は、先に見たように再考の余地があろう。

さらに、これまでの土豪をめぐる研究は、地域差を念頭に置きつつも、関東村落と畿内・近国村落を区別することなく検討している。畿内・近国村落と関東を含む東国村落では、家の成立時期に一世紀ほどの差異が見られ、家と村の成立過程（家の成立が先か村の成立が先か）や、本家分家間の序列格差や永続性にも相違があることが示唆されている。[48] 土豪の性格に変化をもたらす小百姓の家の成立時期が異なる点や、同族団内部の本家分家関係などを重視し、関東という地域に視点を据えて検討していく必要がある。

土豪を軸に分析を積み重ね、関東の村や地域の特質に関わる研究を進展させることにより、畿内・近国モデルではない、関東地域に特徴的な近世化モデルを初めて示すことが可能になるのである。

2　本書の問題設定

侍衆・土豪という概念の登場により、中近世移行期の中間層に対する従来の評価は覆された。「侍」身分・土豪論は、彼らと村落・地域社会との豊かな社会像を描き出している。一方、近世前期以降の土豪およびその子孫については、その変容・展開過程など、いまだ解明されていない部分が多い。中近世移行期の「侍」身分・土豪論の方法や成果に学ぶところは、大いにあると考える。

著者はまず、中近世移行期研究の成果を受けて、近世前期の土豪の性格変容を明らかにしたいと考えている。本書では、天正期から寛文・延宝期前後を近世前期と括ることにする。本書の研究対象である関東において、近世的村落社会成立の端緒は、天正一八年（一五九〇）の北条氏の滅亡であり、また、一般的に近世的村落社会が成立するのは寛文・延宝期であると言われるからである。

分析にあたっては、村や地域の成り立ちに寄与する彼らの役割を重視する視点を継承する。さらに近世社会への展開を考えると、近世には存在しない「侍」という身分による概念よりも、土豪という概念で把握するほうが、中世からの連続性で彼らを捉えることが可能である。したがって本書では、近世前期の中間層を「土豪」という概念で把握する。

先述したように、近世前期の土豪については、次の点が課題として残されている。すなわち、彼らが他の村民とは異なり独自に有する特権や意識（差異性）が、近世に入ってどのように変容していくか、その過程が明らかにされていない点である。その背景には、過度に中世からの連続性が強調されてきたこともあるだろう。そこで、本書では小農自立の影響を重視し、土豪から土豪家への変容過程から見える、土豪家の連続的側面・断絶的側面を具体的に明らかにする。

村や地域社会とのせめぎ合いの中で生じる土豪の性格変容の過程からは、近世的村落社会の形成・展開過程を分析することが可能である。本書では、土豪の経済的性格変化のみならず、訴訟史料を用いて土豪と村民との村政運営をめぐる関係・社会関係などの変容過程を重視して分析を進める。

もう一つ、土豪の性格を変える要因として重視すべきは、領主権力との関わりである。渡辺尚志氏(49)は、近世前期の頻繁な領主交代や政策の変化などを踏まえ、領主による地域への影響を重視した一七世紀村落論の必要性を提起している。著者は、とくに近世社会における最大の領主である徳川権力の問題を考察することが重要であると考えている。

関東は、幕領・旗本領などが複雑に分散し、入り組む所領構成を示しつつも、徳川権力が一円的に権力基盤として把握していたとされている（関東領国論）[50]。そこで本書では、関東領国の中でも、とくに徳川権力との関わりが顕著に見られる武蔵国を対象とし、分析を進める。

また、近世前期に性格を変容させた土豪の家が、近世中後期に至るまで村における優位な地位を占め続けた理由を解明することが重要だと考える。先述したように、関東村落には土豪の子孫が世襲的に名主を務めるなど、村の有力者として近世中後期にまで広範に存続した。畿内・近国村落とは異なる、関東村落の特質を理解するためには、この理由を解明することが不可欠である。そのためには、近世中後期において土豪を先祖に持つ家を把握し、分析・検討を加えなければならない。本書では、土豪の子孫を「土豪家」と把握することで、上記の課題を達成する。

3　分析対象の概観

本書では、おもに武蔵国の三か村を事例に分析を進めていく。ここで、分析対象となる三か村とその村に存する土豪およびその子孫の概要を簡単にまとめておく。

武蔵国久良岐郡永田村服部家

武蔵国久良岐郡永田村（現・神奈川県横浜市南区）は、戦国期には長（永）田郷と呼ばれていた。戦国期の長田郷は、小田原北条氏の家臣である御家中衆宅間某（富朝か）に五〇貫文の知行地として与えられていた[51]。近世は、一貫して幕領であった[52]。

服部家は、ほぼ世襲的に永田村の名主を務めている。『新編武蔵風土記稿』[53]には、風土記稿調査時の服部家当主彦六が「旧家者百姓」と記載されている。

服部家の分析には、横浜開港資料館所蔵の服部家文書（以下、服部家文書と略記する）を使用する。引用に当たっては、同館での分類に従って冊・状の整理番号を漢数字で示し、史料名を記した。

永田村を直接扱った主要な研究には、『横浜市史』第一巻（一九五八年）、林美和子「近世前期の助郷役負担」（『横浜開港資料館紀要』二、一九八四年）、福田アジオ「分割相続と家」（『近世村落と現代民俗』吉川弘文館、二〇〇二年、初出一九八五年）などが挙げられる。

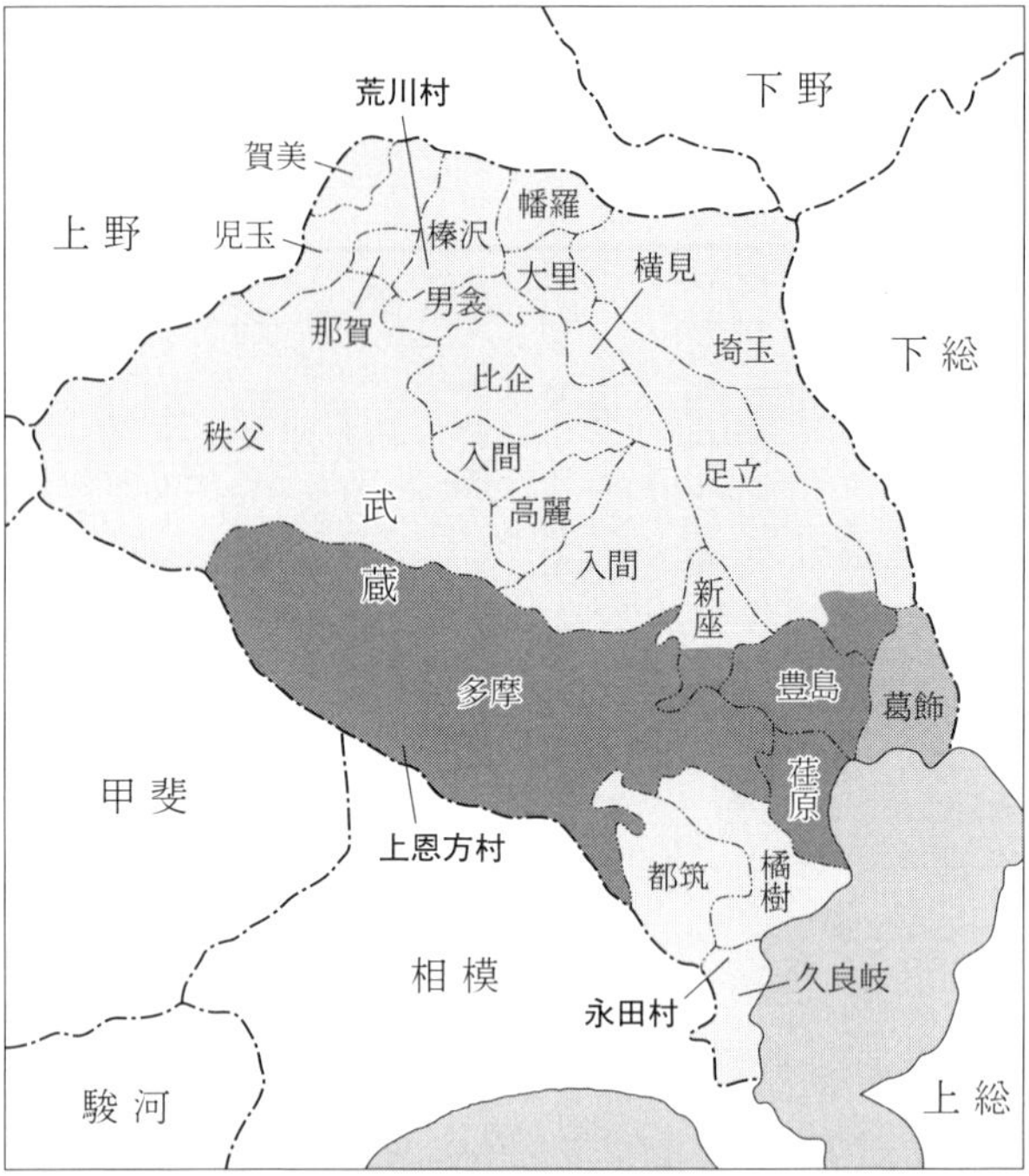

図1　武蔵国地図（『角川日本地名大辞典』13〈東京都〉〈角川書店，1978年〉より。一部改変）

武蔵国榛沢郡荒川村持田家

武蔵国榛沢郡荒川村（現・埼玉県深谷市）は、戦国期には荒川郷と呼ばれていた。戦国期の荒川郷は、鉢形城主北条安房守氏邦に属する、持田四郎左衛門尉らを中心とする荒川衆という地侍集団の拠点となっていた。近世初期には、荒川村全体が幕領であった。元和三年（一六一七）、須田氏・五味氏が幕領の一部を知行し、三給支配へと変遷する。

元和六年には、五味氏の知行所は小宮山氏に移り、代官支配所の一部は一時期吉野氏の知行所になるが、寛永期以降幕領になる。元禄一一年（一六九八）には幕領分が、内藤金左衛門忠重、大久保長九郎忠宗、大久保源右衛門忠享、大久保三太夫忠因に四等分され、全部で六給支配となる。

本書で検討を加える持田太郎兵衛家は、戦国大名北条氏の被官持田四郎左衛門尉の子孫の家である。近世初頭から延宝期までは村の名主を務めていた。また『新編武蔵風土記稿』(54)には、風土記稿調査時の持田家当主太郎兵衛が「旧家者」として記載されている。

荒川村持田家の分析には、埼玉県立文書館所蔵の持田英孝家文書（以下、持田（英）家文書と略記する）を使用する。持田（英）家文書を使用したおもな研究には、青木良子「関東農村における寛文延宝検地について」（『法政史学』一五、一九六二年）、田中達也「戦国期における開発と村」（『中近世移行期における東国村落の開発と社会』古今書院、二〇一一年、初出一九九四年）、池上裕子「武蔵国荒川郷と荒川衆」（池上裕子『日本中近世移行期論』校倉書房、二〇一二年、初出二〇〇五年）、遠藤ゆり子「名主屋敷と寺地の交換伝承をたどる」（遠藤ゆり子『中近世の家と村落』岩田書院、二〇一七年、初出二〇〇五年）などがある。

武蔵国多摩郡上恩方村草木家

武蔵国多摩郡上恩方村（現・東京都八王子市）については、戦国期の様相は現在までのところ不明である。上恩方村は、近世を通じて幕領であった。

『新編武蔵風土記稿』の上恩方村に関する記載には、「旧家者百姓」の記載は見られない。上恩方村の草木家の事例からは、『新編武蔵風土記稿』に記載はないが、近世初期に土豪としての土地特権（分付記載）を有する人物について見ることができると考えている。分付記載は、関東各地に広範に見ることのできる、土地特権である。

上恩方村草木家の分析は、八王子市郷土資料館寄託の草木家文書（以下、草木家文書と略記する）を使用する。

草木家文書を使用した研究には、安澤秀一『近世村落形成の基礎構造』（吉川弘文館、一九七二年）が挙げられる。

以上、三か村・三家の事例により分析を進める。これらの事例は、村の立地や土豪としての性格など三者三様にそれぞれ特色を持っている。こうした特徴を比較検討し、相違点・共通点を探ることで、近世関東における社会変容の一端を解明していく。

三　本書の構成

本書では、以上の先行研究の課題を念頭に、関東の各村・地域を分析する。本書の構成は以下のとおりである。

まず、序章「本書の課題と構成」では、研究史を整理し、現在残された研究課題を明らかにするとともに、本書の構成を示す。

第一部「近世前期の土豪と土地特権」では、近世前期の土豪の変容過程について、関東に広範に見られる土地特権の変容過程から分析を行う。

第一章「近世前期における土豪の土地特権」では、武蔵国榛沢郡荒川村持田家と同国久良岐郡永田村服部家を事例に、土豪の土地特権である屋敷地除地特権や名主役に付随する名主免の土地に関する性格変化の過程を明らかにする。

第二章「近世前期における検地施行と土豪の変容―武蔵国多摩郡上恩方村草木家を事例に―」では、幕府の慶長検地・寛文検地からわかる在地における土地所持状況の分析を軸に、村内における分付主―分付百姓間の関係変化の実態を解明する。

第二部「土豪の変容と村落・地域社会」では、土豪としての性格を失った土豪家が、近世中後期に至るまで村内でなお独自の地位を維持し続けた要因を考察する。

第一章「近世前期土豪の変容と村内小集落―武蔵国久良岐郡永田村服部家を事例に―」では、永田村服部家を事例に、土豪家と村内小集落との相互関係を分析し、永田村の村政運営機構の変化の意義について検討を行う。

第二章「近世前期~中期における土豪家と村落寺院―武蔵国榛沢郡荒川村持田家を事例に―」では、荒川村持田家を事例に、土豪の村政運営上の地位が低下していく側面と、近世初頭以来、村内唯一の寺院との特別な関係が維持されていく側面との両側面の関係から近世後期の土豪家の特質を分析する。

第三章「近世前期地域支配体制の変容と土豪」では、武蔵国久良岐郡本牧領永田村の服部家を事例に、本牧領内の領主交代・新政策の導入・領主錯綜状態の進行などに伴い、土豪の地域権力としての地位がどのように変化するのかを追究する。

第四章「「旧家者百姓」家の特質と展開過程―『新編武蔵風土記稿』『新編相模国風土記稿』を素材に―」では、近世後期に幕府により編纂された『新編武蔵風土記稿』と『新編相模国風土記稿』を素材として、一九世紀に残る土豪の痕跡から、一七世紀の土豪の存在形態や特質を考察する。

終章「本書のまとめと今後の課題」では、本書の内容をまとめ、研究史への位置付けを明示する。さらに、今後の課題と展望について言及する。

註

（1）朝尾直弘『近世封建社会の基礎構造』（御茶の水書房、一九六七年）など。

（2）久留島典子「中世後期の『村請制』について」（『歴史評論』四八八、一九九〇年）、稲葉継陽『戦国時代の荘園制と村落』（校倉書房、一九九八年）。

（3）長谷川裕子①『中近世移行期における村の生存と土豪』（校倉書房、二〇〇九年）。

（4）小酒井大悟『近世前期の土豪と地域社会』（清文堂出版、二〇一八年）、中村只吾「一七世紀における漁村の内部秩序」（『歴史評論』七〇三、二〇〇八年）など。

（5）古島敏雄『日本農業史』（岩波書店、一九五六年）、佐々木潤之介「成立期幕藩制の地域区分と農民的諸要求」（古島敏雄編『日本経済史大系三　近世　上』東京大学出版会、一九六五年）など。

（6）栗原亮『近世村落の成立と検地・入会地』（岩田書院、二〇一三年）。

（7）安良城盛昭『幕藩体制社会の成立と構造』（御茶の水書房、一九五九年）。

（8）佐々木潤之介「幕藩体制下の農業構造と村方地主」（古島敏雄編『日本地主制史研究』岩波書店、一九五八年）、同『増補・改訂版　幕藩権力の基礎構造』（御茶の水書房、一九八五年、第一版一九六四年）、同『幕末社会論』（塙書房、一九六九年）。

（9）朝尾前掲書（註（1）参照）、朝尾直弘「兵農分離をめぐって」（『日本史研究』七一、一九六四年）。

（10）水本邦彦『近世の村社会と国家』（東京大学出版会、一九八七年）。

（11）黒川直則「十五・十六世紀の農民問題」（『日本史研究』七一、一九六四年）、村田修三「兵農分離の歴史的前提」（『日本史研究』一一八、一九七一年）、同「戦国時代の小領主」（『日本史研究』一三四、一九七三年）、宮島敬一「荘園体制と『地域的一揆体制』」（『歴史学研究』別冊特集号、一九七五年）。

（12）峰岸純夫「室町・戦国時代の階級構成」（『歴史学研究』三一五、一九六六年）、藤木久志『戦国社会史論』（東京大学出版会、一九七四年）。

（13）勝俣鎮夫『戦国時代論』（岩波書店、一九九六年）。

（14）藤木久志『豊臣平和令と戦国社会』（東京大学出版会、一九八五年）、同『村と領主の戦国世界』（東京大学出版会、一九九七年）。

(15) 久留島前掲論文（註(2)参照）。

(16) 稲葉前掲書（註(2)参照）。

(17) 長谷川前掲書①（註(3)参照）。

(18) 吉田伸之「社会的権力論ノート」（久留島浩・吉田伸之編『近世の社会的権力』山川出版社、一九九六年）、同「地域把握の方法」（歴史学研究会編『現代歴史学の成果と課題Ⅱ　国家像・社会像の変貌』青木書店、二〇〇三年）。

(19) 吉田ゆり子『兵農分離と地域社会』（校倉書房、二〇〇〇年）。

(20) 町田哲『近世和泉の地域社会構造』（山川出版社、二〇〇四年）。

(21) 牧原成征『近世の土地制度と在地社会』（東京大学出版会、二〇〇四年）。

(22) 長谷川前掲書①（註(3)参照）。

(23) 長谷川裕子②「十五～十七世紀における村の構造と領主権力」（同『戦国期の地域権力と惣国一揆』岩田書院、二〇一六年、初出二〇一一年）。

(24) 小酒井前掲書（註(4)参照）。

(25) 黒田基樹『中世近世移行期の大名権力と村落』（校倉書房、二〇〇三年）、同『戦国期の債務と徳政』（校倉書房、二〇〇九年）。

(26) 長谷川前掲書①（註(3)参照）。

(27) 池享『戦国期の地域社会と権力』（吉川弘文館、二〇一〇年）、同『日本中近世移行論』（同成社、二〇一〇年）。

(28) 池上裕子『日本中近世移行期論』（校倉書房、二〇一二年）。

(29) 湯浅治久「惣村と土豪」（『岩波講座　日本歴史』第九巻　中世四、岩波書店、二〇一五年）。

(30) 北島正元『江戸幕府の権力構造』（岩波書店、一九六四年）。

(31) 古島前掲書（註(5)参照）、佐々木前掲論文（註(5)参照）。

(32) 北島前掲書（註(30)参照）。

(33) 大舘右喜『幕藩制社会形成過程の研究』（校倉書房、一九八七年）。

(34) 和泉清司『徳川幕府成立過程の基礎的研究』(文献出版、一九九五年)。
(35) 中野達哉『近世の検地と地域社会』(吉川弘文館、二〇〇五年)。
(36) 安澤秀一『近世村落形成の基礎構造』(吉川弘文館、一九七二年)。
(37) 根岸茂夫「近世前期武蔵における土豪層の家伝と家意識」(『埼玉地方史』二一、一九八七年)。
(38) 池上裕子『戦国時代社会構造の研究』(校倉書房、一九九九年)。
(39) 稲葉前掲書(註(2)参照)。
(40) 田中達也『中近世移行期における東国村落の開発と社会』(古今書院、二〇一一年)。
(41) 小酒井大悟「開発からみる関東村落の近世化」(同『近世前期の土豪と地域社会』前掲註(4)参照、初出二〇一三年)。
(42) 久留島典子『日本の歴史一三 一揆と戦国大名』(講談社、二〇〇一年)、渡辺尚志『近世の村落と地域社会』(塙書房、二〇〇七年)。
(43) 澤登寛聡「近世初期の国制と「領」域支配」(同『江戸時代自治文化史論』法政大学出版局、二〇一〇年、初出一九八三年)。
(44) 佐藤孝之『近世前期の幕領支配と村落』(巌南堂書店、一九九三年)。
(45) 志村洋「近世領域支配の確立過程と在地社会」(『歴史学研究』六五九、一九九四年)、同「近世前期の大庄屋制と地域社会」(『人民の歴史学』一五七、二〇〇三年)。
(46) 長谷川前掲論文②(註(23)参照)。
(47) 水本前掲書(註(10)参照)、小酒井前掲書(註(4)参照)など。
(48) 加藤彰彦「家社会の成立・展開・比較」(比較家族史学会監修『家族研究の最前線① 家と共同性』日本経済評論社、二〇一六年)。
(49) 渡辺尚志「中世・近世移行期村落史研究の到達点と課題」(『日本史研究』五八五、二〇一一年)。
(50) 北島前掲書(註(30)参照)。
(51) 佐脇栄智校注『小田原衆所領役帳』(東京堂出版、一九九八年)。
(52) 正徳期の御用留に、永田村は元禄一二～一六年の間「阿部飛驒守」正喬領であったと書かれている。しかし、堀田正敦等編『寛政重修諸家譜』第一〇巻（続群書類従完成会、一九六五年）の阿部正武・正喬の記述や蘆田伊人編集校訂・根本誠二補訂『大日本地誌大系　新編武蔵風土記稿』第四巻（雄山閣、一九九六年）の永田村の記述、また永田村の史料からはこの事実を確認できないため、判断を留保する。

（53）「新編武蔵風土記稿巻之八十」（蘆田伊人編集校訂・根本誠二補訂『大日本地誌大系　新編武蔵風土記稿』第四巻、註（52））参照。

（54）「新編武蔵風土記稿巻之二百三十二」（蘆田伊人編集校訂・根本誠二補訂『大日本地誌大系　新編武蔵風土記稿』第一一巻、雄山閣、一九九六年）。

第一部　近世前期の土豪と土地特権

第一章　近世前期における土豪の土地特権

はじめに

従来、土豪・侍衆といった中間層は、在地百姓と相対する存在と捉えられてきた。しかし近年、村としての自律性や自治的側面を重視する中近世移行期研究の中で、土豪・侍衆は村落の再生産に寄与する存在と評価されている(1)。かかる研究動向は、中世史研究と近世史研究の断絶した研究状況を乗り越えるうえで、一定の貢献をしていると言えるものの、課題がないわけではない。昨今の土豪研究を牽引する長谷川裕子氏が、「十七世紀後半における小百姓の「家」の成立以後も、依然として土豪の存在が必要視されていたことから考えれば、小百姓の「家」の一般的成立と、土豪の身分的特権の維持とは、矛盾なく村のなかで併存する(2)」と述べるように、近年の研究では一六世紀から一七世紀の土豪の性格が過度に連続的・不変的に捉えられていると指摘できよう。

土豪は、村落内外で様々な特権を有していた。関東では、村政運営を掌った土豪は、近世初頭の検地に際して、屋敷地除地や名主役地（名主地）と類似した高役を免除される名主免などの土地特権を領主から付与されたが、実態は詳しくわかっていない(3)。

村役人の土地特権については、水本邦彦氏(4)、宍戸知氏(5)の研究がある。水本氏によれば、土豪が存在する畿内村落では、年貢の算用や割付などをはじめ村政運営全体が村役人を務める土豪の個人的才覚・力量に依存し、村人に対する公開・相談などなしに行われていた（庄屋・名主の個人請体制）。また村役人を務める土豪は、その役職などに付随する諸特権を有したが、庄屋役に付随する諸特権は、近世前期から中後期にかけて縮小・消滅ないしは大きな質的変化が生じたとしている。(6) 一方、土地特権について、畿内幕領村々では、延宝検地により居屋敷などの除地が年貢地化されていったこと、当初は年貢から支給されていた庄屋給が、近世中後期には村入用から支出されるようになり、夫役免除も徐々に縮小されたことなどを明らかにしている。

宍戸氏は、関東村落における名主役特権について、次のように述べている。一七世紀末ごろの関東幕領村々には、諸役が免除される「名主地」（名主役地）(7) が存在した。名主地は、名主役を務めることによってではなく、その土地が元々「名主地」「名主田地」であるという土地の属性により、諸役が免除されると百姓間で認識されていた。近世中期以降、名主地の売買や分散化が進行し、名主役を務める者と高役免除を受ける者（名主地の所持者）の乖離が激しくなった。そこで代官は、検地帳持高から名主持高へと、つまり土地から人へと免除基準を変更することで名主役そのものへ付随する役料を新たに創出した。これにより、名主役を務める者は、「名主地」如何にかかわらず、給米・引高といった役料を村から保障される役人となった。

宍戸氏が指摘した名主役地は、それに先行して存在する初期検地で設定された名主免や、土豪を中心とする村政運営・村落社会の変化との関係を勘案して評価されるべきであろう。畿内にせよ関東にせよ、近世初頭の村役人の多くが土豪であるとすれば、村役人の土地特権の成立過程から土豪の土地特権の実態を知ることができる。

こうした課題を踏まえて、本章では、武蔵国榛沢郡荒川村持田家および同久良岐郡永田村服部家に注目し、土豪の土地特権（屋敷地除地・名主免）の推移を考察する。

一　検地と土豪の土地特権——荒川村持田家を事例に

ここでは武蔵国榛沢郡荒川村（現・埼玉県深谷市）の土豪持田家の事例から、近世初頭の検地と土豪の土地特権の関係を確認する。

荒川村は、戦国期には鉢形城主北条安房守氏邦に属する持田四郎左衛門尉らを中心とする荒川衆という地侍集団の拠点となっていた。近世初頭、荒川村は全体が幕領であったが、元和三年（一六一七）、幕領の一部が須田氏・五味氏に与えられた。持田家は、荒川村の幕領において世襲的に名主役を務めた。しかし、延宝期に名主役をめぐる出入が発生し、持田家は名主役を退役した。その後、幕領は四人の旗本に与えられ、正徳期には持田家は旗本領名主となった。

文禄四年（一五九五）一〇月二四日から二五日にかけて、荒川村で検地が行われた。その結果は総反別四一町余、うち田方八反七畝余、畑方三九町八反余、屋敷地反別九反一畝余であった。持田家には、この検地のさいに伊奈代官支配下の検地役人と、支配代官との間で交わされた書状が伝存する。

【史料1】(8)

尚々、名主之やしき大縄ニ入不申候ハヽ、壱札を取候てはつし可申候、以上、

御書中過分ニ奉存候、如御意候、此中は一段とさむく罷成候、乍去御縄之所は涯分かせき申候、御心安可思召候、殊更荒河之百姓持田屋敷之所御意ニ候、尤御意ニ候ハヽ、大縄ニ入不申候ハヽ、はつし可申候、兎角何事も旦那被申様も、御両所様御指づ次第ニ可仕候之由、被申付へく候間、御意次第ニ存候、恐々謹言、

内藤左衛門尉（花押）
袴田七右衛門尉（花押）
河下平次左衛門尉（花押）
自窪嶋

十一月九日

日下兵右衛様
成瀬吉右様
参御報

荒川村を検地した内藤ら検地役人が、荒川村を支配する代官日下部兵右衛門定好・成瀬吉右衛門正一に宛てた書状である。日下部・成瀬両氏は、徳川家康に従って関東に下り、武蔵国大里郡の鉢形城を拠点とした。本状には作成年代の記載がないが、先行研究により文禄四年のものであることが明らかにされている(9)。

文禄四年一一月九日付の本状で、伊奈代官配下の検地役人らは、荒川村名主である持田家の屋敷地について、「御両所」（日下部・成瀬）の意向どおり縄入を行わなかったので除地としてほしい、と上申している。尚々書にも、名主の屋敷地を縄除したので、一札を取って除地にするべしとある。

寛文一二年（一六七二）に持田太郎兵衛が作成した支配代官である伊奈半十郎忠常宛ての披露状から、文禄四年に除地とされた名主屋敷地の規模がわかる。

【史料2(10)】

御披露申上候御事

合壱反弐拾四歩　　屋敷　　太郎兵衛

合六畝弐拾九歩　　是ハ屋敷廻りやぶの地

一伊奈備前守様右屋敷之分、御指置之御証文被下随分大切ニ致置候所に、拙者ぢい四郎左衛門度々火事ニあひ、三度目ニ彼之御証文焼キ申候由申伝候、内々御訴訟申上度奉存候所ニ、御次手無御座候、此度村中指出シ仕上ケ候得由被仰付候、能御次てニ奉存御披露申上候、前々之通り御赦免被下候ハヽ、難有可奉存候、若御年貢地ニ被遊被下候ハヽ、御積次第御年貢指上ケ可申候以上、

寛文拾弐年　　荒川村

子ノ九月日　　太郎兵衛㊞

御代官様

この披露状によると、太郎兵衛の屋敷地一反二四歩と屋敷廻りの藪地六畝二九歩が除地とされていた。さらに「以前のとおり屋敷地などを除地としていただけたら有り難いが、もし年貢地とされるのであれば年貢を納める」と書かれている。

寛文検地の施行により、関東では、土豪特権は否定される傾向にあった[11]。太郎兵衛は、除地のまま屋敷地が維持されることを望みながらも、年貢地になることもやむを得ないと、当該期の土豪特権を否定していく地域社会秩序の変化に対応する意向を見せていた。しかしこの時点で屋敷地の除地がただちに年貢地化することはなかった。

転機が訪れたのは延宝五年（一六七七）である。この年、名主太郎兵衛の村政運営について、組頭らが訴訟を起こした。出入の詳細は本書第二部第二章に譲り、ここでは訴訟にさいして太郎兵衛が作成した返答書から、近世初期以来持田家が有する屋敷地除地をめぐる部分を取り上げる。

【史料3[12]】

乍恐以返答書御訴訟申上候

（中略）

一隠田御座候由申上候儀偽ニ御座候、拙者居屋敷「之儀」（抹消）、御入国之刻、伊奈備前守様御検地被遊候節、御指置之御証文被下置候、其以後吉野勘十郎様御拝領地ニ罷成候て勘十郎様荒川村へ御縄御入「被遊」（抹消）候節、右之御証文御詮議之上、拙者居屋敷御検地不被遊候証拠御座候、拙者親火事ニ逢、右之御証文焼失申候、其後伊奈半十郎様御代官所ニ罷成候刻、御証文焼失申候旨、半十郎様へ御披露申上罷有候「段」（抹消）、村中其隠無御座候、去辰ノ秋、従御　公儀様村中御検地被遊候節、拙者屋敷之儀前々之通申上候得ハ、為御忠進之、向後ハ御年貢所ニ仕候へと被仰付候間、随御意罷在候処、此度偽り申上候御事、」、六年以前子ノ年荒川村切添御改之刻も半十郎様へ右之通申上置候、五年以前丑ノ年、御代官様御替り之砌、前々之通御断り申上置候、去辰ノ夏御巡見様様（衍）方えも御入国以来、御縄入不申候段、惣百姓ゟ書付お以申上候、屋敷之儀隠田と偽り申懸候、去辰ノ秋荒川村御検地之刻、達て御訴訟申上候へ共、古来之儀ハ各別御忠節之事ニ候間、当御縄受可被成旨被仰付、無是非御なわ申請、御年貢上納仕候所ニ筋めも無御座申懸仕候御事、（中略）

延宝五年　　　　荒川村

巳ノ二月　　　　太郎兵衛㊞

御代官様

太郎兵衛が、彼の所有する除地が隠田であると主張する組頭らに対し、これは偽りであるとして反論している箇条である。太郎兵衛が言うには、この除地は徳川氏の関東入部の折、代官伊奈備前守忠次により認められたものであった。領主の交代があっても除地に変更はなかったが、屋敷が火災に遭ったさい、屋敷地が除地であることを証明する証文は焼失してしまった。延宝四年秋の検地にさいし、古来の除地を維持するべく申し立てたが、代官は「かつて除地を与えたのは持田家の格別の忠節に報いるものであったので今度は検地を受けるべし」と命じ、除地は年貢地となった。

こうした太郎兵衛の主張から、持田家の屋敷地特権の経緯がうかがえる。持田家の場合、近世初期の検地にさいして与えられた屋敷地除地は、元々「各《（格）》別御忠節」に対して認められたものだった。しかし寛文・延宝期の検地で、屋敷地除地を維持したいという太郎兵衛の願いは否定され、年貢地化したのであった。

二　土豪服部家と名主免

1　永田村の村役人構成と服部家

次に、土豪が有する土地特権である名主免の実態と、その変化について確認する。分析対象とするのは、武蔵国久良岐郡永田村（現・神奈川県横浜市南区）の土豪服部三郎右衛門（彦六）家（服部家本家）である。永田村は、徳川家康の関東入部から幕末まで一貫して幕領で、村内には北永田集落と南永田集落の二つの集落が存在した。服部家は、戦国末期には北条氏の小代官を務め、北永田集落に本家を中心とする同族集団を形成していた（図2参照）。

永田村では、貞享期・享保期の二度にわたり、名主役をめぐる出入が発生した。そのさいに論点の一つとなったのが名主免・名主役地である。争論の具体的な検討に入る前に、まず、永田村の村役人の変遷を説明する。

永田村の名主役は、延宝期から元禄期に服部家分家の杢右衛門・吉右衛門が、享保期に同じく吉右衛門が名主役を務める時期があるものの、服部家本家の三郎右衛門家が明治期まで世襲的に務めた。ただし享保一四年（一七二九）、

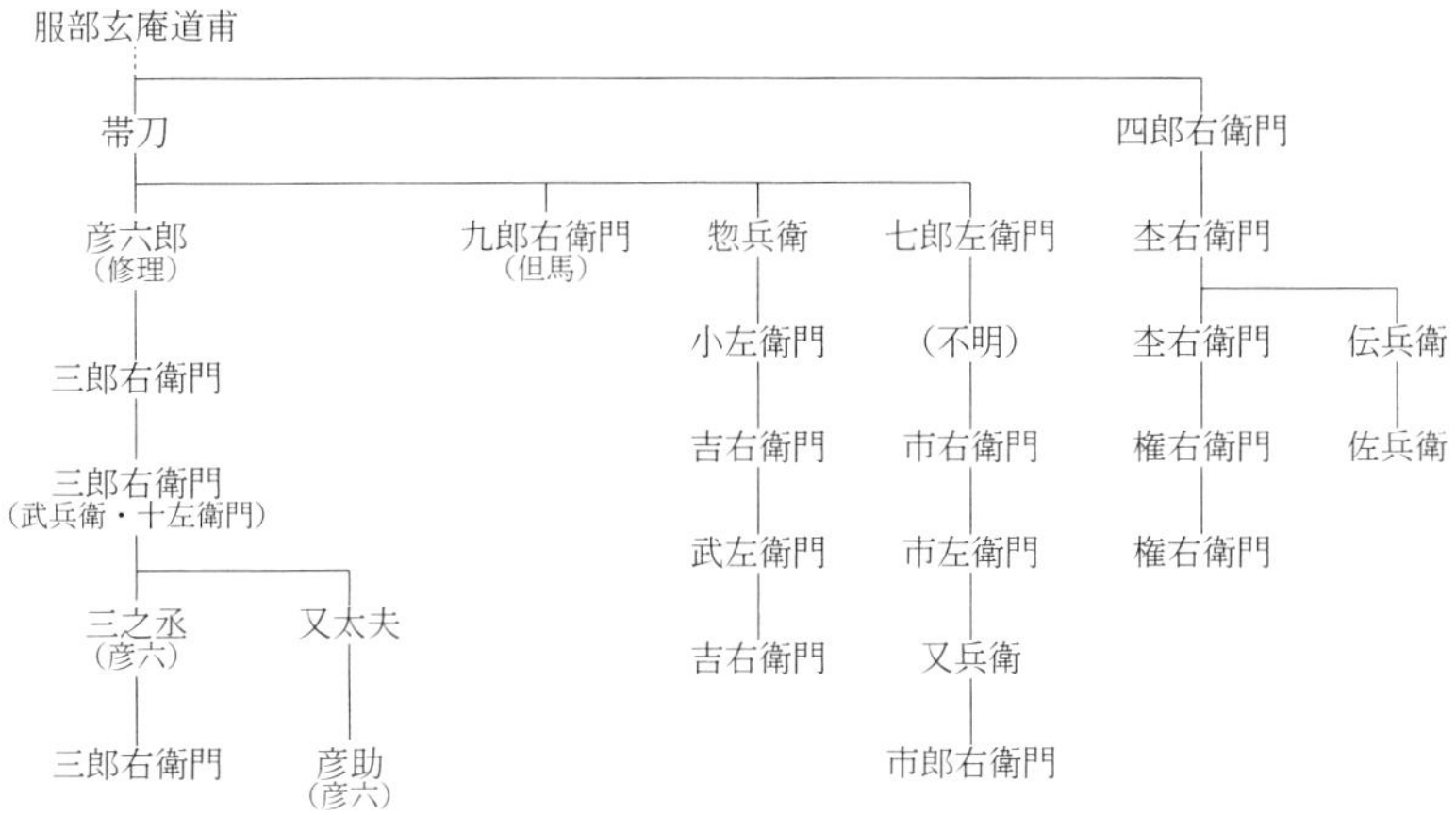

図2　服部家系図（服部家文書 冊1・4・21・22・41・57・64・83・93・104・134，蘆田伊人編集校訂・根本誠二補訂『大日本地誌大系　新編武蔵風土記稿』第4巻（雄山閣，1996年）などを参考に作成）

代官の裁許により永田村が南北に二分されて以降は、本家の彦六（北永田「村」名主）と分家の吉右衛門（南永田「村」名主）による名主二名体制となった。

年寄役（組頭）は、服部家一族の服部四郎右衛門の子である杢右衛門家、および服部家本家の服部帯刀の子である惣兵衛・七郎左衛門の両家が代々務めた。年寄役四名のうち三名を服部家の人間が占めたが、享保期の出入以降、服部家以外の家や服部家分家の分家など、直接服部家本家とは本家分家関係を持たない家も就任するようになる。享保期の出入以前に唯一、服部家以外で年寄役を世襲で務めていた川井茂左衛門家は、その後も継続的に南永田の村役人を務めた。

永田村では、戦国期以来の土豪服部家一族が、名主や年寄など村政運営の中心を占めた。しかし二度の出入を経て、服部家本家を中心とする村政運営機構に再編がもたらされたのである。

次項以降では、こうした村政運営機構の再編と名主免・名主役地の関係を見ていく。

2　貞享期の出入と名主免

貞享四年（一六八七）五月三日、服部吉右衛門（分家）が服部十左衛門[13]（三郎右衛門、本家）を相手取り、訴訟を起こした。背景には、名主十左衛門の代官手代役就任と、それに伴う代理名主の任命があった。延宝七年（一六七九）、代官手代に任命された十左衛門は、それまでのように名主役を務めることが難しくなった。そのため十左衛門の子が成人するまで、分家の吉右衛門・杢右衛門が隔年で代理名主を務めることになった。その十左衛門と吉右衛門の間で出入が起こったのである。

この出入について、服部家文書中に一件記録が存在する。表紙に「貞享四卯五月　吉右衛門此度六ヶ敷申かけ候覚書」とあり、十左衛門の代官手代就任から出入の決着までの経緯や論点が箇条書きで仔細に記録されている。ここでは、名主役特権である名主免に関わる記述を中心に取り上げる。

【史料4[14]】

一吉右衛門戸塚御奉行へ御訴詔状ニハ、代々名主筋ニて候処、祖父惣兵衛若年ニて親ニはなれ、我等四代兄之祖へ名主渡し申時、修理・九郎右衛門兄弟ニて名主ばい（う脱カ）合申候処ヲ、両寺・村中取扱、修理名主仕候故、名主免右書付申通高十石余・山一ヶ処さしそへ預ヶ置申処、九年以前未年、名主役杢右衛門・吉右衛門隔年ニさせ申時分、十左衛門御手代役仕候故、我かまゝにて右名主免かへし不申候、其はなむけニ役米ノ外ニ米弐俵・金壱分ツヽ、隔年名主方へ出し申定ニ仕候処、弥我かまゝニて右役米・合力米ニも埒明不申迷惑仕候とヶ様成訴訟之様ニ承候、

吉右衛門の主張は次のとおりである。すなわち、代理名主の吉右衛門は代々名主筋の家柄であったが、祖父惣兵衛

のときに「兄之祖」に名主役を譲った。そのさい、修理・九郎右衛門の兄弟が名主役をめぐって争い、「両寺」（宝林寺・西光院）および「村中」（惣百姓）の仲裁によって修理が名主を務めることとなり、高一〇石余と山一か所の名主免（高役免除の土地）の所持権が修理に預けられた。しかし「九年以前未年」（延宝七年）、杢右衛門・吉右衛門が隔年で名主役を務めるようになったが、手代役の十左衛門は「我かまゝ」で名主免を返さず、「其はなむけ」として代理名主方へ出すように決められていた役米・合力米の米二俵・金一分も出さないので迷惑している、というのである。

ここで吉右衛門が主張している、役米・合力米の支給についての規定は、次の史料5に見ることができる。坪井代官から「御役儀」（代官手代役）を命じられた武兵衛（十左衛門）が名主役を務めるのが難しいと「惣百姓」に申し出たさいに作成された、代理名主への助成に関する証文である。

【史料5[15]】

入置申諸役手形之事

一貴様只今御役義被仰付、名主役御難義之由惣百姓中へ御上ヶ被成候、則御支配田地役米之義、御子息達御成人名主役被成候迄ハ、役銭にて御出し可被成候、則当村之義道中助馬役被仰付候砌ゟ、道中なミ大小百姓家別ニ助馬仕候様ニ被仰付、其通り相勤来り申候間、当番名主役仕候者壱人前分之役銭、前々ゟ相定申通り、壱ヶ年ニ助馬役銭米弐俵・諸事小役銭金壱分ツヽ、村中へ御出し被成候様ニ、惣百姓相談を以相極メ申候、其上別て当番名主役相勤申者ニ壱ヶ年ニ米弐俵・金壱分御合力可被成候由、惣百姓方へ御申渡し被成候、為後日如此連判手形入置申候、以来少も相違仕間敷候、以上、

延宝七年　　　　永田村

未二月　　　　　庄左衛門㊞

（惣百姓連印中略）

武兵衛殿

永田村はこれまで「道中助馬役」（助郷役）を軒割で務めてきた。以前からの定めでは、名主は助郷役を務める代わりに「助馬役銭」として米二俵、「諸事小役銭」として金一分ずつを毎年村に出していた。そこで「当番名主役」を務めることとなった吉右衛門・杢右衛門もこれまで同様に助郷役負担を相殺する、と武兵衛と惣百姓は相談のうえ決定した。さらに武兵衛は「当番名主役」に、手当として一年あたり米二俵・金一分を合力すると惣百姓方へ申し出た。これが、史料4で吉右衛門が「其はなむけ」と主張する役米・合力米である。

さて、吉右衛門の訴訟を、戸塚奉行（代官所ヵ）はどのように処理したのか。

【史料6】[16]

吉右衛門、卯五月三日ニ右訴詔戸塚へ上ヶ申候処、名主免ニ証文有之哉、又兵衛殿御尋被成候由、何ニても証文無之由申候、百年以前ノ事世間左様ノ入組申事ハ数々有之処、吉右衛門不届ノ由ニて殊之外しかられ申候由、

訴訟を担当した手代又兵衛は、吉右衛門に、名主免に関する証文はあるのかと尋ねた。吉右衛門は、証文などは存在しないと返答した。すると又兵衛は、一〇〇年以上前の出来事について一々訴え出る吉右衛門を、不届きであると処罰したのであった。

実際、正保四年（一六四七）の年貢請取状[17]の受取人には「永田村名主　三郎右衛門」の名があり、以降、三郎右衛門家（服部家本家）が名主を務めている様子が確認できる。一方、吉右衛門家が名主を務めたとの記録は存在しない。名主免についての吉右衛門の主張には証拠がないのである。

したがって、近世初期以来（伝存する史料上確認できるのは正保期以降）、名主役を世襲的に務めていた服部家本家が、

名主免も一貫して保持し続けていたと考えられる。

この記録をさらに読み進めよう。

【史料7[18]】

其後五月九日頃又兵衛殿植田見分御出被成候時分、いとかや孫左衛門処ニ御一宿、其夜杢右衛門・又兵衛・茂左衛門いとかや村へ御よひ、右六ヶ敷之様子委細御尋被成候処、跡々之事不残有体ニ正直ニ右三人衆申候故、弥吉右衛門不届ものと思召候、又兵衛殿被仰候、然共十左衛門・吉右衛門一門たる由、対決ニ及候てハ子孫迄意趣残り可申間、いとかや・引越名主、永田名主・年寄・ワき百姓・両寺立合あつかい内々ニて埒明可然候と御申付被成候故、右之衆立合扱被申候故、先和談ニあつかい被申候、我等せひ承り申間敷と存候とも、達て右之衆被申候故和談仕候、

五月九日ごろ、手代又兵衛が植田見分に訪れ、井土ヶ谷村（現・神奈川県横浜市南区）の孫左衛門方に一宿した。その夜、同村に呼ばれた杢右衛門・又兵衛・茂左衛門の三人は、又兵衛に騒動の詳細を尋ねられたので経緯を「不残有体ニ正直ニ」説明した。又兵衛は吉右衛門が「不届もの」であると判断した。しかし又兵衛は、十左衛門と吉右衛門は「一門」であるので、対決に及んでは子孫まで遺恨となるだろうから、隣村井土ヶ谷村・引越村（現・神奈川県横浜市南区）の名主および永田村名主・年寄・脇百姓が仲裁し、内済すべきだと言った。「我等」はとうてい承伏できないと思ったが、井土ヶ谷村・引越村の名主らが強いて言うので最後には和談とした、と述べている。

五月一四日、宝林寺で「役米・合力米指引勘定」、すなわち一二年前から貞享三年までの吉右衛門に渡されるべき役米・合力米の勘定が行われた。

【史料8[19]】

其上五月十四日ニ役米・合力米指引勘定ニ宝林寺へ立合申候人数、杢右衛門・又兵衛・庄左衛門・九郎右衛門・茂左衛門・忠兵衛・太郎兵衛・吉右衛門・我等立合、十二年以前辰ノ年之帳面ゟ段々年々渡し方請取方勘定年々米相場ヲ以、杢右衛門そろはん・太郎兵衛筆取ニて去寅ノ年迄勘定相極メ申候へハ、吉右衛門方へ役米・合力米渡し過金弐分此内せに百廿壱文引たり、渡し過御座候へ共、是も吉右衛門と我等事ニ候間くれ申様ニと被申候故其通り仕候、其上去寅ノ三月吉右衛門娘縁付之仕立金弐両かし申候をも合力仕候様ニ、右之衆達て被申候故せひなく手形取是もくれ申候、諸事埒明我等も戸塚へ五月十七日ニ礼ニ罷越候、

評議の結果、再勘定と齟齬のあった分の役米・合力米と、吉右衛門娘の結婚費用として貸与した金二両を吉右衛門に与えるということで、訴訟は決着した。五月一七日、「我等」も戸塚へ訴訟落着の礼に行った、とある。

この役米・合力米の差引勘定には、杢右衛門・又兵衛・庄左衛門・九郎右衛門（以上、服部家分家）・茂左衛門（川井家）・忠兵衛（宮森家）・太郎兵衛（不明）と吉右衛門（服部家分家）、そして「我等」が立ち会っている。ところで、この一件記録の書き手でもある「我等」とは誰なのだろうか。次に掲げる史料9は、五月一五日、出入が決着するさいに、両当事者間で決着した内済の内容を記した証文である。

【史料9】[20]

進候一筆之事

一此度未ノ年ゟ寅ノ年迄八か年分之役米・合力米無出入指引勘定仕埒明申候、其上去三月金子弐両御借被成候処、此度我等ニ給候、是ハ名主役御たのミ被成大役仕候と思召別て給わい存候、為後日此如御座候、以上、

貞享四年

卯ノ五月十五日

主　吉右衛門㊞

立合　又兵衛㊞

同　茂左衛門㊞
同　杢右衛門㊞
十左衛門殿

この証文は、差出に吉右衛門・又兵衛・茂左衛門・杢右衛門が名を連ねており、宛先に十左衛門の名がある。史料8と合わせて考えれば、「我等」とは出入の一方の当事者である十左衛門であることがわかる。そして「貞享四卯五月　吉右衛門此度六ヶ敷申かけ候覚書」（史料4・6〜8）は、貞享四年五月に吉右衛門が十左衛門らに「六ヶ敷申かけ」をしたさいのことを、十左衛門が記録したものということになる。

結局、「名主免」とは何だったのか。服部家本家の十左衛門は、「高十石余・山一ヶ処」の名主免を保持していた。そして、十左衛門は、名主役を退役して以降も、名主免を引き続き保持していた。つまり「名主免」は、服部家本家が一貫して所持していたのである。それは、名主免が名主役に付随しているのではなく、服部家本家に付属するものとして存在していたことを示すと考えられよう。

三　名主役地の成立と村落社会

1　名主役地・名主給米の成立

元禄三年（一六九〇）、十左衛門の子三之丞が成人すると、当初の予定どおり名主役は服部家本家の三之丞（彦六）に交代した。[21] 史料10はその直後の元禄四年に作成された、名主給米に関する惣百姓連印証文である。

【史料10】[22]

覚

一庄屋古来ゟ水帳ニ載持来候田畑高役ハ、只今迄之通惣百姓仕埋、持添之田畑之役、百姓へ一切不可掛事、

一庄屋共儀、村中之名代ニ骨折、品ニゟ候てハ、或ハ籠舎、或ハ手錠・追放も申（被脱カ）付候、然は庄屋給、惣百姓出シ可申事候、其上庄屋給出シ候村大分有之、其内ニ庄屋給不出村候へハ一入道理難立候事、

（中略）

右名主給米御書付之儀ハ、四年以前辰ノ十一月、先御代官西山六郎兵衛様ゟ被仰出候通、其節惣百姓拝見仕候、自今以後ハ右被仰出候通、一ヶ年ニ米五俵ツヽ、高割ニいたし、村中惣百姓方ゟ庄屋給米年々其方へ相渡シ可申候、少も違乱申間敷候、為後日惣百姓連判如此御座候、以上、

元禄四年　　　　永田村

未ノ正月　　　　又左衛門㊞

（惣百姓連印中略）

名主

三之丞殿

第一条の内容は以下のとおりである。つまり庄屋が古来検地帳に記載があり、所有している田畑の高役は、今までどおり惣百姓が代わりに納め、後から入手した田畑の高役は百姓に一切掛けてはならないということである。名主役地とは、この検地帳に記載された高役免除の土地のことである。

次の箇条では、庄屋らは「村中之名代」として尽力し、場合によっては籠舎・手錠・追放に処されることもあり得る立場なので、惣百姓が庄屋給を出すべし、としている。そして、村によって庄屋給を出す・出さないというような不公平が生じないよう命じている。

この「名主給米御書付」は、「四年以前辰ノ十一月」（元禄元年一一月）に、以前の代官西山六郎兵衛昌春から命じられたもので、以後は支給規定のとおり、一年あたり五俵ずつ高割で村中惣百姓が名主給米を渡すことになった、ということである。

以上のように、永田村では元禄期に名主役地が設定され、名主給米の支給が始まった。名主役地は、古来検地帳に記載のある田畑高役を、惣百姓が「只今迄之通」負担するというもので、先行する名主の高役免除特権を引き継ぐものである。その高役免除特権こそが名主免であった。貞享期に問題となった名主免の土地については、その後服部家文書中には見られなくなる。服部家本家が近世初期以来独占的に有していた名主免は、元禄期に領主の指示を受けながら設定され、明文化された名主役地へと姿を変えたのである。明文化された規定に沿って、服部家は検地帳に記載のある三〇石分の高役が免除された(23)。

つづいて、永田村における惣百姓の動向を、延宝八年（一六八〇）四月、散在山の馬草の配分割合などを定めた惣百姓連印証文の内容から見よう(24)。

永田村では、「さんざい」（散在）する馬草山を、惣百姓が各自勝手に利用していたが、惣百姓で相談した結果、銘々に「割取支配」（分割所有）することになった。そこで、次の三か条について代官に上申した。

①先年「道中助馬役」（助郷役）を命じられたとき、「道中次（継）助馬」を大小百姓平等に務めるように命じられ、今まではそのとおりにしてきた。以前、間宮新左衛門正次(25)が代官であったとき（寛文四年〈一六六四〉）、散在谷地を「御役馬」負担者ごとに平等に開発したので、新開した耕地は「大小百姓」平等に割り当てられた。そこで、今度の馬草山の分割も「大小百姓」平等とし、仲間内で出入を起こさないこと。

②このたび割り取りする「馬草山」には、植木・自然木どちらであっても一切木を生やしてはならない。「役馬」

は大切であり、木を生やしては馬草が払底してしまうので、誰人の山であっても「中ケ間」が切り捨て、馬草が茂るようにしなければならないこと。

③名主役を務める者には「馬草山壱人前」を、年寄役を務める四名には「馬草三人前」を、惣百姓の相談をもって渡すこと。

永田村では助郷負担が軒割で行われており、馬草の確保が村の重大事と認識されていた。さらに、名主など村役人には割増し分を配分するなど、惣百姓が合意のうえで村役人層に特別な配当を与えている。

永田村では村落構成員の合意形成主体として「惣百姓」が存在し、その相談によって議定が取り結ばれた。管理が行き届かない馬草山の取締りの主体が、村役人ではなく「中ケ間」であった点が注目されよう。延宝期には、散在山の配分というような、村政運営上深刻な対立を生みかねない事柄についても、小百姓の関与が見られるようになってくる。

当該期の村政運営を担う村役人の構成に変更はなかったが、村役人給や村役人の権限に対する惣百姓の影響力は徐々に強くなっていたのであった。

2　享保期以降の名主役地

貞享期出入発生から三八年後の享保一〇年（一七二五）、永田村では再び名主役をめぐる出入が発生する。

永田村名主であった三郎右衛門（本家）が若くして病死し、跡を継ぐべき実子がいなかった。そこで、三郎右衛門の伯父にあたる久良岐郡弘明寺村（現・神奈川県横浜市南区）の名主又太夫の子彦助を養子とし、永田村名主役を相続させようとした。しかし、彦助は幼少で名主役を務めることが難しかったので、年寄らと相談し、惣百姓も承知のうえ、彦助が成長するまで名主代役を年寄役の吉右衛門・権右衛門両人に任せ、一〇年が過ぎたところで彦助方へ名主役を返上するよう取り決めた。

ただし実際には、権右衛門は辞退したので、吉右衛門一人で務めることとなった。この吉右衛門が代理名主に就任し、名主役地について服部家本家彦助を訴えたのである。なお、この出入を起こした吉右衛門は、貞享期の出入を起こした吉右衛門の子孫である。[26]

この訴訟について、享保一二年三月、妙真（三郎右衛門実母、彦助養母）と、又太夫（彦助実父）が「吉右衛門巧之品々乍恐申上候」と題して代官に提出した上申書から見よう。なお、論点は多岐にわたるため、ここではとくに名主役地をめぐる主張に絞って取り上げる。

【史料11】[27]

吉右衛門巧之品々乍恐申上候

一役横領仕候由、吉右衛門巧を以弐拾七人之百性(姓)ニ連判為致願書御代官様へ指上申候、役横領仕候ハヽ、拙者共方え科可被仰付と奉存候、内々吉右衛門百性(姓)へ申談候ハ、三拾年余拾石目役横領、彦助方ゟ為出之割渡シ不申由、百性(姓)仲ヶ間へひをすゝめ申候故、右弐拾七人之百性(姓)は吉右衛門と一味仕願書をも指上申候、役横領と申懸ヶ仕候儀百性(姓)ヲ引入申巧ニ御座候、

妙真ら彦助側は、吉右衛門が本家の三郎右衛門は役料を横領していたと非難して、「弐拾七人之百性(姓)」を「一味」にして連判させ、代官に願書を提出した、と述べている。吉右衛門が主張する「役横領」の内容は、彦助側が三〇年余りにわたって、三〇石分を名主役地とすることで、一〇石分の高役を余計に免れてきたというものであった。

【史料12】[28]

一吉右衛門御奉行所様へ指上候願書文言之内ニ、惣百性（姓）仕埋高吉右衛門弐拾石除申候へハ、代々三郎右衛門相勤候内拾石目百性（姓）前ヲ掠メ候成致迷惑候間、其方三拾石目百性（姓）方ゟ仕埋させくれ候様ニ吉右衛門方へ拙者共申候よし吉右衛門申上候、

また代理名主であった吉右衛門は、細井代官の指示に従って、名主役地として二〇石分の高役を惣百姓に代わりに負担させた。すると彦助側は、それでは三郎右衛門が一〇石分を不正に取得していたことになるので、吉右衛門に対して三〇石分の高役を惣百姓に負担させてほしいと言った。吉右衛門はこうした主張を展開し、自らの主張に賛同する「弐拾七人之百性（姓）」に連判させ、代官に訴状を提出した。このように妙真・又太夫らを中心とする彦助側は主張する。

さらに彦助側は、服部家本家が「役横領」をしているという吉右衛門らの主張に対して、代官への上申書で次のように弁明している。

【史料13[29]】

乍恐書付を以申上候

一永田村名主役地三拾石目之儀、先祖ゟ代々除キ来り申候所、細井九左衛門様御代官所之砌、名主役地弐拾石ヲ限り相除申様ニ被仰触候、其節村中え右之段申渡シ候所、惣百姓不残申候ハ、代々相除キ来り申候、殊ニ村中段々御厚恩ニ預り申候間、先々之通相除キ可然由、村中相談之上先年名主代相勤申候杢右衛門、御代官様へ罷出奉願候ハ、先祖より除キ来り申候間、此度惣百姓も先格之通御除キ被下候様奉願候様申上候へハ、御代官様御聞届被遊候、夫ゟ段々村差出ニ書載御代官様御代々差上申候由、其節之杢右衛門今ニ存生ニて右之段慥ニ知存申候、其外年老申候百姓も申候、（後略）

代官細井九左衛門政次在任中（元禄二～一三年の間）、名主役地を二〇石に限るようにと命じられた。しかし、惣百姓が前々のとおりで良いというので、当時の代理名主杢右衛門が代官にその旨を伝えたところ認められ、名主役地は三〇石分となった。これが彼らの主張の趣旨である。

この訴訟から、服部家の持つ名主役地の実態を確認しよう。

享保期、服部家本家の有する名主役地高は三〇石であった。彦助側は、三〇石の名主役地高は先祖代々のものであると主張した。それは、彼らのいう名主役地とは、これまで述べたように、近世初頭以来服部家本家が保持してきた名主免が、元禄期に代官によって再編されたものだったからである。しかし、元禄四年に検地帳持高三〇石に対して認められた名主役地は、その後まもなく細井代官より二〇石までに制限するよう命じられた。服部家本家が名主を務めている時期には、三〇石の名主役地高については問題とならなかったが、名主が吉右衛門に変わったことで表面化したのである。

享保期の出入に関する文書からは、名主役地高をどの程度まで認めたかは確認できない。しかし、宝暦一四年（一七六四）の「村高書貫帳」[30]に、「北高之内高拾石名主役地引」とある。享保期の一連の出入を経て、名主役地は一人の名主につき一〇石、合計二〇石に減少したようだ。これは、名主役地は基本的には二〇石に制限するという、幕府の規定に基づいた石高である[31]。

享保期の出入は、最終的には服部家本家（彦助ら）・北永田集落住民と服部家分家（吉右衛門）・南永田集落住民の集落間の名主役をめぐる対立へと展開した。永田村では、延宝期から代理名主を務めたことをきっかけに、服部家分家（吉右衛門家）が政治的・経済的に力を持ちつつあった。それに伴って、村内の経済的なつながりが北永田―服部家本家と南永田―服部家分家（吉右衛門家）へと収斂していった。つまり、本家分家間の対立にとどまらず、経済構造の変化により、村内は別々の「村」として分離する素地を持っていたのである。そのため、永田村は北永田「村」と南永田「村」へと分裂し、それぞれに一名の名主が置かれ、ほぼ別々の村として村政運営が行われるようになった（詳細は本書第二部第一章）。

おわりに

近世前期、土豪には、屋敷地除地や名主免などの土地特権が付与されることがあった。

まず、荒川村の土豪持田家を事例に、屋敷地除地の検討を行った。屋敷地除地は土豪の過去の忠節に対して与えられたもので、一定の時間が経過した一七世紀後半の検地施行の過程で年貢地化し、特権は消滅した。また屋敷地除地は一部の小百姓には隠田と認識され、その存続について惣百姓の合意を得ることは不可能だったと考えられる。

次に、名主免について、永田村の土豪服部家の事例から考察した。名主免は、当初は名主役に対する高役免除地として与えられたと思われるが、貞享期には世襲的に名主役を務める土豪服部家本家に付随するものとなっていた。寛文～元禄期にかけて、土豪分家や小百姓の成長を受け、服部家本家は自らの裁量や力量でもって単独で村政を取り仕切る土豪的性格を失った。そうしたなかで、代官の指示により、検地帳持高に応じた名主役地が設定された。これは代官が、土豪に名主免が付属していた従来の状況を否定し、名主給分と名主役が対応した関係へと再編するためのものであったと考えられる。

享保期出入では、名主役地が主要な争点の一つとなった。この享保期出入を経ることで、名主役地高は一人の名主につき一〇石、合計二〇石という幕府規定どおりの石高に削減された。名主役地は、最終的に古来からの検地帳持高

（三〇石）から二〇石に制限する幕府規定や惣百姓の合意を根拠とするものになった。

以上の経緯をたどって、土豪に付属する土地特権〈名主免〉から、名主の家に付属する土地特権〈名主役地〉へと変化し、代理名主へと高役免除が移動するようになった。これは代官による土地特権の再編という評価にとどまらない。世襲的に務める名主役に基づく土豪の土地特権から、幕府規定や惣百姓の合意に基づく名主の土地特権への変化でもあった。

宍戸氏[32]は、名主の所持地や高請地とは関係なく名主役に給分が支給される制度への転換は、「名主役」に付随する新たな特権創出を意味し、名主給の制度は非特権から特権へと変化したと評価している。しかし本章で見たように、土豪が独占的に有した名主免は、惣百姓の合意に基づき、明文化された名主役地へと変化したのである。

近世初頭の関東で広範に見られる土豪土地特権（屋敷地除地・名主免）は、中世からの連続的な性格を持ち、土豪の自己意識や社会的地位を反映するものであった。土豪が村の小百姓の影響を徐々に受けるようになる過程で、名主免は、名主役地として形を変えつつ存続した。一方の屋敷地除地特権は、土豪の由緒に基づくため、時間の経過により否定されていった。つまり、惣百姓の合意が形成されることで性格を変えた名主免は存続し、村の百姓から隠田であると訴えられた屋敷地除地は消滅したのである。

本章で明らかにした屋敷地除地の否定や、名主免から名主役地への変化は、小百姓らの成長などを背景とした、土豪土地特権の否定であり、土豪の近世的村役人化の進展として評価すべきもので、まさに近世的村落社会形成の過程を示す出来事であった。

註

（1）久留島典子「中世後期の『村請制』について」（『歴史評論』四八八、一九九〇年）、稲葉継陽『戦国時代の荘園制と村落』

（校倉書房、一九九八年）。
（2）長谷川裕子「十五～十七世紀における村の構造と領主権力」（同『戦国期の地域権力と惣国一揆』岩田書院、二〇一六年、初出二〇一一年）。
（3）『新修世田谷区史』上巻（一九六二年）など。
（4）水本邦彦『近世の村社会と国家』（東京大学出版会、一九八七年）。
（5）宍戸知「「名主役」特権の成立と「村役人」制度」（『関東近世史研究』五六、二〇〇四年）。
（6）水本邦彦「村方騒動」（『中世史講座第七巻　中世の民衆運動』学生社、一九八五年）。
（7）なお本章では、宍戸論文の引用史料に「名主地」と出てくる名主特権を、本章分析対象である永田村における呼称から「名主役地」と表記する（本章の史料13参照）。
（8）埼玉県立文書館所蔵持田英孝家文書（以下、持田（英）家文書と略記する）・九「内藤左衛門他二名連署書状」。
（9）『新編埼玉県史』通史編三　近世一（一九八八年）。
（10）持田（英）家文書・五〇九「御披露申上候御事」。
（11）拙稿「近世前期における検地施行と土豪の変容」（『八王子市史研究』五、二〇一五年、本書第一部第二章）など。
（12）持田（英）家文書・五六四「乍恐以返答書訴詔申上候」。
（13）十左衛門は、三郎右衛門・武兵衛と同一人物である。
（14）横浜開港資料館所蔵服部家文書（以下、服部家文書と略記する）・冊三七「吉右衛門此度六ヶ敷申かけ候覚書」。
（15）服部家文書・状一九五「入置申諸役手形之事」。
（16）前掲註（14）と同じ。
（17）服部家文書・状三一「請取申戌ノ田方御年貢米事」。
（18）前掲註（14）と同じ。
（19）前掲註（14）と同じ。
（20）服部家文書・状二五九「進候一筆之事」。
（21）服部家文書・状二七一「乍恐口上書を以申上候」。

(22) 服部家文書・状二七九「覚」。
(23) 服部家文書・状一〇七六「乍恐書付を以申上候」。
(24) 横浜市開港資料館所蔵『横浜市史稿写本　永田村服部氏文書一』Ａｄ３―２。
(25) 服部家文書・冊九―(二)「寛文四年辰ノ十月間宮新左衛門様御手代嶋田太郎兵衛様新田畑御検地被成候時古田畑之立帰御改之上上田中田之山崩川崩溝代之分下田ニ御引替被下候覚」。
(26) なお、享保期出入による村落構造の変容に関しては、本書第二部第一章を参照されたい。
(27) 服部家文書・状四八三「吉右衛門巧之品々乍恐申上候」。
(28) 前掲註(27)と同じ。
(29) 前掲註(23)と同じ。
(30) 服部家文書・冊一八八「申改村高書貫帳」。
(31) 大石久敬原著・大石慎三郎校訂『地方凡例録　下巻』(近藤出版社、一九六九年)には、問題が起こらない限り、名主役の引高は村の「郷例」に任せるとし、万一出入などが発生した場合は「定法」である二〇石に限ると記載されている。
(32) 宍戸前掲論文(前掲註(5)参照)。

第二章　近世前期における検地施行と土豪の変容

――武蔵国多摩郡上恩方村草木家を事例に――

はじめに

中近世移行期を考えるうえで、「土豪」「地侍」「小領主」といった中間層の存在を欠くことはできない。稲葉継陽氏は、(1)「侍」身分とは中世における「凡下」(百姓身分)の中から新たに生まれてきた身分階層であり、村落およびその連合としての地域社会の再生産のために、多様な職能を遂行する者の社会的地位の表現であったとした。これを受けて長谷川裕子氏は、(2)「土豪」を村と直接関係を持ち、村の生存を支える活動を行っており、また在地でもそのように認識されていた人々の総称であると定義している。

こうした理解に対して、小酒井大悟氏は(3)「豪農」や「質地地主」といった近世の中間層との差異が見えづらい点を指摘する。小酒井氏は、一七世紀後半までは戦国期に引き続き中間層を土豪という範疇で括ることが可能だが、その条件として小農を中心とする村からの規制を免れている点、言い換えると、近世の中間層(豪農・質地地主)の固有な特質をいまだ十分に帯びていない点を重視すべきであると主張する。

このように、論者によって土豪の理解は異なるが、一七世紀後半までには小百姓を中心とする近世的村落がほぼ成立すると考えている点で一致している。「土豪」や「地侍」などの性格を大きく転換させ、「小農自立」を促進した要因となったのが、江戸幕府による寛文・延宝期の総検地であった。

土豪の性格を規定する様々な要素のうち、関東地域で特徴的に見られるのが分付関係である。分付関係とは、検地帳の名請人の部分に分付で記載される分付百姓（小作人）と分付主（地主）との関係のことである。

白川部達夫氏[4]によれば、寛文検地の進行を契機に、検地帳名請に対する小百姓の関心が集まり、分付主（おもに土豪）―分付百姓（小百姓）間で分付をめぐる駆け引きが行われた。その結果、小百姓は名請人となり、土豪との分付関係は解消され、村内での本百姓としての地位を確立したとする。すなわち、分付記載をめぐる土豪と小百姓とのせめぎあいを考察することで、両者の関係性変化のあり方を端的に示すことができるであろう。

近世初期検地帳の分付記載は、当該期の徳川政権の権力構造、つまりどの階層の農業経営者を年貢・諸役の納入責任者として把握しようと考えていたかを解明するべく注目されてきた。北島正元氏[5]は、徳川政権が有力農民である名主・土豪層の経営をそのまま容認した妥協的なものとするが、所理喜夫氏[6]は、小農自立化政策に一定程度準拠するものだと積極的に評価している。大舘右喜氏[7]は、慶長・寛文検地帳を検討し、村内において小土豪的農民の地位が低下し、不安定性を残しつつも小農層が自立していく動向を明らかにした。

先行研究は、段階的な検地施行とその結果作成された検地帳を分析することで、土豪層を中心とする中世的村落から、小農を中核とする近世的村落に転換していったという構図を描き出した。ここでは、おもに検地帳の記載形式や階層構成などの検討から分付関係を考察している。そのため、具体的にどのような過程を経て分付記載が消滅したのか、さらにそうした動向に土豪がどのように反応し、性格を変容させていったのか、未詳な点が多い。

本章では、武蔵国多摩郡上恩方村（現・東京都八王子市）の土豪草木家[8]を事例に、分付関係の解消に至る過程を解明する。さらに、土豪の性格変容を連続面・断絶面を含めて把握するため、土豪の有する分付主—分付百姓という社会関係の分析を軸としつつ、村内の経済状況や政治状況などもあわせて分析する。

一　草木家と上恩方村の概要

近世の上恩方村は、江戸日本橋から西に一五里（約六〇キロ）、八王子地域の中心的市場である八王子宿まで三里（約一二キロ）の距離にあった。村の東西は二里一四町（約九・三キロ）、南北は八町（約八七二メートル）で、東西に長い形をしている。東は武蔵国多摩郡下恩方村、峻嶮な山を隔てて北に小津村・檜原村、南に元八王子村・上長房村、西は山を国境に相模国津久井県佐野川村と接していた[9]。

正徳五年（一七一五）の「上恩方村明細帳[10]」によれば、村内には「板当山御林」（一七〇町）、「栃縄城山御林」（四六町余）の二か所の幕府御林があった。幕府御林では、村民は下草刈りや落ち葉掻きを行い、薪や秣として利用していたが、木を切ることは基本的に禁じられていた。一方、「別帳ニ相改候てハ委細書のせ難申候」ほど多くの「百性《姓》居林」（百姓の所有林）が「百性《姓》壱人毎ニ」存在していた。さらに、戸倉山・小津山・檜原山など村の北部に広がる奥山には入会山があった。関東山地に接する広大な面積を持つ山間村落である上恩方村は、その特徴を生かし、薪炭生産などの諸生業により利益を得ていた。

上恩方村は上郷（高留以西）と中郷（板当〜宮ノ下）に分かれ、一名ずつ名主が置かれていた。さらにその下には、独立した村のような機能を有する「村」と呼ばれる村内小集落（個別集落）があった（図3）。草木家は、そうした村内小集落のうち力石の住人であった。

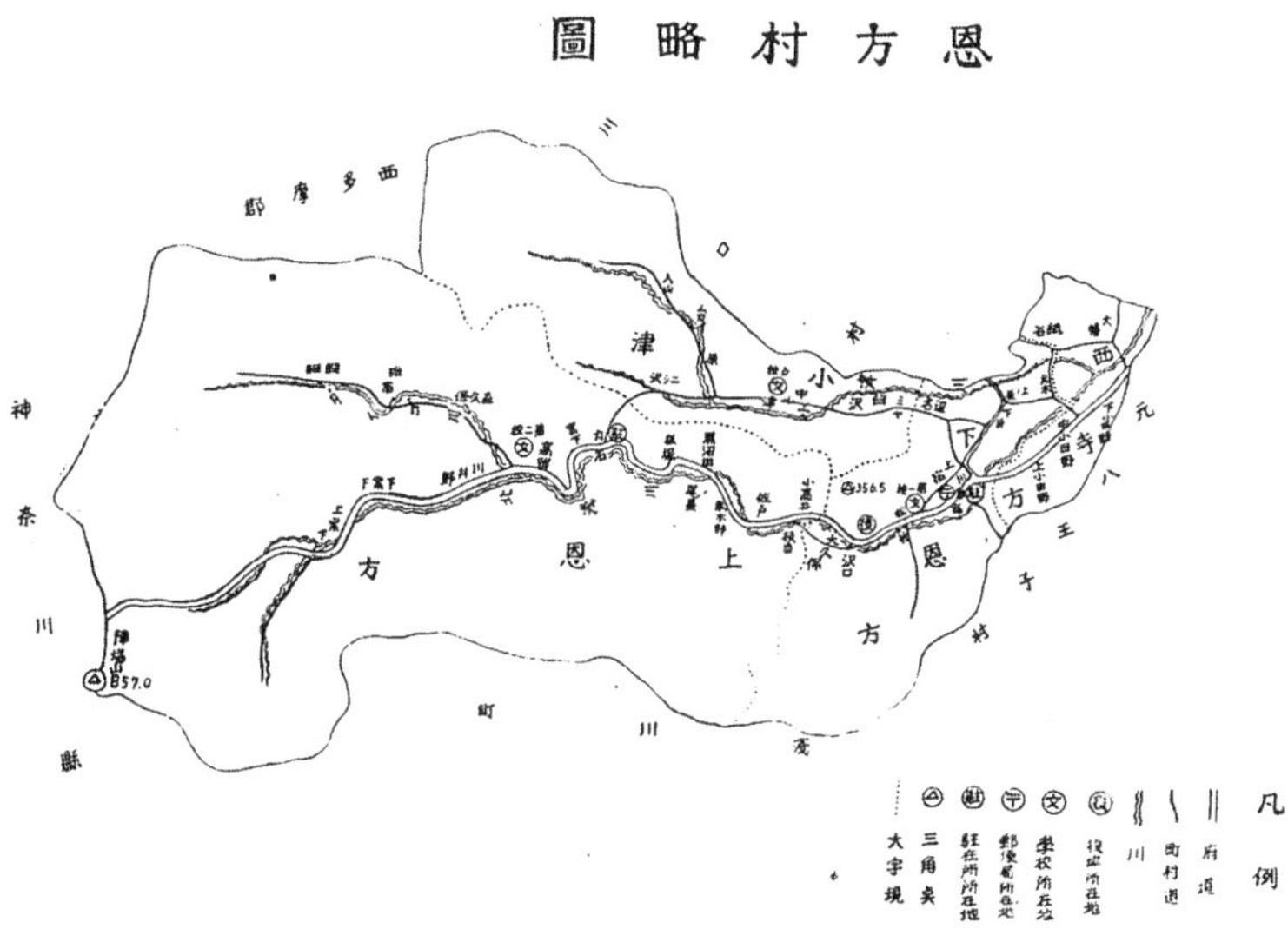

図3　恩方村略図（東京府総務部地方課『市町村概観』〈1938年〉より）

草木家は中世以来の由緒を有する土豪の家で、史料上確認できるのは戦国期末の草木兵部が最初である。兵部の子は作左衛門、孫は平助（作左衛門・兵部とも名乗る）といった。平助の弟に作右衛門（兵四郎）がおり、元禄期前後に村で唯一の猟師である久右衛門家へ養子に入った。しかし平助が正徳三年（一七一三）に跡継ぎのないままに死去したため[11]、親の作左衛門が当主に復帰し、その後作右衛門が草木家を継いだ（図4）。

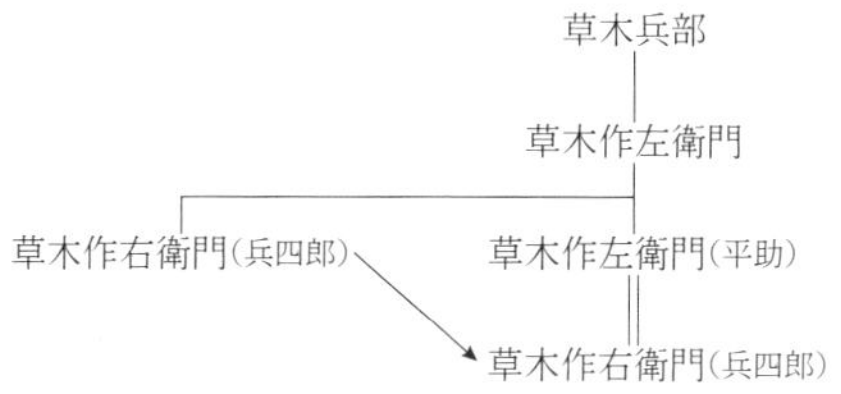

図4　草木家系図

上恩方村の有力寺院は興慶寺（朱印地一〇石）と胶月院（朱印地五石）である。草木家の菩提寺は興慶寺で、現在の檀家圏は駒木野・黒沼田・狐塚・力石・宮ノ下・高留・川井野（中郷の西側から上郷）であるとされている。力石の草木家は狐塚の草木六郎左衛門・高留の尾崎五左衛門とともに、興慶寺の開山以来の檀那であり、寺の運営・維持を担う存在でもあった。[12]一方の胶月院の檀家圏は大久保・板当・小高井・佐戸・黒沼田など（中郷の東側から下恩方村の一部）であるとされている。[13]

二　慶長検地・慶安改帳から見る上恩方村と草木家

近世初期の関東の畑勝ちな村落同様、[14]上恩方村でも、寛文検地以前は永高制が採用されていた。

上恩方村では、慶長六年（一六〇一）に年貢量を把握するための検地が行われ、「武州多摩郡上恩方村御縄打水帳」（慶長検地帳）が作成された。[15]この検地により、上恩方村全体で年貢（田畑耕地など）七六貫一〇文、屋敷地一〇貫四二六文、生糸・漆・楮などをそれぞれ現物で納めることとされた。表1は慶長六年の検地の結果をまとめたものである。屋敷無しの百姓は一貫未満の者が多いことから、おおむね一貫以上層が上層農民と考えられる。

慶長検地帳には分付記載が見られる。分付は全部で三八筆、畑四貫三九文分記載されている。八名の分付主に二四名の分付百姓が存在していた。そのうち二一名の分付百姓は、一名の分付主とだけ関係を持っていた。つまり、草木家を含む有力分付主と、零細な分付百姓との一対一の隷属的な関係が想定できる。

慶長検地帳に分付地を所有する人物の永高をまとめたのが表2である。草木家は主作地として畑九六〇文、屋敷八〇文、合計一貫四〇文、その他生糸一五五匁、中漆四丸、下漆一束四丸、楮二束を名請し、分付地は四筆、三三七文で、内訳は太郎右衛門に二筆二四〇文（太郎右衛門主作地七一九文）、半重郎に一筆六五文（半重郎主作地二四〇文）、神助に一筆三二文（神助主作地二三文）である。彼らはみな草木家とだけ関係を持つ分付百姓であった。

草木家の総永高は一貫三七七文で、村内の上層ではあるが、圧倒的な最上層ではない。しかし、数少ない分付主で

表1　上恩方村階層構成表

人数 / 永高	慶長6年 屋敷持ち	屋敷無し	合計	人数 / 反別	寛文7年 屋敷持ち	屋敷無し	合計
2貫以上	8	1	9	2町以上	4	0	4
1貫900文〜	1	0	1	1町9反〜	0	0	0
1貫800文〜	1	1	2	1町8反〜	0	0	0
1貫700文〜	0	0	0	1町7反〜	2	0	2
1貫600文〜	1	1	2	1町6反〜	0	0	0
1貫500文〜	0	0	0	1町5反〜	3	0	3
1貫400文〜	1	0	1	1町4反〜	2	0	2
1貫300文〜	1	0	1	1町3反〜	4	0	4
1貫200文〜	1	0	1	1町2反〜	6	0	6
1貫100文〜	3	0	3	1町1反〜	5	0	5
1貫〜	5	0	5	1町〜	3	0	3
900文〜	3	1	4	9反〜	5	0	5
800文〜	5	2	7	8反〜	6	0	6
700文〜	5	3	8	7反〜	8	0	8
600文〜	8	1	9	6反〜	9	1	10
500文〜	2	6	8	5反〜	10	1	11
400文〜	9	2	11	4反〜	14	0	14
300文〜	3	2	5	3反〜	12	3	15
200文〜	2	9	11	2反〜	14	4	18
100文〜	9	13	22	1反〜	7	13	20
100文未満	11	31	42	1反未満	8	15	23
合　計	79	73	152	合　計	122	37	159

出典：上恩方町 門倉家文書24,『八王子市史叢書3　検地帳集成』(2014年)所収。

出典：上恩方町 草木家文書394・396・399・401・404・409・415・419・425。

表2　慶長検地分付主構成表

分付主	主作地	分付地	屋敷地
与左衛門	2貫756文	1貫572文	402文
十郎兵衛	1貫388文	1貫448文	—
兵　部	960文	337文	80文
与五左衛門	762文	220文	103文
七左衛門	4貫 67文	140文	350文
縫殿助	1貫861文	126文	180文
新七郎	1貫670文	110文	175文
左京進	1貫663文	86文	—

出典：上恩方町 門倉家文書24,『八王子市史叢書3　検地帳集成』(2014年)所収。

あり、分付地の規模は村内第三位であった。当該期の草木家は、上恩方村の土豪の一人であったと言える。

慶安三年（一六五〇）、上恩方村では新たに開発された耕地を把握するため、新開地の改めが行われ、「武蔵国多麻（摩）郡柚井領上恩方村開御改帳」（慶安御改帳）が作成された[16]。田畑が二三貫二〇四文、屋敷が一二九文、新たに名請された。そのうち、田方の貫高が七七九文に過ぎず、新たに高請されたのは大半が畑であった。慶安御改帳にも全部で畑一貫一二二文分の分付記載が見られる。草木家は作左衛門が畑三一一文、作右衛門が畑一三八文の新開分を名請し、新たな分付地は記載されなかった。

慶長検地は、年貢高を把握することが目的であり、新開地の所有者を確定させた慶安の新開地改めと単純に比較することはできない。しかし、慶安御改帳の結果を見ると、五〇年間で大幅に耕地が拡大したことは確かであろう。

三　寛文検地の施行と草木家

上恩方村では寛文七年（一六六七）三月二八日から四月五日にかけて検地が行われ、村高が五一二石五斗四升五合、反別が田方三町余・畑方八九町余とされた(17)。下々畑一五町余、切畑三五町余、合計五〇町余が等級の低い畑として名請され、耕地の大半を占める。加藤衛拡氏(18)によれば、武州山之根筋における切畑・下々畑は切替畑（焼畑）であり、集落に近い里山を中心に開発された結果、耕地として利用できるようになった。上恩方村でもこうした切替畑が広大に開発され、多くの小百姓に名請されたのであろう。

表1によると、屋敷無しの百姓はみな七反未満である。また屋敷持ちについても、七反未満の百姓が大半を占めることから、七反以上の土地所有者を上層農民と考えてよいだろう。草木家は、兄平助が九反三畝一六歩、弟作右衛門が九畝九歩で、両家で約一町余を所有していた。全体の名請人数は大きく変化していないにもかかわらず、屋敷持ちの百姓が六〇年余りで七九名から一二二名に増えている。その要因は、わずかな切畑や下々畑を主要な所有地とするような、中下層農民の増加であることがわかる。

寛文検地の施行は、草木家の分付主としての地位に大きな打撃を与えることとなった。検地施行前後の草木家と小作人の関係性の変化を示す、寛文七年のものと推定できる史料を掲げる。

【史料1】[19]

乍恐返答書を以御訴訟申上候事

一①与五兵衛と申者ニ、拙者名畑永六拾五文之所、京五百文之小作年貢ニて作らセ申候処ニ、与五兵衛名畑之由偽り申上候、拾八年以前之御水帳ニも作左衛門と付申候事、

一②与左衛門と申者ニ、拙者祖父兵部切開申候孫屋敷之畑、小作ニ預ヶ置申候処ニ、六年以前之御改ニ平助分与左衛門と御水帳ニ御付被成候間、今度も平助分与左衛門と御水帳ニ付申候事、

一③甚左衛門と申者ニ、孫屋敷之畑、小作ニ預ヶ置申候処ニ、六年以前之御改ニ平助分甚左衛門と御水帳ニ御付被成候間、今度も平助分甚左衛門と御水帳ニ付申候事、

一④助右衛門と申者ニ、拙者祖父兵部切開申候から沢之畑小作ニ預ヶ置申候処ニ、六年以前之御改ニ平助分平十郎と御付被成候間、今度も右之通ニ付申候事、

一⑤長左衛門と申者ニ、四五年以前我等居林之内を開畑ニ借申候、彼長左衛門三年作返し申約束ニ仕候処ニ、唯今名畑之由偽り申上候、畑返し申様に被仰付可被下候事、

一⑥主水・小左衛門と申者ニ、拙者名畑峯永拾文之所、京四百□(抹消)拾文之小作ニ預ヶ置候処ニ、六年(以前脱カ)御改ニ拾文之畑畔ニ切添御座候と申上候間、切添御改被成永五拾七文平助分主水、永五拾文平助分小左衛門と御付被遊候、今度も平助分主水・小左衛門と御帳ニ付申候事、

一⑦拙者名畑峯拾文免之所、主水・小左衛門ニ京四百八拾文之小作年貢ニて作らセ申候処ニ、五年以来小作年貢相

済不申候間、切々人越候へハ、当四月両人ニて金壱分相済申候、残て壱貫四百文之年貢相済申候様ニ被仰付可被下候、御　公儀様御年貢・御役等拙者仕、畑作取ニいたされ何共迷惑申候、拙者養少（幼）ニ御座候間、百姓衆無体ニ申かすめ候之間、御慈悲ニ御水帳御せんさく被遊、跡々之様ニ被仰付可被下候事、

一⑧此以前　上様度々御上落（洛）之時分藤沢ゟ戸塚・大磯・小田原迄之御伝馬、武州川越・相州中原御鷹野被為成候時分、幸手・六郷御普請之時分も拙者祖父兵部人馬之才料仕御用等走廻申候、其外諸役銭ハ高割ニ仕候へハ、少も百姓衆之恩ニてハ無御座候、田畑高直ニ罷成候由申上候、拙者ニハ名田計今度之御水帳ニ付申候、百姓衆ハ田畑高直ニ付て小作畑を無体ニ名田ニ可仕と新法之御訴訟申上候、我等代々御年貢・御役等相勤申候、御水帳御穿鑿被遊、あと〳〵之通被仰付可被下候事、

一⑨拾八年以前・六年以前御手代様御吟味被成御改、御帳ニ御付被成候義をもちい不申、新法之御訴訟申上候間、証文御尋可被下候事、

右条々（後欠）

史料1は、訴訟に際して提出された返答書である。後欠のため差出人や作成年月日の記載を欠くが、②や⑧で「拙者祖父兵部」と言っていることから、差出人は図4の家系図に示した草木兵部の孫平助であることがわかる。[20]

①を見よう。草木平助によると、与五兵衛は、平助の名畑を小作していたが、その小作地を自分（与五兵衛）の名畑であると嘘をついており、「拾八年以前之御水帳」には「作左衛門」（平助の親）の畑だと記載されているという。

②では、与左衛門に平助の祖父兵部の切り開いた畑を小作させていたが、「六年以前之御改」のさい、「御水帳」に「平助分与左衛門」と分付記載してもらったので、「今度も」同様に分付記載した、と述べている。ここから、本文書作成の一八年前・六年前に検地を受け、検地帳が作成されたことがわかる。

上恩方村には、平助が死去する正徳三年（一七一三）までの間に、さきに挙げた慶長六年（一六〇一）検地帳・慶安三年（一六五〇）御改帳、寛文七年「武州多摩郡上恩方村御縄打水帳」（寛文検地帳）、元禄九年（一六九六）「新畑御改帳」が伝存する。[21] 寛文七年施行の検地から「拾八年以前」が、慶安三年の御改に符合する。したがって、本文書の作成年は寛文検地が行われた寛文七年で間違いないだろう。[22]

一八年前・六年前の検地帳については「御付被成候」（②③④）とある一方、「今度」は「付申候」と書かれている点が注目される。つまり寛文検地帳の作成にあたって、平助自身が御水帳（あるいはその下書や野帳）を記したが、何らかの訴訟があったので、平助は返答書を作成することになったようである。

②③④⑥は、いずれも以前の検地帳の分付記載に基づき、今回も同様に分付記載をした、と返答している。一方、平助が要望を述べているのが⑤である。四〜五年前に平助所有林を切り開いた畑を、三年後に返す約束で長左衛門に貸したが、自分（長左衛門）の所有地であると偽りを言っているので、畑を返すように命じてほしい、と申し立てている。⑦では、平助所有畑を主水・小左衛門に小作をさせていたが、小作料を支払わず自分自身の所有地のように利用しており「何共迷惑」している、自分（平助）がまだ若いため「百姓衆無体ニ申かすめ候」状況であるので、検地帳をきちんと調査してほしい、とも要求している。

さらに⑧で、平助は次のように訴えている。これまで伝馬役・鷹場役などは祖父兵部が差配し、それ以外の諸役負担に関しても高割にしてきたので、少しも「百姓衆之恩」は受けていない、自分（平助）は自分の名田のみを水帳に付けたが、「百姓衆」は小作畑を名田にすべきであるという「新法之御訴訟」を述べている、検地帳を穿鑿して従来のとおりにしてほしい、と主張している。続く⑨では、「拾八年以前」および「六年以前」に、代官手代が吟味のうえ作成した検地帳を用いず、「新法之御訴訟」をしていると言っている。「新法之御訴訟」とは、小作人の小作地を名請したいとの訴えであり、平助が作成した検地帳に対しこうした訴訟があったので、返答書を作成したという背景が想定される。

ここで問題となっているのは、分付記載による分付主（地主）と分付百姓（小作人）との分付地（小作地）をめぐる土地所有である。②③④⑥は全体を通じて、平助は繰り返し従来の土地所有秩序、すなわち分付により小作地へ明確な影響力を残すことを主張し、小作人が小作地を名請したいと「新法之御訴訟」を行っていると訴えている。一方、小作人は小作地が自己の所有地であると、土地の権利を主張している。

伝存する各検地帳を見ると、慶長検地帳には「兵部分」と分付記載があるが、寛文検地帳には「平助分」という分付記載は見当たらない[23]。つまり、寛文検地を境に、草木家と分付百姓との関係は解消したのである。

さらに本文書からは、平助の土豪としての自己意識がうかがわれる。分付百姓・小作人らを「百姓衆」と呼んで自分と彼らとを明確に区別しており（⑦⑧）、「百姓衆」から土地を掠め取られていると主張している（⑦）。さらに、諸役負担に際して祖父兵部は「百姓衆」の恩を受けていないと述べている（⑧）。ここから、草木家は一般の百姓とは異なる存在であるとの意識が垣間見える。こうした意識を裏付ける分付関係の解消は、草木家に大きな変化を及ぼしたはずである。

ところで、②④⑤⑥などから、開墾・切添などにより耕地が拡大していく村の様子がうかがわれる。この点について、まさに検地が行われている寛文七年四月五日に作成された証文から見てみよう。

【史料2】[24]

進上申手形之事

一よこまくり道上之畑之儀、以来少もきりそい申間敷候、殊ニ山林之儀も少もかまい申間敷候、はやし之儀ハ貴

様之林ニ御座候、為後日之手形進上申候、如仍件、

寛文七年

未ノ四月五日

平助殿

ちかし（ママ）村

市郎兵へ㊞

長左衛門㊞

証人　主　水㊞

同　兵右衛門㊞

同　平次郎㊞

同　与五兵へ㊞

狐塚村

同　九郎右衛門㊞

同　市郎左衛門㊞

差出人の一人である長左衛門は、史料1⑤に登場する長左衛門と同一人物だと思われる。ただし、この証文に書かれている係争地が、史料1に記載されている土地と同じかどうかは不明である。畑の切添を今後行わないことを約束する一方、林は平助のものであることを認めている。ここからは、畑の切添開発による個人の山林の侵食が問題となっていることがわかる。山際における開発が一定程度限界に達している証左と言えるだろう。

史料1⑧では、分付百姓が小作地の権利を主張している理由として、田畑の高騰が挙げられている。田畑高騰の背景には、成長しつつある小百姓を中心とする旺盛な土地需要と耕地開発が一定程度限界に達している状況があり、田畑の需要に比して、供給が限界に達しつつあるという問題があると考えられる。「一軒前」の百姓などに成長しつつ

あるが、まだ十分な経営規模に成長できないでいる分付百姓は、所有する耕地をより拡大するべく、寛文検地という土地所有権を新たに確定する機会を通じて訴訟を起こしたのである。

近世前期の草木家は、村落全体から見ると最上層とは言えないものの、多数分家を輩出し[25]、さらに分付地を所有していた。しかし、寛文検地施行に際して小作人らが分付地の所有権を主張すると、小作地に対する権利は動揺した。分付関係を否定した寛文検地は、分付地を媒介に小作人を従属させる構造を大きく転換させた。

四　延宝期の出入と山検地

検地帳の分析などにより、上恩方村における土地所有の実態を知ることができた。しかし前述したように、同村では山中に多くの百姓所有林が存在していた。次に山林所有の様子を見ていく。

延宝七年（一六七九）一一月、上恩方村力石・宮ノ下の百姓が、中郷名主八郎右衛門の触下を離れ、上郷名主八郎左衛門の触下に入りたいと訴訟を起こした。同年一二月には一一一名の百姓（中郷のほぼ全員）が、名主八郎右衛門の年貢・諸役・村入用の納入や徴収に関する不正、名主の地位を背景に村民に難儀を申し掛ける行為を代官に訴えた。史料3は、そのさいの訴状の一部である。

【史料3】[26]

一さと《（佐戸）》村御帳面之畑付ニ、先規ゟ百性《（姓）》居はやし少々ッ、持来り申候処ニ、去年霜月中名主八郎右衛門御林ニ可仕と申ふれ、其上重て名主被申候やうハ、壱人ニ付三百文ッ、十七人ニて五貫百文相調、御代官様へ指上御訴訟可仕と被申候ニ付て、名主方へ五〆《（貫）》百文指上申候御事、

延宝七年
午ノ極月日　上恩方村
惣百姓
御代官様

板当山の麓にある佐戸村（集落）にある畑の外延部には「百性《姓》居はやし」が「少々ツヽ」存在していたが、八郎右衛門はその部分を御林にしようと行動し、その活動資金を村民から取り立てた。この行為も、百姓には不正であると認識されたのであった。

翌年正月、八郎右衛門は代官に名主役を取り上げられ、後任の名主は百姓仲間から決定するようにと命じられた。裁許状の一条にはこのように書かれている。

【史料4】(27)

上恩方村名主八郎右衛門と小百姓出入裁許之覚

一板当御林之並唯今まてさんさいニ成候二ヶ所之山、古来は御林之由八郎右衛門申出候、重て我等見分之上可申付候間、夫迄は惣百姓山え入申間敷候、

延宝八年申正月廿九日

八郎右衛門は、板当御林の並びに百姓居林が散在する山が二か所あったが、昔は御林であったと主張していたようである。代官が検分のうえ是非を判断するので、それまで百姓は山への立ち入りを禁止された。

この裁許に従って、延宝八年九月に最初に訴訟を起こした力石・宮ノ下住民を対象に山検地が行われ、全体で二町一四歩の板当山の山林が検地を受けた。表3は、この検地のさいに作成された「武州多摩郡上恩方力石村・宮下村山検地野帳」をまとめたものである。草木兵部が九反四畝余を所有しており、他を圧倒している。

ここからは板当山における百姓居林の所有形態しかわからず、上恩方村における山林所有の全体像を把握することはできない。しかし、板当山の事例や草木家が所有する山林の所有権に関する問題（史料1・2）がいくつか生じていたことなどをあわせると、板当山における草木家の山林の所有面積の割合は、他の百姓居林にも一定程度敷衍することができるのではないだろうか。草木家は、切添開発の進展により一部所有山林の所有権が侵害されても、寛文検地を経ても、依然として広大な山林を所有していたのである。

表3　延宝8年山所持反別表

所持面積	人　数
1反1畝以上	1（兵部9反4畝12歩）
1反～	1
9畝～	0
8畝～	0
7畝～	2
6畝～	0
5畝～	3
4畝～	1
3畝～	6
2畝～	9
1畝～	12
1畝以下	9

出典：上恩方町 草木家文書493。

五　宝永期の村方出入

宝永八年（一七一一）二月、草木作左衛門は中郷住民とともに、中郷組頭平兵衛の不正私欲の村政運営を代官に訴えた。これは、前年九月に飲酒を厳しく禁じたにもかかわらず、本年の正月に平兵衛智と年番名主清左衛門が一緒に酒宴をしていたことを発端に、組頭の権威を振りかざす平兵衛の村政運営批判へと発展していったものである。その訴訟の過程で作成した返答書の一部で、作左衛門は次のように述べている。

【史料5[28]】

乍恐返答書ヲ以申上候御事

返答人　作左衛門

相手　平兵衛

一拙者親五拾弐年以前ニ相果申候、其節拙者義七歳ニ罷成候間組頭役相勤申儀成兼候故、組之内五兵衛・助右衛門・平左衛門三人ニて廻番ニ相勤申候、然共五兵衛・助右衛門儀ハ少々之商売仕候得は家業之障りニ罷成候間、先平左衛門壱人ニて相勤候様ニと相談之上預ヶ置申候、然処を岡上次郎兵衛様御代官所之節組頭役被仰付候と偽り申上候御事、

宝永八年卯二月十五日

武州柚井領上恩方村中郷

作左衛門㊞

政右衛門㊞

兵右衛門㊞

御代官様

（後略）

史料5によれば、親が五二年前（万治三年、一六六〇年）に亡くなったさい、作左衛門は七歳と幼少だったため、平左衛門（平兵衛の親か）ら三名が輪番で組頭役を務めることになった。うち二名は家業へ差し障るということで、相談のうえ平左衛門に役儀を「預ヶ置」いたという経緯があったにもかかわらず、平兵衛は代官から組頭役を命じられたとの偽りを言っている、とのことである。

つまり作左衛門は、本来は自分が組頭を務めるべきで、平兵衛（と平左衛門）には一時的に役儀を預けただけであると認識している。また、この騒動に関する別の文書[29]には「酒盛仕相さわき申候間、力石村之百姓作左衛門方へ打寄、平兵衛方へ使立申候は、村中え酒堅御停止之由申触」との記述があり、作左衛門を中心に対策を話し合ったことがわかる。村民は身勝手な村政運営をしている組頭平兵衛に対する不満を募らせていた一方、作左衛門には本来自分が組

頭役を務めるべきだとの意識があった。組頭平兵衛を退役させることで、両者の目的が一致したのである。

訴訟の半年後、同年八月の鉄砲拝借願書の村役人連名部分に組頭平兵衛の名が見当たらないことから、平兵衛は組頭役を辞任したと思われる。さらに、正徳二年（一七一二）の史料から、作左衛門が四月に組頭に（名主は清左衛門）、六月には名主役に（組頭は太郎兵衛）就任したことが確認される。

宝永期には、作左衛門を中心に村民が団結して組頭・名主に対抗した。またこの訴訟以降、草木家は急速に村政運営の中心的役割を担うようになり、継続的な年番名主家となったのであった。

おわりに

「身がしった八王子山の炭焼だか、色は黒いが偽りやござない、さんすゐ奴はゆきすぎた」。これは、寛永〜延宝期に江戸で流行した小唄を集めた『淋敷座之慰』（延宝四年刊）[30]に収められた小唄の一節である。八王子で生産された薪炭は、江戸でも広く知れ渡っていた。八王子宿の六斎市（四の日と八の日）でも、貞享期までは薪・竹長木座は四日場の一回だけ設けられたが、元禄期になると毎市開催されるようになった[31]。薪炭は、一七世紀末には八王子地域の主要な産物に成長していた。

草木家は、所有山林の一部を小百姓の切添開発により耕地化され、その土地を失いつつあったものの、依然として広大な山林の所有権を有していた。一七世紀末の急激な江戸の薪炭需要の進展は、山林の経済的価値を向上させ、草木家の村内における経済的地位も押し上げたと考えられる。

近世前期の上恩方村では、山際を中心に切替畑の開発が行われ、耕地が増加した。開発された耕地は、寛文検地により多くの小百姓に名請され、「一軒前の屋敷持ち」の百姓が増加した。さらに、検地の施行は分付主（土豪）と分付百姓（小作人）の関係を大きく転換させた。それまでは、分付記載により土豪と小百姓とは、一定隷属的な関係性を有していたと考えられる。しかし、検地に際し小作人は小作地に対する所有権を主張し、最終的に分付関係は解消された。草木家は分付百姓・小作人などの「百姓衆」とは違うという土豪としての意識を持った。その裏付けとなるものが、分付百姓という存在であった。分付関係の消滅は、分付地を失うという経済的な意義もさることながら、土豪としての意識や、その源泉となる村落内部で数少ない分付主であるという社会的地位を失うという意味で、大きな意義を有していたのである。

成長した小百姓層は、延宝期に恣意的な村政運営を行う名主を追及し、退役へと追い込み、その結果年番名主制が導入された。さらに、宝永期には、草木家と村民との思惑が一致し、草木家・村民が団結して組頭の身勝手な村政運営を否定した。以上のような過程を経て、上恩方村の村政運営は徐々に近世的なものへと変容していった。

このように、寛文検地により分付主―分付百姓という社会関係が消失したことにより、草木家は土豪的性格を失った。さらに、村政運営の公平な執行を求める村民の行動などにより、恣意的な村政運営は排除される方向にあった。つまり、一七世紀後半には、上恩方村でも土地所有関係・村政運営という側面で小百姓を中心とした村落へと転換しつつあったのである。

しかし、土豪的性格を否定されたからといって、草木家は、家として没落していったのではなかった。草木家は近世前期を通じて土地の所有に関して上層を維持し、さらに広大な山林所有により村内における経済的地位を維持・向上させた。また村民と協力することで村役人に復帰した。すなわち、小百姓の支持を得たこの段階で、草木家は近世的村役人化を遂げたということができる。

寛文検地帳は村の土地の基本帳簿とされ、その後明治期に地租改正が行われるまで使用し続けられた。さらに、寛文検地帳の名請人は土地売買証文にも記載され、土地の来歴を証明する根拠となった。史料1に「新法」とあるように、寛文・延宝期に旧来の仕来りを守りたい土豪と、新たな仕来りを創出したい小百姓らとのせめぎあいの過程が存在し、最終的には旧来の仕来りが否定され、新たな仕来りが形作られることとなった。検地による分付主＝土豪的性格の否定は、上恩方村そして草木家にとって近世化の画期となる出来事だったのである。

註

（1）稲葉継陽『戦国時代の荘園制と村落』（校倉書房、一九九八年）。
（2）長谷川裕子『中近世移行期における村の生存と土豪』（校倉書房、二〇〇九年）。
（3）小酒井大悟「中近世移行期の村をどうとらえるか」（『歴史評論』七三一、二〇一一年）。
（4）白川部達夫「近世前期の検地名請と小百姓」（渡辺尚志・長谷川裕子編『中世・近世土地所有史の再構築』青木書店、二〇〇四年）。
（5）北島正元『江戸幕府の権力構造』（岩波書店、一九六四年）。
（6）所理喜夫『徳川将軍権力の構造』（吉川弘文館、一九八四年）。
（7）大舘右喜『幕藩制社会形成過程の研究』（校倉書房、一九八七年）。
（8）上恩方村には草木家以外にも複数の土豪と呼ぶことのできる人々が存在した。しかし、史料の伝存状況から本章では草木家を分析対象とする。
（9）上恩方町　草木家文書・八王子市郷土資料館寄託（以後、草木家文書と略記する）一二七六「村差出明細書上帳」（『八王子市史叢書1　村明細帳集成』二〇一二年、四二号所収）。
（10）上恩方町　門倉家文書（以後、門倉家文書と略記する）二一「上恩方村明細帳」（『八王子市史叢書1　村明細帳集成』二〇一二年、三六号所収）。
（11）草木家文書一九七八「乍恐以口上書御訴訟申上候一札事」など。

(12)草木家文書一九七八「乍恐以口上書御訴訟申上候一札事」。
(13)『新八王子市史民俗調査報告書第1集　八王子市西部地域恩方の民俗』(二〇一二年)。
(14)佐藤孝之『近世前期の幕領支配と村落』(巌南堂書店、一九九三年)、神立孝一『近世村落の経済構造』(吉川弘文館、二〇〇三年)ほか。
(15)門倉家文書二四「武州多摩郡上恩方村御縄打水帳」(『八王子市史叢書3　検地帳集成』二〇一四年、六号所収)。
(16)草木家文書三九三「武蔵国多摩郡柚井領上恩方村御改水帳」。
(17)草木家文書三九四「武州多麻郡上恩方村御縄打水帳」、三九六「武州多摩郡上恩方村御縄打水帳」、三九九「武州多摩郡上恩方村御縄打水帳」、四〇一「武州多摩郡上恩方村御縄打水帳」、四〇四「武州多麻郡上恩方村御縄打水帳」、四〇九「武州多摩郡上恩方村御縄打水帳」、四一五「武州多麻郡上恩方村御縄打水帳」、四一九「武州多摩郡上恩方村御縄打水帳」、四二五「武州多摩郡上恩方村御縄打水帳」の全九冊。
(18)加藤衛拡『近世山村史の研究』(吉川弘文館、二〇〇七年)。
(19)草木家文書一五八四「乍恐返答書ヲ以御訴訟申上候事」。なお、丸数字などは著者による。
(20)草木家文書中には、管見の限り、兵部の孫平助という人物は寛文四年～正徳二年までしか見ることができず、系図に示した平助が草木家で唯一平助を名乗る人物である。
(21)『八王子市史叢書3　検地帳集成』(二〇一四年)「八王子市域検地帳一覧」参照。
(22)六年前の御改に関しては史料が伝存しないので詳細は不明。
(23)草木家以外の一部の百姓家では若干の分付記載が見られる。しかし、分付百姓が単独で所有耕地の大半を名請しており、分付主と分付百姓間の従属性は薄いと考えられる。また、一部には「与五左衛門組」などと表現されているものもあり、これは分付関係ではなく、集落内部の特定の「組」に所属することを表現すると考えられるが、詳細は不明である。
(24)草木家文書一一六〇「進上申手形之事」。
(25)草木家文書二一五「返答書」など。
(26)草木家文書一一六五「(名主八郎右衛門年貢その他により百姓をあざむき候につき訴訟状)」(『新八王子市史　資料編3』近世1、二〇一三年、四〇二号所収)。

(27)　草木家文書一一六六「上恩方村名主八郎右衛門与小百姓出入裁許之覚」(『新八王子市史　資料編3』近世1、二〇一三年、四〇三号所収)。
(28)　草木家文書一一五八「乍恐返答書ヲ以申上候御事」(『新八王子市史　資料編3』近世1、二〇一三年、四〇四号所収)。
(29)　草木家文書一一五九「(名主清左衛門、組頭兵左衛門並びに平兵衛年貢収納その他不正私欲の疑いにつき訴訟状・前欠)」。
(30)　高野辰之編『日本歌謡集成』六　近世編一(東京堂出版、一九六〇年)。
(31)　樋口豊治『江戸時代の八王子宿』(揺籃社、一九九〇年)。

第二部　土豪の変容と村落・地域社会

第一章　近世前期土豪の変容と村内小集落
――武蔵国久良岐郡永田村服部家を事例に――

はじめに

本書第一部第一章では、武蔵国久良岐郡永田村（現・神奈川県横浜市南区）の土豪服部家が有する土地特権について分析した。土豪服部家が有する土地特権である「名主免」は、元禄期から享保期にかけて惣百姓の合意に基づく「名主役地」へと変化した。土豪に付属する土地特権から名主の役に付属する土地特権へのこの変化は、服部家が戦国期の土豪から近世的村役人へと、その性格を変容させたことを意味するものであった。

近世前期の村役人の代表である名主の多くは、小百姓層の規制を受けず、村政運営を個人的才覚・力量で行う土豪が務めていたことが指摘されている。(1) 土豪は、成長する小百姓層により徐々にその制約を受ける存在となり、土豪としての性格を失っていった。(2)

しかし服部家は、永田村において近世的な村政運営や村役人制度が成立してもなお、世襲名主家として存続した。服部家とはどのような家だったのだろうか。天保元年（一八三〇）に成立した官撰地誌『新編武蔵風土記稿』の永田村の項には、「旧家者百姓」(3) として服部家の来歴が記されている。

【史料1】[4]

旧家者百姓彦六　代々里正を務む服部氏なり、先祖を玄庵道甫と云、則村内宝林寺の開基なり、相伝ふ元は伊賀国名張の城主なりしといへど、正しき伝へはなし、後故有て跡をくらまし、当所に来て隠栖し、遂に農民となれり、されど系図はなし、先祖より持伝へしものとて、甲冑二領、及刀短刀五振、文書四通を蔵せり、

服部家は永田村の名主を代々務めてきた。先祖は服部玄庵道甫といい、村内の宝林寺を開基した人物である。伝承では、元は伊賀国名張の城主であったという。のちに故あって永田村に来て隠棲し、ついに農民となった。系図などはないが、先祖より伝来している甲冑・刀剣・文書などを所蔵している。『新編武蔵風土記稿』が作成された近世後期、服部家は「旧家者百姓」として記載されるような家であった。

本章では、惣百姓にとって最も基礎的な生活・生産の共同組織である村内小集落を軸に、惣百姓と土豪家との村政運営をめぐる相互関係を解明する。

村政運営と村内小集落については、水本邦彦氏[5]が先駆的な研究を行っている。水本氏は、畿内村落を事例に、領主の村と農民の〈村〉（村内小集落）のズレ、村民による庄屋の取り込み、農民の〈村〉の自立化、村の〈村〉連合化の過程を明らかにした。また〈村〉連合の担い手は各〈村〉の運営層（年寄衆・乙名衆）であり、その段階における彼らは地域秩序維持者であると位置付けた。

水本氏の研究を受けて、東国の村内小集落と村政運営に関して分析したのが、小高昭一氏[6]、関口博巨氏[7]、福重旨乃氏[8]である。小高氏は、集落ごとに「平等」に年寄役が輩出され、彼らにより村政運営が行われたことを指摘している[9]。関口氏は、水本氏の畿内・近国と村設定のあり方の違う関東の事例を分析し、「領主の村」＝村の大枠で統合された「村」が、検地以前にさかのぼる自立的伝統を、その内部で新たな装いをもって発揮し、村を「村」の連合体として

再編成したとしている。福重氏は、元禄～正徳期に在地社会の運営原理をめぐる主導権争いが、支配の側と在地社会の間で起き、それ以後、村落は村請制村落という外皮をまといながら、内部では村組による村運営を続けていくと述べている。

これらの成果によって、関東における村（村請制村としての村）と個々の「村」（村内小集落）や、「村」と「村」の関係性についての理解は進んだ。しかし、村役人の、各々の「村」における経済的・社会的地位が不分明であり、個々の「村」と村役人（村請制村の役人）との関係性は依然として明らかではない。個々の「村」と村役人（土豪）がどのような相互関係を持っていたのか、または新しく持つようになったのか。さらにはそうした関係性は、村役人たちの行う村政運営にどのような規定性を与えたのか。

この課題に迫るべく、本章では武蔵国久良岐郡永田村の服部三郎右衛門家（服部一族の本家）を事例に、①土豪服部家と村内小集落の様相を確認し、さらに②村内小集落を核として、出入を伴って行われた村の組分けの過程を分析することとしたい。

なお、永田村を扱った研究として、『横浜市史』[10]および福田アジオ氏[11]の成果がある。とくに福田氏の成果は、永田村においては、従来小農自立の基本コースと考えられていた、下人・所従などが本百姓として自立する道を歩む者は極少数で、大半は複合大家族が分裂して小百姓の家が形成されたことを解明した重要なものである。永田村では、田畑・屋敷を均等分割することにより、家が形成されたため、家格や身分秩序のない村落構造であったとしている。本章は、福田氏の研究成果に学び、批判的に再検討することにより、前記の課題に迫っていく。

一　永田村と服部家

1　永田村と服部家の概要

武蔵国久良岐郡永田村は、中世には長（永）田郷と呼ばれていた。服部家は、戦国末期に北条氏の小代官を務め、永田郷で兵士選定や年貢徴収などを主導していた。近世には、永田村の名主を世襲的に務め、所持石高も村内随一の有力な家であった（永田村の村役人構成などは本書第一部第一章を参照）。

ここで永田村の地理的状況と、北永田集落と南永田集落という二つの村内小集落の概要を確認しよう。

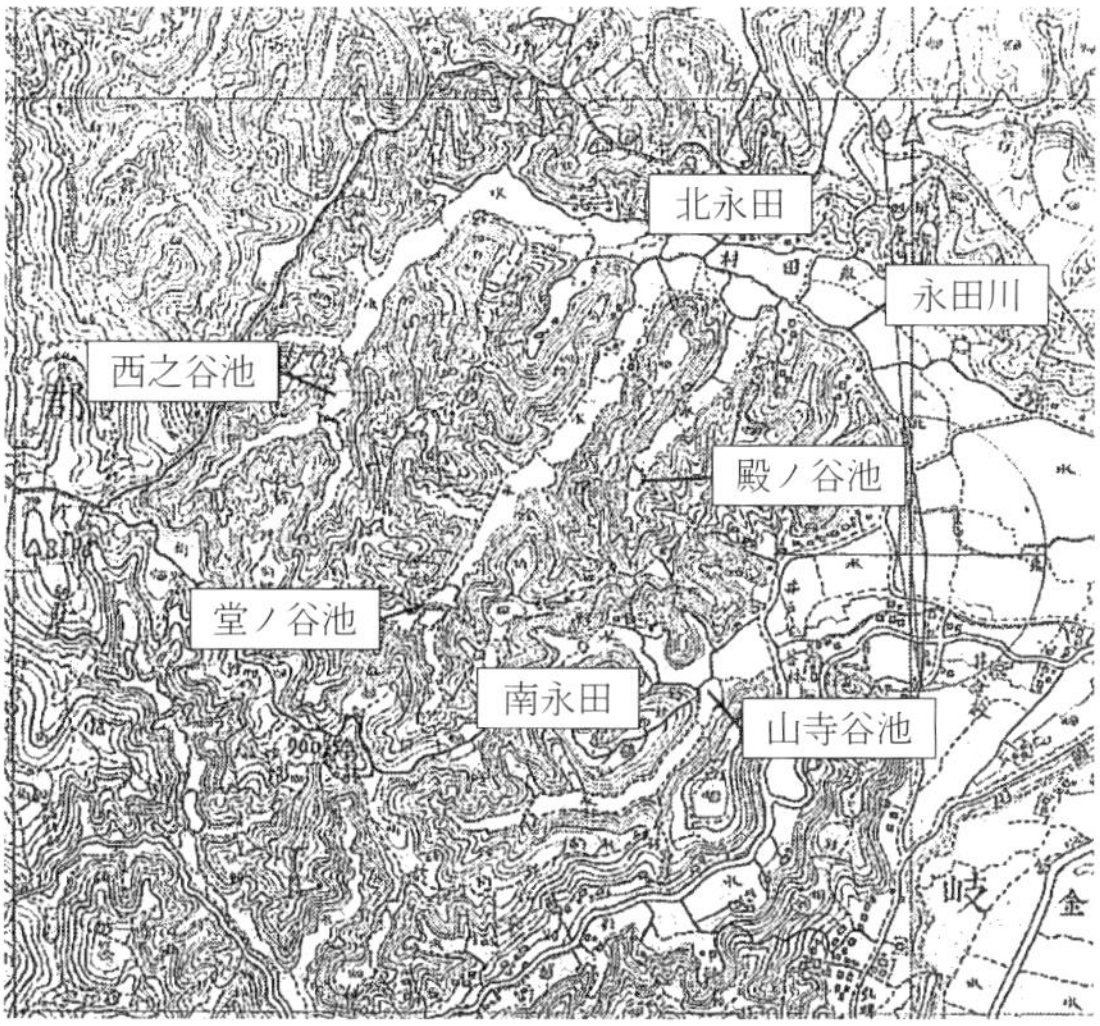

図5　永田村地図（日本地図センター発行『明治前期手書彩色関東実測図――第一軍管地方二万分一迅速測図原図復刻版（乾之部）』069より作成）

永田村の中央には、西から東にかけて丘が走っている。その丘の谷筋を境に、永田村は大きく北永田集落と南永田集落に空間的に分かれていた（図5参照）[12]。北永田集落は、土豪一族である服部姓の人物が天正期には一七軒中八軒と、約半数を占めていた。なかでも、名主を務める三郎右衛門家や組頭を務める服部家分家の吉右衛門家・杢右衛門家は、とくに政治的・経済的に有力な家であっ

表4　天正19年検地帳内訳（近世後期まで継承関係が確認できる家のみ）

住民名	屋敷面積	北　永　田	南　永　田	合　　計
(1)　南永田住民名				
金左衛門	7畝1歩	—	1町7反17歩	1町7反7畝21歩
二郎左衛門	5畝4歩	—	1町8反6畝15歩	1町9反1畝19歩
彦左衛門	1反	—	3畝22歩	1反3畝22歩
右　近	1反1畝	—	8反6畝11歩	9反7畝11歩
若　狭	1反2畝15歩	—	1町6反9畝3歩	1町8反1畝18歩
新左衛門	4畝23歩	—	1町1反5畝3歩	1町1反9畝26歩
彦三郎	5畝15歩	—	1町2反5畝2歩	1町3反17歩
源左衛門	9畝13歩	2反3畝8歩	2町6畝2歩	2町3反8畝23歩
西光院	6畝	5畝20歩	2反9畝16歩	4反2畝6歩
(2)　北永田住民名				
帯　刀	6畝26歩	5町6反6畝3歩	—	5町7反2畝29歩
但　馬	4畝8歩	1町2反3畝14歩	—	1町2反7畝22歩
雅楽助	4畝10歩	7反9畝19歩	—	8反3畝29歩
六郎左衛門	5畝3歩	9反5畝25歩	—	1町28歩
兵　庫	1反1畝25歩	9反3畝27歩	—	1町5畝22歩
七郎左衛門	8畝	1町7反5畝17歩	—	1町8反3畝17歩
彦五郎	6畝	6畝9歩	2畝12歩	1反4畝21歩
四郎右衛門	9畝15歩	1町7反1畝11歩	—	1町8反26歩
兵二郎	1畝18歩	1町2反9畝4歩	—	1町3反22歩
清右衛門	3畝24歩	8反7畝23歩	—	9反1畝17歩
杢　助	6畝24歩	3反9畝12歩	—	4反6畝6歩
善五郎	1反2畝7歩	1町1反7畝20歩	1反7畝2歩	1町4反6畝29歩
善右衛門	7畝20歩	1町2畝3歩	—	1町9畝23歩
主　計	3畝5歩	1町4反3畝17歩	1反2畝15歩	1町5反9畝7歩
与太郎	1反6畝20歩	1町4反1畝1歩	1反4畝12歩	1町7反2畝3歩
彦六郎	6畝10歩	1町4反1畝29歩	—	1町4反8畝9歩
宝地庵	8畝17歩	7反29歩	—	7反9畝16歩

出典：服部家文書 冊1。

た。一方の南永田集落には、組頭を務める川井一族や広川一族の家が多かった。

宝暦九年（一七五九）の村明細帳によると[13]、村内には西之谷に一か所、堂ノ谷に二か所、山寺谷に一か所の合計四か所の溜池が存在し、またそれとは別に、隣村引越村（現・神奈川県横浜市南区）の溜池二か所を、近隣四か村と共同利用していたようである。図5を見ると、西之谷・堂ノ谷の池は北永田に、もう一つの堂ノ谷の池と山寺谷の池は南永田に、それぞれ水を流していたことがわかる。引越村と南永田が隣接していることを考えると、引越村から引いている用水は、南永田が使用していたと思われる[14]。

両集落住民の土地所有状況は、こうした用水体系を反映している。表4は、天正一九年（一五九一）の検地帳から作成したものである。多少の入り組みはあるが、北永田集落の住民は北永田に、南永田集落の住民は南永田に耕地を所持していた。

用水にかかる費用はどのように分担されていたのだろうか。正徳元年（一七一一）の村入用帳には[15]、「村之内用水堀さらい人足、其外道橋等修覆人足」は「大小百姓ならし」、つまり軒割で負担していたと記載されている。永田村の用水体系は北永田と南永田では別々で、所持耕地の分布もそれぞれの集落に集中していたが、用水に関する負担の面を見ると、両集落で協力して用水施設を維持していたのであった。

近世初期以来の永田村住民の家の継承関係を、一部不明ではあるが、表5に示した[16]。なお宝永八年（正徳元年、一七一一）の部分は、同年の宗門人別帳から作成した。永田村には寺院が三つあった。一つは、相模国鎌倉郡鎌倉円覚寺の末寺である臨済宗永田山宝林寺[17]。そして、その宝林寺の抱えである東輝庵。三つ目は、武蔵国久良岐郡石川宝生寺の末寺である古義真言宗十輪山西光院延命寺（西光院）[18]である。なかでも村民の檀那寺となる主要な寺は、宝林寺と西光院である。

元禄17年(1704)	宝永８年(1711)	正徳４年(1714)	享保３年(1718)	享保18年(1733)
兵三郎	庄之助(東福寺)	庄之助		
利兵衛	利兵衛(東福寺)	利兵衛	利兵衛	
勘兵衛	勘兵衛(東福寺)	勘兵衛	勘兵衛	
伝兵衛	伝兵衛(東福寺)	伝兵衛	伝兵衛	
佐次兵衛	佐次兵衛(西光院)	佐次兵衛	佐次兵衛	
茂左衛門	茂左衛門(西光院)	茂左衛門	茂左衛門	
	四兵衛(西光院)	四兵衛	四兵衛	
佐右衛門	佐右衛門(西光院)	佐右衛門	佐右衛門	
八郎右衛門	八郎右衛門(定光寺)	八郎右衛門	長兵衛	
	助左衛門(西光院)	助左衛門	助左衛門	
才兵衛	才兵衛(西光院)	才兵衛	才兵衛	
彦兵衛	彦兵衛(西光院)	彦兵衛	彦兵衛	
太兵衛	多兵衛(宝林寺)	多兵衛	多兵衛	
伊右衛門	伊右衛門(西光院)	伊右衛門	伊右衛門	
由右衛門	由右衛門(西光院)	由右衛門		
伝右衛門	伝右衛門(西光院)	伝右衛門	伝右衛門	
戸右衛門	戸右衛門(宝林寺)	戸右衛門	戸右衛門	
平三郎	平三郎(西光院)	六郎兵衛	六郎兵衛	
市郎左衛門	市郎左衛門(宝林寺)	市郎左衛門	政右衛門	政右衛門(宝林寺)
武左衛門	武左衛門(宝林寺)	武左衛門	武左衛門	
九兵衛	勘左衛門(宝林寺)	勘左衛門	小十郎	吉兵衛(宝林寺)
清三郎	九郎右衛門(宝林寺)	九郎右衛門	九郎右衛門	九郎右衛門(宝林寺)
七之助	善左衛門(宝林寺)	善左衛門	善左衛門	善左衛門(宝林寺)
	忠左衛門(宝林寺)	忠左衛門	忠左衛門	忠左衛門(宝林寺)
又右衛門				(又右衛門)
孫左衛門	孫左衛門(宝林寺)	孫左衛門	孫左衛門	孫兵衛(宝林寺)
小右衛門	小右衛門(宝林寺)	小右衛門	九左衛門	
三右衛門	三右衛門(宝林寺)	三右衛門	三右衛門	
市郎右衛門	市郎右衛門(宝林寺)	市郎右衛門	市郎右衛門	
惣左衛門	惣左衛門(宝林寺)	惣左衛門	惣左衛門	長三郎(宝林寺)
惣兵衛	惣兵衛(宝林寺)	惣兵衛	惣兵衛	作右衛門(宝林寺)
佐兵衛	佐兵衛(宝林寺)	佐兵衛	佐兵衛	
権右衛門	権右衛門(宝林寺)	権右衛門	権右衛門	権右衛門(宝林寺)
庄吉	庄八(宝林寺)	庄八	庄八	
平右衛門	平右衛門(宝林寺)	平右衛門	小兵衛	平右衛門(宝林寺)
平左衛門	平左衛門(宝林寺)	平左衛門	平左衛門	平左衛門(宝林寺)
甚兵衛	甚兵衛(宝林寺)	甚兵衛	甚兵衛	
	長右衛門(宝林寺)	長右衛門		長右衛門(宝林寺)
清左衛門	清左衛門(宝林寺)	五兵衛	五兵衛	五兵衛(宝林寺)
作左衛門	作左衛門(宝林寺)	作左衛門	四郎兵衛	四郎兵衛(宝林寺)

表5　近世初期から存在する家の継承関係

天正19年(1591)	承応2年(1653)	延宝元年(1673)	元禄9年(1696)	元禄15年(1702)
広川金左衛門(南)	喜左衛門	喜左衛門	兵三郎(南)	兵三郎
			利兵衛(南)	利兵衛
	善右衛門	善右衛門	勘兵衛(南)	勘兵衛
			伝兵衛(南)	伝兵衛
川井二郎左衛門(南)	茂左衛門	二郎兵衛	佐次兵衛(南)	佐次兵衛
		茂左衛門	茂左衛門(南)	茂左衛門
川井彦左衛門(南)	長七郎	仁右兵衛	四兵衛(南)	四兵衛
	作左衛門	権左衛門	佐右衛門(南)	佐右衛門
中山右近(南)	長右衛門	八郎右衛門	八郎右衛門(南)	八郎右衛門
川井若狭(南)	十右衛門	十右衛門	助右衛門(南)	
	二郎左衛門	二郎左衛門	八兵衛(南)	
吉岡新左衛門(南)	彦右衛門・藤十	伝十郎	才兵衛	才兵衛
		五郎左衛門		
		加左衛門	彦兵衛	彦兵衛
服部彦三郎(南)	庄右衛門	伝左衛門	太兵衛	太兵衛
	吉右衛門・与次右衛門	伊右衛門	伊右衛門	伊右衛門
		八郎兵衛	由右衛門	由右衛門
鈴木源左衛門(南)	源左衛門・小右衛門・忠右衛門	源左衛門	長三郎(南)	長三郎
			戸右衛門	戸右衛門
		太兵衛	平三郎(南)	平三郎
服部帯刀(北)	小左衛門・一郎左衛門	市郎左衛門	市郎左衛門(北)	市郎左衛門
		吉右衛門	吉右衛門(北)	武左衛門
	二郎右衛門	勘左衛門	九兵衛(北)	九兵衛
服部但馬(北)	九郎右衛門	九郎右衛門	清三郎(北)	清三郎
服部雅楽助(北)	徳右衛門・清右衛門	又右衛門	善左衛門(北)	喜左衛門
	作右衛門・喜右衛門	喜右衛門	忠右衛門(北)	
吉浜六郎左衛門(北)	又左衛門	又左衛門	又左衛門(北)	又右衛門
		六郎左衛門	勘右衛門(北)	勘右衛門
	孫左衛門	市郎兵衛	市郎兵衛(北)	市郎兵衛
	九右衛門	庄兵衛	庄兵衛	
清宮兵庫(北)	三郎左衛門・長左衛門	長左衛門	小右衛門(北)	小右衛門
		六兵衛	六兵衛(北)	
服部七郎左衛門(北)	庄左衛門・市右衛門	庄左衛門	三右衛門(北)	三右衛門
		市左衛門	又兵衛	又兵衛
清宮彦五郎(北)	惣左衛門	清二郎	惣左衛門(北)	惣左衛門
		作右衛門	惣兵衛(北)	惣兵衛
服部四郎右衛門(北)	杢右衛門	伝兵衛	佐兵衛(北)	佐兵衛
		杢右衛門	杢右衛門(北)	杢右衛門
服部兵二郎(北)	平右衛門	平右衛門	平右衛門	平右衛門
	平左衛門	平左衛門	伊左衛門	伊左衛門
服部清右衛門(北)	清右衛門・久二郎	清右衛門	甚兵衛	甚兵衛
		長右衛門	三郎兵衛(北)	
荒井杢助(北)	彦左衛門	彦左衛門	徳左衛門	
	二郎吉	弥左衛門	弥左衛門	
石崎善五郎(北)	久作・清左衛門	久作	清左衛門	清左衛門
		吉兵衛	吉兵衛	
	久四郎・与右衛門	久左衛門	作左衛門	作左衛門
	久左衛門			

元禄17年(1704)	宝永８年(1711)	正徳４年(1714)	享保３年(1718)	享保18年(1733)
八郎左衛門	八郎左衛門(宝林寺)	八郎左衛門	宇右衛門	
伊兵衛	伊兵衛(宝林寺)	伊兵衛		
七郎右衛門	次郎兵衛(宝林寺)	次郎兵衛	次郎兵衛	
加右衛門	加右衛門(宝林寺)	加右衛門	安左衛門	
権兵衛				
角右衛門	角右衛門(宝林寺)	角右衛門	覚右衛門	長左衛門(宝林寺)
	安右衛門(宝林寺)	安右衛門	安右衛門	安右衛門(宝林寺)
孫兵衛	喜兵衛(宝林寺)	喜兵衛	次兵衛	次兵衛(宝林寺)
小左衛門	平四郎(宝林寺)	平四郎	平四郎	
彦六	彦六(宝林寺)	彦六	彦六	彦助(宝林寺)
宝林寺				
西光院				
				次郎右衛門
				平次郎
				松兵衛
				清五郎
				長助(宝林寺)
				源兵衛
				庄右衛門(宝林寺)
				清三郎
				茂兵衛(宝林寺)
				清八
				小兵衛(宝林寺)
				加兵衛
				市右衛門(宝林寺)
				与兵衛
				六兵衛(宝林寺)
				文左衛門
冊64	冊83	冊93	冊104	冊134

また，檀那寺についてもわかったものについて記した。本表は，服部家文書，福田アジオ「分割相

天正19年(1591)	承応2年(1653)	延宝元年(1673)	元禄9年(1696)	元禄15年(1702)
金子善右衛門(北)	藤右衛門	八郎左衛門・作兵衛	八郎左衛門(北)	八郎左衛門
		藤右衛門	伊兵衛(北)	伊兵衛
岩崎主計(北)	七郎右衛門	七郎右衛門	七郎右衛門	七郎右衛門
	加右衛門	佐次右衛門	加右衛門(北)	加右衛門
宮森与太郎(北)	与次右衛門・弥右衛門	理右衛門	権兵衛(北)	権兵衛
		忠兵衛・与次右衛門	忠兵衛(北)	
		安右衛門		
紙透五郎右衛門(北)		徳左衛門	孫兵衛(北)	孫兵衛
	六右衛門・七右衛門・八右衛門	茂兵衛	小左衛門	小左衛門
		弥蔵		
服部彦六郎(北)	三郎右衛門	三郎右衛門	三郎右衛門(北)	彦六
宝地庵(北)	宝地庵	宝林寺	宝林寺(北)	宝林寺
西光院(南)	西光院	西光院	西光院(南)	西光院
出典：冊1	冊4	冊21・22	冊41	冊57

註：北永田住民と確認できたものには（北），南永田住民と確認できたものには（南）と名前の後に記した。
続と家」（同『近世村落と現代民俗』吉川弘文館，2002年），および現地での聞き取り調査により作成した。

表6　延宝5年小作米・利米・利金表

	場　　所	額
小作料	永田村 井土ヶ谷村	84俵3斗(内，少なくとも48俵6升は北永田分) 80俵8升
利米・利金による収入	北分(北永田) 南分(南永田) 井土ヶ谷分 他所之分	米27俵2斗3升・金8両3分・銭8貫800文 米6俵3斗2升・金5両1分・銭2貫350文 米10俵2斗4升・金23両3分・銭1貫300文 米58俵8升・金4両3分・銭2貫文
利米・利金による収入の内「他所之分」の内訳	中村 十郎左衛門 中村 勘右衛門 中村 藤左衛門 岡村 十右衛門 岡村 次右衛門 上太田村 忠右衛門 宮ヶ谷村 八郎兵衛 松本村 与市右衛門 森村 庄三郎 久瀬分 不明 十三郎	金1両1分・米6俵 米22俵 米5俵 金2分400文 金1分800文 金1両800文 金1両 米6俵 米1俵8升 米18俵 金3分

出典：服部家文書 冊30。

表5で宝永八年について見ると、北永田住民のほとんどが宝林寺の檀家であることがわかる。また村落内には、北永田には春日神社[19]、南永田には白幡神社[20]という、大規模な祭礼を行う中核的な神社が存在していた。このように、村内の信仰を担う寺社も、北永田・南永田双方にそれぞれ存在しており、檀家圏・氏子圏はそれぞれの集落でほぼ完結するものであった。

以上のように、北永田集落・南永田集落は、空間的に分かれており、土地所持状況や用水体系および信仰圏もそれに応じて別々であった。

2　服部家の小作関係と金融関係

服部三郎右衛門が自家の小作米の収入や貸し金・貸し米の利足収入などを記した、延宝五年（一六七七）作成の小作米利米利金本帳[21]がある。この帳簿には、「北分」（北永田）・「南分」（南長田）と井土ヶ谷村と「他所之分」とに分けて利足米金などが記載されている。この種別に従って、それぞれの金額を集計したのが表6である。

表6によると、三郎右衛門は永田村村内で八四俵余の小作米を、隣村の井土ヶ谷村においても八〇俵余の小作料を得ていた。そして小作料の額から、北永田の住民と多くの小作関係を結んでいることがわかる。また、北永田住民に多額の金銭と米を貸していたようで、米二七俵余、金八両三分・銭八貫八〇〇文の利足収入を得ていた。「北分」「南分」「井土ヶ谷分」「他所之分」の四つの分類のうち、「北分」には北永田住民が、「南分」には南永田住民が記載されている。この帳簿を作成した三郎右衛門には、北永田・南永田を別とする認識があったのである。

二　享保期名主役出入の発生

1　享保期名主役出入の前提

永田村では、名主役をめぐって貞享期・享保期の二度にわたって出入が発生した。ここでは享保期出入の前提となった、貞享期出入の概要を述べる[22]。

延宝七年（一六七九）、服部三郎右衛門は代官から手代役を命じられた。そのため村政運営は、分家の吉右衛門・李右衛門を代理名主として、彼らを中心に行われることになった。

三郎右衛門の代官手代就任から八年後の貞享四年（一六八七）、服部家の本家（三郎右衛門）と分家（吉右衛門）の間で出入が発生した。この出入は、名主役を務める者に与えると本家分家間で取り決めた、「名主免」の土地に基づく役米・合力米の支払いをめぐる争いであった。背景には、代理名主に就任した分家吉右衛門が、名主就任後、村内における自身の政治的・経済的地位を急速に上昇させたことがあった。

表7は、各年の田方年貢割付帳や田方割付帳から、田方年貢の上納量をまとめたものである。それによると、代理

表7　田方年貢割付表

年貢量＼年	明暦3年（1657）	寛文6年（1666）	延宝元年（1673）	貞享元年（1684）	貞享4年（1687）	宝永7年（1710）
15俵以上	1（三郎右衛門・32俵余）	1（三郎右衛門・51俵余）	1（三郎右衛門・33俵余）	1（十左衛門・42俵余）	1（三郎右衛門・47俵余）	1（武左衛門(吉右衛門)・19石余）
10～15俵	3	3	0	1（吉右衛門・13俵余）	3（杢右衛門・14俵余／吉右衛門・10俵余）	4
9～10俵	2	2	0	0	0	1
8～9俵	2	2	0	0	0	7
7～8俵	7	5（吉右衛門）	9	2	3	3
6～7俵	2	3	4（吉右衛門）	3	4	9・1寺
5～6俵	6	4	8	6	6	8
4～5俵	10	14	14	9人・1寺	10・1寺	7
3～4俵	5	7	6	15	10	8・1寺
2～3俵	3人・1寺	2人・1寺	7	10	9	3
1～2俵	1	0	2人・1寺	7人・仲ヶ間地	8・1寺	2
1俵以下	2	0	2	3	5	6
計	44人・1寺	43人・1寺	53人・1寺	57人・1寺・仲ヶ間地	59人・2寺	59人・2寺
出　典	服部家文書 冊6	同前 冊10	同前 冊21	同前 冊33	同前 冊38	同前 冊81
備　考		2～3人分欠				4人前後分欠(三郎右衛門を含む)

名主に就任して以降、吉右衛門が納めた年貢量は大きく増加している。さらに、この経済的成長は一時的なものではなく、代理名主を退役した後の宝永七年（一七一〇）も、村内で二番目に多く年貢を納めている。[23] 以上のことから、吉右衛門は代理名主就任以降、経済的に成長し始めたと考えられる。

表8は、正徳五年の「田方内見帳」から作成した、当時の土地所持状況を表すものである。注目されるのは、吉右衛門（武左衛門）の土地所持が、天正一九年（一五九一）段階では北永田に集中していたが、この時期には南永田・北永田がほぼ半分ずつになっていることである。この土地集積は、吉右衛門家が経済的に成長した貞享期になされたと考えられる。吉右衛門家にとって、南永田は北永田に準じる経済的基盤となったのである。このように、貞享期出入の背景には吉右衛門の政治的・経済的上昇があった。

一方、小百姓らも、寛文・延宝期〜元禄期にかけて、年貢納入や散在山の分配など、村政運営への関わりを強化していった。[24]

有力分家の台頭や小百姓の成長により、永田村の村政運営は、元禄期までに、土豪服部家が一元的に取り仕切るあり方から、惣百姓が村政運営に関与するあり方に変わっていった。しかし、村政運営のあり方が変わっても、服部家本家三郎右衛門を名主、服部家の分家が組頭役の大半を占める村役人構成に変更はなかった。

また、貞享期出入では、名主が所有する土地の高役を、村の百姓が代わりに負担する土地（名主免）の所有が問題となった。つまり、名主免の土地所有者（三郎右衛門）と名主役を実際に務める者（吉右衛門ら）とが乖離しており、服部分家の吉右衛門は、両者を一致させるべきだと、その問題点を指摘したのである。

表8　正徳5年田方所持面積内訳

南永田住民	北　永　田	南 永 田	新　　田	合　　　計
兵三郎	—	7反2畝	7畝4歩	7反9畝4歩
利兵衛	—	2反9畝27歩	6畝5歩	3反6畝2歩
勘兵衛	—	3反2畝10歩	4畝10歩	3反6畝20歩
伝兵衛	—	3反6畝9歩	5畝9歩	4反1畝18歩
左次兵衛	—	3反7畝17歩	2畝	3反9畝17歩
茂左衛門	—	5反4畝5歩	—	5反4畝5歩
四兵衛	—	2反7畝25歩	2畝	2反9畝25歩
左右衛門	—	—	3畝12歩	3畝12歩
八郎右衛門	2反5畝19歩	5畝20歩	—	3反1畝9歩
助右衛門	—	9畝17歩	4畝15歩	1反4畝2歩
八兵衛	—	—	5畝	5畝
才兵衛	—	2反14歩	6畝10歩	2反6畝24歩
彦兵衛	—	1反9歩	5畝	1反5畝9歩
太兵衛	—	5反9畝20歩	5畝	6反4畝20歩
伊右衛門	—	—	3畝	3畝
由右衛門	—	—	2畝15歩	2畝15歩
伝右衛門	—	2反4畝25歩	—	2反4畝25歩
戸右衛門	—	1反5畝	9畝	2反4畝
六郎兵衛	—	—	3畝	3畝
西光院	—	1反3畝	—	1反3畝

北永田住民	北　永　田	南 永 田	新　　田	合　　　計
市郎左衛門	6反29歩	—	—	6反29歩
武左衛門	8反5畝4歩	6反5歩	7畝	1町5反2畝9歩
勘左衛門	1畝25歩	—	5畝	6畝25歩
九兵衛	4反1畝28歩	—	3畝	4反4畝28歩
九郎右衛門	3反4畝2歩	—	5畝	3反9畝2歩
善左衛門	2反7畝2歩	—	2畝	2反9畝2歩
忠左衛門	2反7畝24歩	—	—	2反7畝24歩
市郎兵衛	2反7畝2歩	—	8畝	3反5畝2歩
孫左衛門	3反5畝12歩	—	2畝	3反7畝12歩
小右衛門	4反7歩	—	5畝23歩	4反6畝
三右衛門	4反6畝19歩	—	—	4反6畝19歩
又兵衛	5反4畝6歩	—	1反3畝	6反7畝6歩
惣左衛門	2反8畝21歩	—	5畝12歩	3反4畝3歩
惣兵衛	2反9畝17歩	—	5畝12歩	3反4畝29歩
左兵衛	3反3畝19歩	—	16歩	3反4畝5歩
権右衛門	5反23歩	—	1反1畝18歩	6反2畝11歩
庄　八	6反9畝8歩	—	1反1畝6歩	8反14歩
平左衛門	2反5畝28歩	—	—	2反5畝28歩
平右衛門	2反3畝3歩	—	1反2畝	3反5畝3歩

甚兵衛	4反5畝18歩	1反7畝14歩	1反3畝19歩	7反6畝21歩
長右衛門	1反5畝20歩	—	—	1反5畝20歩
作左衛門	1反18歩	—	6畝14歩	1反7畝2歩
伊兵衛	6畝12歩	—	—	6畝12歩
次郎兵衛	1反3畝10歩	—	5畝	1反8畝10歩
安左衛門	5反9畝21歩	—	5畝	6反4畝21歩
喜兵衛	2反4畝15歩	—	1畝27歩	2反6畝12歩
小左衛門	1反8畝28歩	—	5畝	2反3畝28歩
彦　六	4町7反4畝23歩	6反2畝5歩	2反9畝20歩	5町6反6畝18歩
宝林寺	3反3畝15歩	—	5畝	3反8畝15歩
不　明	北　永　田	南永田	新　田	合　計
庄兵衛	—	2反2畝13歩	4畝18歩	2反7畝1歩
安兵衛	4反3畝10歩	—	1反	5反3畝10歩
市右衛門	3反7畝7歩	—	5畝	4反2畝7歩
勘四郎	4反3畝11歩	—	3畝	4反6畝11歩
喜右衛門	18歩	—	—	18歩
権兵衛	1畝	—	—	1畝
左五右衛門	—	3反3畝13歩	—	3反3畝13歩
三郎兵衛	1反6畝1歩	—	5畝10歩	2反1畝11歩
次兵衛	1反20歩	—	—	1反20歩
正右衛門	—	—	7畝12歩	7畝12歩
太郎兵衛	3反3歩	1反6畝23歩	1反4畝11歩	6反1畝7歩
徳兵衛	5反6畝13歩	—	5畝24歩	6反2畝7歩
七左衛門	5畝10歩	—	—	5畝10歩
七兵衛	—	—	7畝10歩	7畝10歩
七郎兵衛	6畝28歩	—	—	6畝28歩
七郎右衛門	3反9畝22歩	—	5畝	4反4畝22歩
八右衛門	1畝6歩	—	—	1反6歩
藤兵衛	4畝19歩	—	3畝	7畝19歩
孫兵衛	6畝20歩	—	—	6畝20歩
池代水引	3畝	—	—	3畝
宮　免	5畝	—	—	5畝

出典：服部家文書　冊97。

2　享保期名主役出入の発生と服部家

永田村では、享保一〇年（一七二五）から一四年にかけて、名主役をめぐる出入が再び発生した。この出入も、当初は服部家本家（彦六）と有力分家（吉右衛門）との、同族団内部の争いという性格が強かった[25]。史料2は享保一一年、服部家本家に養子に入った彦六の実父又太夫、養母妙真が作成した訴状である。出入の経緯を示す文書なので、長くなるが引用する。

【史料2】[26]

永田村
妙　真
又太夫
申口

一永田村名主役之儀、三郎右衛門迄百三拾余年無恙数代相続相勤申候処、三郎右衛門去春病死仕跡式相続可仕実子無御座候ニ付、林大学頭様御知行所同郡弘明寺村名主又太夫儀は彦六弟、三郎右衛門伯父ニて御座候故、又太夫子彦助一子ニて候得共、永田村名主役相続仕儀ニ御座候故、三郎右衛門養子ニ相立跡式相続仕候、然共当年拾弐歳ニ罷成当時ゟ名主役一分ニては難成候故、彦助成長之間ハ名主代役之儀は先年之例も御座候ニ付、年寄役吉右衛門・同権右衛門両人ニて名主役取賄、十ヶ年過候ハヽ、彦助方え名主役相返し候筈ニ年寄不残内談仕村中惣百姓熟談之上相極申候、権右衛門儀は辞退仕候ニ付吉右衛門壱人名主役之積り、去四月中百姓連判を以願書指上願之通被仰付候、吉右衛門義は由緒も御座候ニ付、三郎右衛門親彦六名付子ニ仕、三郎右衛門義も兄弟同然ニ、妙真とは親子同意内外むつましく仕候得は、証文等取かわし候ニも及不申程之間柄ニ御座候得共、先様も有之候ニ付、十ヶ年過候ハヽ、彦助方え名主役可相返趣之証文下書相認メ、吉右衛門其外年寄長百姓え相談之上、去巳五月上旬吉右衛門方え相渡し申候所、吉右衛門巧を以御水帳其外帳面共不残取出し、自分宅え引取相返し不申、右証文遣シ不申延引仕候ニ付、段々催促仕候得共指越不申心底見届ヶ申候ニ付、去十二月惣百姓え申談初発熟談之趣書付相認、印形取申候処ニ、百姓惣人数六拾弐人之内弐拾七人ハ親類縁者過半御座候故、最早吉右衛門方え引入心底変り印形不仕、三拾五人ハ拙者共親類縁者壱人も無御座候得とも何も得心印形仕候、吉右衛門妹聟年寄市左衛門儀も印形仕居候、吉右衛門儀年来之熟然をも忘レ契約を違変仕候心底相見へ候ニ付、又太夫儀急ニ御地頭様へ願相立弟右衛門ハ養子ニ仕、跡式相渡し弘明寺村引払永田村え当正月中ゟ引越、妙真・彦助一所ニ罷成候ニ付、又太夫後見仕、彦助名主役相続仕度旨吉右衛門へも申談候得とも、心底ニ巧御座候故得心不仕、無是非御訴訟申上候、（中略）

午六月

武州久良岐郡永田村

彦助養母　妙　真

同人実父　又太夫

御代官様

又太夫らが言うには、永田村の名主役は、三郎右衛門までの一三〇年余にわたり服部家本家が務めてきた。しかし、三郎右衛門が病死し、跡式を相続すべき実子がいなかったので、三郎右衛門の伯父にあたる久良岐郡弘明寺村（現・神奈川県横浜市南区）の名主又太夫の子彦助を養子として、永田村名主役を相続させようと考えた。ところが、彦助は幼少のため名主役を務めることが難しく、「先年之例」もあったので、成長するまでは代理の名主役を年寄役である吉右衛門・権右衛門の両人に任せ、一〇年が過ぎたところで彦助方へ名主役を返上するよう、年寄や長百姓と相談のうえ取り決めた。しかし、権右衛門が辞退したので、吉右衛門が一人で代理名主役を務めることになった。

吉右衛門は、由緒ある家の者で、三郎右衛門の親である彦六の「名付子」であり、三郎右衛門とも懇意であるなど「証文等取かわし候ニも及不申程之間柄」だったが、一〇年後に名主役を返上するよう証文の下書を書かせた。ところが吉右衛門は、服部家本家から「御水帳其外帳面共」をすべて自宅に持ち出して返さず、名主役返上の証文（清書したものか）も提出を延引しており、催促しても埒が明かない。そこで去年の一二月、惣百姓に吉右衛門を訴える旨を相談した。しかし惣百姓六二名のうち二七名は吉右衛門の親類縁者で、吉右衛門に引き入れられ、訴状に押印しなかった。残る三五名に「拙者共」の親類縁者は一名もいなかったが、印を押した。吉右衛門妹聟の年寄市左衛門も押印した。吉右衛門は年来の熟談を忘れ契約を違変しようとしている、と妙真らは述べた。

又太夫は、永田村内部を大きく二分する状況に直面し、服部家本家のために行動を起こした。急いで地頭に願い出、弟右衛門を養子にして跡式を相続させ、自らは弘明寺村から永田村へ引越し、妙真・彦助と同居することにした。そして又太夫自身が後見するので、彦助に名主役を相続させたいと願い出たのである。しかし吉右衛門に訴えても納得しないので、訴訟に出たのだった。

では、又太夫らが主張する吉右衛門の「心底」にある「巧」とは、どのようなものだったのか。

【史料3】[27]

吉右衛門巧之品々乍恐申上候

一役横領仕候由、吉右衛門巧を以弐拾七人之百性（姓）ニ連判為致願書御代官様へ指上申候、役横領仕候ハヽ、拙者共方え科可被仰付と奉存候、内々吉右衛門百性（姓）へ申談候ハ、三拾年余拾石目役横領、彦助方ゟ為出之割渡シ不申由、百性（姓）仲ヶ間へひをすゝめ申候故、右弐拾七人之百性（姓）は吉右衛門と一味仕願書をも指上申候、役横領と申懸ヶ仕

候儀百性（姓）ヲ引入申巧ニ御座候、（中略）
一吉右衛門御奉行所様へ指上候願書文言之内ニ、惣百性（姓）仕埋高吉右衛門弐拾石除申候へハ、代々三郎右衛門相勤
候内拾石目百姓前ヲ掠メ候成致迷惑候間、其方三拾石目百性（姓）方ゟ仕埋させくれ候様ニ吉右衛門方へ拙者共申候
よし吉右衛門申上候、（中略）

享保十二年未三月　　　　妙　真

又太夫

御奉行所様

妙真と又太夫によれば、吉右衛門は「弐拾七人之百姓」に連判させ、代官に願書を提出した。吉右衛門は「役横領」と申しかけて「弐拾七人之百姓」を「一味」にしたのである。その願書で吉右衛門は、彦助らは名主役地の土地は二〇石分であるはずなのに、三〇石分を名主役地の土地として、三〇年余の間（元禄一〇年〈一六九七〉前後〜享保一二年）一〇石分諸役を不正に務めてこなかったと主張している、と述べる。

名主役地とは、名主が検地帳作成時から所持している田畑で、高役を惣百姓が代わりに務め、名主の高役納入が免除されている土地である。

服部家本家（彦助）の名主役地不正という吉右衛門側の主張に対して、彦助側は次のように反論した。

【史料4】(28)

乍恐書付を以申上候

一永田村名主役地三拾石目之儀、先祖ゟ代々除キ来り申候所、細井九左衛門様御代官所之砌、名主役地弐拾石ヲ
限り相除申様ニ被仰触候、其節村中え右之段申渡シ候所、惣百姓不残申候ハ、代々相除キ来り申候、殊ニ村中

段々御厚恩ニ預り申候間、先々之通相除キ可然由、村中相談之上先年名主代相勤申候杢右衛門、御代官様へ罷出奉願候ハ、先祖より除キ来り申候間、此度惣百姓も先格之通御除キ被下候様奉願候様申上候へハ、御代官様御聞届被遊候、夫ゟ段々村差出ニ書載御代官様御代々差上申候由、其節之杢右衛門今ニ存生ニて右之段慥ニ知存申候、其外年老申候百姓も申候、（後欠）

彦助が言うには、永田村の名主役地は先祖代々三〇石分免除されてきた。細井九左衛門政次代官のとき（元禄二〜一三年の間）に、名主役地を二〇石に限るようにと命じられたが、惣百姓は名主役地として三〇石を代々免除してきており、名主には村中一同厚い恩恵を受けているので、前々のとおり三〇石でよい、と述べた。そこで当時代理名主をしていた杢右衛門は、先祖より免除してきたものなので以前のとおりにしたいと代官に伝えたところ認められ、名主役地は三〇石分となった、ということである。つまり、代官から名主役地高の制限を命じられていたが、村内の合意により従来の名主役地高の免除を受けてきたと主張したのである。

こうした名主役地高に関する村の合意について、村内で意見が分かれた場合、幕府はどのような原則により裁定を与えるのだろうか。寛政期に高崎藩郡奉行を務めた大石久敬が著した地方書『地方凡例録』を引いてみよう。

【史料5】(29)

一名主給米先年の定め左のごとし、（中略）名主役の引高は廿石に限り、其余は外百姓並に高役を勤め、持高廿石以下の名主は、高の有合たるべき旨是又命ぜられたり、然れども村々は色々の引付仕来りありて一様ならず、駄米計りにて勤る村もあり、又役引高計りにて勤るもあり、或は持高廿石に満ざる名主は、売高とて総村高の内廿石を引高にして高代致し村方より取り、自分持高は高役を勤る村もあり、給米も右の定法より多少もあり、先は郷例引付の仕来りを用ゆることなり、併し定めは前書の通りに付、万一給米引高等の儀に付出入などある

節は定法を用ひて取計ふべし、

ここでは、一応は二〇石を上限に定めているものの、村々の仕来りは様々であるので、まずはその村々の「郷例」を認めるが、万一出入などがあった場合には二〇石の上限という「定法」を用いるべきであるとしている。永田村の近隣村である上大岡村（現・神奈川県横浜市港南区）で、正徳五年（一七一五）に起こった名主・年寄と百姓との争論でも、東海道御伝馬役の名主免除高を二〇石とする部分が争点の一つとなった(30)。

吉右衛門側は、このような幕府裁定の原則や、近隣地域で共通認識化しつつある名主役地高よりも多くの高役を代わりに務めることに対して訴えることで、一致団結したのだった。吉右衛門を支持する村民は、村の仕来りとして名主免三〇石が免除されていることに不満を持ち、幕府の基準である二〇石に免除高を引き下げるべきだと考えていた。

一方、彦助を支持する人々について見ていこう。史料6は享保一一年五月、彦助を支持する百姓が吉右衛門の名主役就任に反対を示した、代官宛ての口上書である。

【史料6(31)】

差上ヶ申口上書之事

一永田村名主三郎右衛門儀先祖ゟ代々名主ニて役儀勤来候、（中略）組頭之内別て吉右衛門三郎右衛門と入魂被致候間、十ヶ年之間吉右衛門名主役預り勤給候様ニと被申候得ハ、組頭共も何も尤と挨拶有之、吉右衛門も得心仕候、依之御支配様え惣百姓連判を以奉願上候得ハ、願相済申候ニ付其砌相談ニて申合候証文之儀、吉右衛門心得居申候得共、百性(姓)之儀ニ候得ハ諸事なと馴不申、御支配様え御願不申上前ニ取置可申証文ニ御座候得共、此処前後仕候ニ付吉右衛門俄ニ違変仕候故、右之契約無之様唯今被申候得共、十ヶ年過候ハヽ、彦助え可相返役儀之申合ニ違無之事ニ候、然ニヶ様に間も無之契約証文違変仕候上ハ、末々弥以難計候ニ付、古来之名主彦助先祖ニ候得ハ、又々此趣奉願上候、外ニ拙者共子細有之申上候儀ニハ曽て無御座候、只今ニて吉右衛門兼て工之様ニ相見申候、然上ハ役儀難預拙者共奉願上候儀ニ御座候、此度又々御尋ニ付乍恐書付を以申上候、以上、

享保十一年午五月

武州久良岐郡永田村

百姓　吉兵衛

同　九郎右衛門

同　忠左衛門

同　清五郎

同　平左衛門

同　治兵衛

同　次郎右衛門

同　与兵衛

同　六兵衛

同　又右衛門

日野小左衛門様

御役所

百姓吉兵衛らは以下のように主張している。名主三郎右衛門は先祖代々名主役を務めてきた。今度、若くして三郎右衛門が死去したため、一〇年間吉右衛門に名主役を預け、名主役を務めてもらえるようにすると、三郎右衛門の実母妙真らは提案した。組頭ら、および吉右衛門がこれを了承した。こうした経緯を踏まえ、代官へ惣百姓連印にて吉

右衛門を新しい名主に任命するよう願書を提出するので、代官に願いが認められたときには、一〇年後に名主役を彦助へ返す旨の証文を取り交わすよう決めていた。しかし、代官へ吉右衛門の名主役就任願いを出す以前に証文を取り置いておかなければならなかったところ、順序が前後してしまい、願書提出以前に証文を取り置くことができなかった。それにより、吉右衛門は一〇年後に彦助に名主役を返すという約束はなかったことにしている。このように約束を反故にする吉右衛門に名主役は預けられない、とのことである。

史料6の差出に注目してみると、吉兵衛以下は、享保一八年の宗門人別帳によれば北永田の住民であることがわかる。また、九郎右衛門（清三郎）・忠左衛門・清五郎・平左衛門・治兵衛・与兵衛・六兵衛は三郎右衛門の小作人でもある。(32) 彼らも服部家本家側の主張を支持しており、吉右衛門に名主役を預けることはできないと述べている。

【史料7】(33)

乍恐口上書を以奉願上候

日野小左衛門御代官所
武州久良岐郡永田村
百性（姓）三拾弐人申上候

一去ル巳之四月、御代官様え村中連判願書を以吉右衛門を名主ニ奉願候ニ付、吉右衛門ニ名主役被仰付候、元来村中相談仕候は、彦助若年ニ付、成長之間吉右衛門を代役と熟談仕候ニ付、連判願書をも指上申候所、百性（姓）連判相済候以後跡ゟ彦助を書込申候、右熟談仕候約束証文下書迄吉右衛門請取置申候処、吉右衛門手立を以彦助方ゟ御水帳其外諸帳面引取相返シ不申、剰約束証文も相返シ不申程之心根之者ニ御座候、依之此度拙者共奉願上候は、先名主三郎右衛門迄百三拾年余数代々名主役横領私欲等も無御座、百性（姓）えも和融仕、御公用無滞相勤来り、御年貢御上納前之儀は勿論、当夏成秋成御年貢迄も、百性（姓）前不調之分は不残彦助方ニて立替上納仕候上、夫食種物等迄も悉ク借替仕候故、末々之百姓迄も相続仕、数代厚恩之名主跡ニ御座候、然所ニ吉右衛門名主役相勤候ては御年貢御上納之儀は不及申上、百性（姓）前必至と指支難儀仕候段、紛無御座候、（後略）

史料7からは、三郎右衛門に付いた百姓三二名が、名主三郎右衛門をどのように評価していたかが知られる。彼らによれば、三郎右衛門は私欲もなく名主役を務め、百姓にも「和融」し、公用を滞りなく務めてきた。年貢上納はもちろん、夏成・秋成年貢までも、百姓が用意できない場合には残らず立て替えて上納するなど、「末々之百姓」までもが相続するように努めてきた「数代厚恩之名主」である。吉右衛門が名主役を務めていては、百姓が「必至と指支難儀」することは間違いない、と主張している。つまり、三郎右衛門家によって村における百姓成り立ちが果たされていると述べているのである。

訴状という性格上、文面をそのまま受け取るわけにはいかないが、訴訟以前から服部家が北永田住民と経済的に深く結び付いていることを考えると、彼らが服部家本家に求めていたのは、経済的融通機能であったと考えられる。名主本家に味方した三五名の中身は、このような人々であったのだろう。

結局、享保一二年三月二七日・四月二七日に代官所で行われた吟味により、彦助を名主にするという願いは認められなかった。この結果に対して、又太夫はさらに訴訟をしようとしたので、代官から手鎖を申し付けられた[34]。この処分は、まもなく赦免になったようである。

三　名主役出入の再燃と村政機構の変化

1　名主役出入の再燃

享保一〇年（一七二五）から三年間にわたって繰り広げられた、名主役をめぐる彦助と吉右衛門の出入は、代官の裁許により吉右衛門が名主役を務めることで決着した。しかし享保一四年、この騒動は形を変えて再燃する。史料8は、享保一四年、百姓代佐兵衛ら三名が代官へ提出した吉右衛門の名主役不正に関する訴状である。

【史料8】(35)

乍恐以書付奉願上候

日野小左衛門御代官所武州久良岐郡永田村

訴訟人　百姓代　佐兵衛
　　　　小兵衛
　　　　次兵衛

相手　同村名主　吉右衛門

一永田村百姓申上候、去申年御伝馬役料・名主給米・定使給米之儀、名主吉右衛門難心得仕方共御座候間、相渡不申候ニ付吉右衛門方ゟ御代官様え御訴申上候、依之御差紙ニて被召呼候ニ付、二月十八日罷出則返答書仕、

其上吉右衛門不届之仕方共多々御座候ニ付、委細書載差上申候ニ付、対決之上段々御吟味被成候処、御吟味之
内吉右衛門病気と偽り引込罷有、漸三月廿九日御代官様え罷出候ゆへ双方又々御吟味被成候、（後欠）

彼らは「御伝馬役料」「名主給米」「定使給米」について吉右衛門を訴えている。彼らは、吉右衛門の伝馬役料などの徴収に関して納得できない事柄があったので、それらの支払いを拒否した。すると吉右衛門は、百姓らが伝馬役料などを支払わないと、代官に訴えた。佐兵衛らは代官へ返答書を提出するなど対応し、ついに吟味を受けることとなったが、吉右衛門は仮病を使って出頭しないのだという。

つづいて名主吉右衛門による、百姓代佐兵衛らの訴状に対する返答書から、今回の争点を見よう。

【史料9】(36)

乍恐書付を以申上候

一助郷御伝馬役米相滞候儀、去申三月高五石ニ付馬壱疋ッ、積り、銘々百姓可相勤馬数相極置候所、吉右衛門贔
屓之百姓へ増役為相勤、依怙贔屓之致方仕候由申上候、此儀大キ成偽ニ御座候、（中略）

一前々ゟ田畑質地ニ入金子借出し候節名主加判仕候ニ付、吉右衛門方へ加判相願候へとも加判不仕候、依之無拠
百姓ハ相対ニて申合組頭権右衛門加判計ニて金子借用仕候由申上候、私名主役被仰付候已来質入田地加判相滞
候義無御座候所、百姓相対ニて申合組頭権右衛門加判計ニて質入田地仕候義、難心得義ニ奉存候、

右之通ニ御座候間、右百姓共差引勘定相済向後我儘不仕候様ニ被仰付被下候ハ、、難有奉存候、以上、

享保十四年酉二月　武州久良岐郡永田村

名主　吉右衛門

日野小左衛門様

御役所

助郷伝馬役米については、吉右衛門が贔屓の百姓に多く伝馬役を務めさせているという。永田村では、助郷負担を高割で務めることとなっていたが、百姓たちは高割で定められた割り当て以上に助郷負担を務めることで役米を得ることができた。(37) 詳細は不詳だが、吉右衛門は役米取得を目指す自分に近い百姓に、不正に増役を務めさせて、利益を得させていたのではないだろうか。また、田畑の質入れに際して、吉右衛門が名主判形を押印せず、組頭の押印により土地の質地売買が行われているということである。

吉右衛門は、このように村政運営に非分があるとして百姓代らに訴えられたのであった。

ここに登場する百姓代らは北永田住民であり、佐兵衛は服部家一族である。また、史料9の最後の箇条によると、田畑を質地に入れようとするとき、名主加判をするようにしていたのだが、吉右衛門は加判してくれないと主張している。この箇条からは、権右衛門を含む北永田住民と吉右衛門の対立が依然として存在していることが読み取れる。また、権右衛門は享保期出入の当初から彦助側を支持しており、彦助が村役人には就任していないため、名主加判を代行していることを見ても、彦助側を代表する村役人（組頭）の立場をとっていたことがわかる。

この出入はどのように決着したのだろうか。次に掲げる史料は、吉右衛門・彦助が作成した名主役をめぐる出入の済口証文である。

【史料10(38)】

差上申済口証文之事

一武蔵国久良岐郡永田村名主百姓出入之儀、先御代官日野小左衛門方ニて段々致吟味候所、此度我等支配ニ被仰付、右出入双方願書共ニ引渡候ニ付、村中大小之百姓壱人別ニ吟味候所、只今迄之通吉右衛門を名主ニ被仰付

被下候様ニと願候百姓三拾人、此度彦助方え名主被仰付被下候様ニと願候百姓三拾三人、銘々印形差出候条畢竟、右出入之儀先支配ニて相済候事迄今以村中違乱ニ及候事、名主役願相別り候義限り候事と相聞候、別紙百姓壱人別ニ印形差出候通、吉右衛門え心を寄名主ニ致度願之百姓三拾人は只今迄之通吉右衛門致支配、名主役相勤可申候、彦助方え心を寄名主ニ致度願之百姓三拾三人は自今彦助致支配、名主役両人ニて相務双方重て出入不仕諸事相慎可申候旨被仰渡、双方一言之申分無御座承知仕奉畏候、右百姓願之通被仰付候上は、重て双方出入願ヶ間敷儀一切申上間敷候、（中略）

享保拾四年酉十月五日

久良岐永田村

名主　吉右衛門

百姓　新右衛門

百姓　利　兵　衛

名主　彦　　助

百姓　正右衛門

百姓　太　兵　衛

百姓　小　兵　衛

（後略）

享保一四年、代官が日野小左衛門正晴から田中休愚（丘隅）喜古に交代した。この済口証文は、その代官交代にさいして作成されたものである。内容は、村内の百姓一人ひとりに吟味を行い、従来どおり吉右衛門を名主にしてほしいと願う百姓三〇人は吉右衛門を名主に、彦助を名主にしてほしいと願う百姓三三人は彦助を名主にして支配させるというものであった。つまり名主を各集落に一名置くことで、この出入は決着したのである。

2 北永田と南永田の分裂

享保期の出入を経て、名主が各集落に一名置かれたことで、永田村は幕領一給支配であるが、北永田「村」と南永田「村」に分かれることになった。享保一四年以降に作成された文書では、北永田集落では自己のことを「北永田村」と称している。それぞれの集落が独立した村としての機能や意識を形成したことを示している。

二分した後の北永田「村」の石高は二三九石余、南永田「村」の石高は一八四石余である。(39) この石高に基づいて北永田・南永田は年貢・諸役の算用を行い、村請制村としては一村であるが、実質的には村政運営が個別に行われるようになった。

また、南北で別々に宗門人別帳が作成された。家の継承関係を示した表5の、享保一八年の部分に関しては、北永田「村」分の宗門人別帳で作成している。一部継承関係が不明で、元々どこに住んでいたのか判然としない住民も存在するが、ほとんどが宝林寺の檀家である。宝林寺が北永田住民の菩提寺になっていることを踏まえると（本章第一節参照）、元々北永田に住んでいた住民は、彦六が名主を務める北永田「村」の住民になっていると考えてよいだろう。前後の村の世帯数を勘案すると、吉右衛門側に付いたのは南永田「村」の住民であると推測される。

史料2には、「吉右衛門義は由緒も御座候ニ付、三郎右衛門親彦六名付子ニ仕、三郎右衛門義も兄弟同然ニ、妙真とは親子同意内外むつましく仕候」、つまり、服部家本家と吉右衛門（分家）とは由緒があるので、三郎右衛門の親彦六の名付け子とし、三郎右衛門とは兄弟同然、妙真とは親子同前に仲良く付き合っていたとある。

服部家は享保期においても、服部家本家として有力分家とも擬制的親子関係を形成し、本家の強い優位性を維持し

表9　服部家下人所有表

年	男		女		合計	出　典
	譜代(男)	年季(男)	譜代(女)	年季(女)		
元禄15年(1702)	7	5	8	5	25	服部家文書 冊57
元禄17年(宝永元・1704)	6	6	7	7	26	服部家文書 冊64
宝永8年(正徳元・1711)	6	4	5	3	18	服部家文書 冊83
正徳4年(1714)	4	4	4	4	16	服部家文書 冊90
享保3年(1718)	2	8	4	5	19	服部家文書 冊104
年	下　男		下　女			
享保18年(1733)	9		8		17	服部家文書 冊134
年	譜代(男)	下　男	譜代(女)	下　女		
明和9年(安永元・1772)	5	3	2	5	15	服部家文書 冊211

ていた。享保三年の北永田集落では、二八軒中一五軒が服部姓を名乗っている(表5)。つまり北永田集落には、享保期に至っても、近世初頭以来有すると考えられる服部家本家の優位性に編成されていた分家が多く含まれていたのである。

一方、宝暦一四年(一七六四)の永田村村高の内訳を記した村高書貫帳(40)からは、一連の出入の結果、名主役地は一人一〇石に減少したことがわかる。

永田村における享保期名主役出入について総括しよう。享保期出入には、貞享期以来の服部家の本家分家間の対立という側面があった。名主免の土地をめぐり、本家と分家は対立を深めていた。こうした状況を前提に、享保期にも名主役地不正をめぐって、本家分家の対立を軸に出入が起こった。当該期の出入は本分家の対立にとどまらず、南北永田集落間で対応が分かれたため、最終的には村が二分されたのであった。

3　服部家の経営変化

享保期出入の前後で、服部家本家の所持高は大きく変化した。元禄九年(一六九六)には五五石(41)であったものが、寛保二年(一七四二)には九八石(42)と約二倍近くに増加している。

まず、服部家本家の経営について質的変化の様相を見る。表9によると、元禄一五年段階では、譜代下人一五名と年季奉公人が一〇名存在していた。服部家の経営を考えると、彼らを手作経営の中心として利用していたことが推測される。この段階では、手作地経営と質地地主的経営の並存している状態であった。

しかし、その後の宝永八年(一七一一)~享保三年にかけては、下人数の全体的な減少傾向が見て取れる。とくに、譜代下人労働力が減少し、年季奉公人が増加している。つまり、所持石高の増加と下人数の減少の関係を考えると、この時期に大きく質地経営主体へと方針を転換したのである。

服部家の経営が手作経営から質地経営へと質的に転換したことは、服部家の土地集積からも確認できる。享保一六年の風損は、永田村にかなり大きな爪痕を残したようである。結果として、大量の小作料・年貢未進が発生した。享保一七年に作成された「御年貢幷小作未進書出し」(43)に記載のある、小作料等の未進者は北永田住民のみで、その質物も基本的に北永田集落に集中していた。彼らは、小作料を未進したことで、さらに服部家に土地を質入した。服部家の土地集積は、一面では小作料・年貢未進者の所有地を厳しく収奪しているようにも見える。

史料11は、享保二〇年に作成された彦助宛ての質地証文である(44)。

【史料11(45)】

相渡し申質物証文之事

一下畑八畝歩　ほしき

右は前々小作未進金子弐両之質物として、右之畑為質物当卯ノ春ゟ相渡し申所実正也、御年貢諸高役等上納御勤御支配可被成候、何時成とも右金子弐両返済申上候ハヽ、しち物畑御返し可請候、此畑ニ付我々ハ不及申わきゟかまひ無之候、為後日如件、

享保二十年卯二月　地主　善右衛門㊞

証人　権右衛門㊞

彦助殿

右之畑我等小作ニ預り御年貢諸役上納相勤、作徳給分金弐分ツヽ、年々相渡し可申候、相滞り申候ハヽ、小作御取上可被成候、

小作人　善右衛門㊞

ここで注目すべき点は、①無年季質地受け戻し権付き証文であること、②一枚の文書の中で直ちに直小作契約を結び、質入主に直小作させていることである。つまり、質入主にかなり有利な条件での質入なのである。このように、服部家の土地集積は、一面で村内の小百姓の成り立ちを維持する機能も持っていた。

地主小作関係の展開は、佐々木潤之介氏(46)が指摘したように、小農生産力の上昇を受けて、その上昇分を収奪した結果であるとも言えよう。

しかし、百姓成り立ちに寄与することで土地を集積した側面が少なからずあることも、また事実である。史料7で名主三郎右衛門の功績として百姓らが指摘するように、名主には百姓へ「和融」し、融通などを通じて百姓の成り立ちに務めることが求められる。逆に、百姓に難儀させると名主として責任を問われることになる。享保期以降の名主彦六には、百姓成り立ちへの責務が強く意識されたであろう。であるなら、享保期の土地集積は、小農生産力の収奪としての側面より、百姓への融通機能の側面の方が強いと考えられよう。

おわりに

永田村は、生産・生活の共同組織としては北永田集落・南永田集落という区分を持ちながらも、服部家という戦国期末の小代官の系譜を引く土豪が、名主として村政の中心を占めていた村であった。そして、年貢算用や宗門人別帳の作成など村政運営や、用水の管理費用をはじめ村入用の負担、馬草山の管理などは、北永田・南永田間で一体的に行われていた。また、明確な本郷―枝郷という認識も見られない。

近世初期以来の服部家本家を中心とする一元的な永田村の村政運営は、享保期の出入を経ることで、村内小集落に即して二分した。村内の各小集落（北永田集落・南永田集落）が独立した「村」としての機能を持つようになったのである。

本章第一節第2項で検討したように、服部家は村内を「自集落」（土豪の居住する集落、土豪との関係が濃厚な集落）である北永田と、「他集落」（土豪が居住していない集落、土豪との関係が希薄な集落）である南永田の二つの集落に分けて認識していた。

享保期出入のさいの、服部家本家と「自集落」の関係は、本家による村政運営を認めるものであった。それは、服部家本家と「自集落」の間で、成員の半数以上と強い本家―分家関係を維持しつつ、地主小作関係が発展していったことに起因すると思われる。服部家と北永田住民との本家分家関係や融通を通じた経済的なつながりは、服部家がその後も世襲名主であり続けた大きな要因の一つとなった。

先述した福田アジオ氏の論文(47)では、永田村は家格や特権的身分秩序のないフラットな村落であったと評価されている。しかし、本章で見たように、服部家本家は分家の子供の名付け親になることで擬制的親子関係を結び、自己の社会的優位性を示していた。

一方、「他集落」は、服部家本家中心の村政運営を掣肘する動きを取っていた。それは、「他集落」の日常的な経済関係が、代理名主就任を契機として分家（吉右衛門家）とのほうが密接となっていったことに起因する。

服部家は、名主免から名主役地へと所持する土地特権の性格が変わる過程で[48]、また、小百姓らが土豪を中心とする村政運営への関与を強める過程で、土豪としての性格を失っていった。こうした土豪の変化に伴って、南・北永田「村」は土豪家による村政運営に対して制約を与え始めた。とくに、土豪家との関係が希薄な南永田集落の動向は、近世初頭以来の服部家を中核とする村政運営に変化をもたらし、村は二分され、それぞれの集落が個別に村政運営を行うようになった。

他方、北永田住民は土豪家の経営に制約を与え、土豪家を百姓の成り立ちを支える村方地主化させた。北永田集落では、土豪家と村民との間で、様々な局面で緊張関係が醸成されることもあったと考えられる。しかし、服部家は、同族団の本家・村方地主として他の村民との差異性を維持した。そのため、服部家を中心とした村政運営機構は、社会的・経済的につながりを持つ集落（「自集落」）を基盤としたものへと変容し、服部家本家が世襲的に名主を務め続けたのであった。

註

（1）水本邦彦『近世の村社会と国家』（東京大学出版会、一九八七年）。
（2）小酒井大悟「中近世移行期の村をどうとらえるか」（『歴史評論』七三一、二〇一一年）。
（3）『新編武蔵風土記稿』と、そこに見える「旧家者百姓」については、本書第二部第四章を参照されたい。
（4）「新編武蔵風土記稿巻之八十」（蘆田伊人編集校訂・根本誠二補訂『大日本地誌大系　新編武蔵風土記稿』第四巻、雄山閣、一九九六年)。

(5) 水本前掲書（前掲註(1)参照)、おもに第二部。

(6) 小高昭一「近世村落と組」(『駒澤大学史学論集』一四、一九八四年)。

(7) 関口博巨「近世関東の「村」と村運営」(『地方史研究』二四一、一九九三年)。

(8) 福重旨乃「村組と村請制」(『法政史学』五四、二〇〇〇年)、「村組の領域認識と村運営」(『法政史論』二九、二〇〇二年)。

(9) 同様の指摘は、和泉国池田下村を分析した町田哲氏も行っている。町田哲『近世和泉の地域社会構造』(山川出版社、二〇〇四年)。

(10) 『横浜市史』第一巻（一九五八年)。

(11) 福田アジオ「分割相続と家」(同『近世村落と現代民俗』吉川弘文館、二〇〇二年、初出一九八五年)。

(12) 北永田集落・南永田集落の区別は、近世期・明治期の地図の地字や聞き取り調査の結果等を基に判断している。

(13) 服部家文書・冊一二六―(二)「村差出帳」。

(14) 『南区の歴史』(一九七六年)などによると、殿ノ谷にも溜池が存在したようである。しかし、いつごろできたのかは不明である。いずれにしても、地形から考えると殿ノ谷の用水は北永田で使用されていたと思われる。

(15) 服部家文書・冊八六「(村入用帳)」・冊八七「正徳元卯之村入用」。

(16) 個々の人物が北永田に住んでいるのか、南永田に住んでいるのかは、服部家文書中の宗門人別帳・検地帳類・地図等から復元した。

(17) 「新編武蔵風土記稿巻之八十」(蘆田伊人編集校訂・根本誠二補訂『大日本地誌大系　新編武蔵風土記稿』第四巻、前掲註(4)参照)によると、宝林寺は永田村名主三郎右衛門（彦六）家の先祖である服部玄庵が開基したと記載されている。

(18) 「新編武蔵風土記稿巻之八十」(蘆田伊人編集校訂・根本誠二補訂『大日本地誌大系　新編武蔵風土記稿』第四巻、前掲註(4)参照)によると、西光院は鎌倉時代からの由緒を持つ寺であるとされている。

(19) 春日神社は、『南区の歴史』(前掲註(14)参照)によると、現在も北永田一円の住民を氏子としているようである。

(20) 白幡神社は、『南区の歴史』(前掲註(14)参照)によると、現在も南永田一円の住民を氏子としているようである。

(21) 服部家文書・冊三〇「巳之年小作米利米利金本帳」。
(22) 貞享期出入に関しては、本書第一部第一章で詳述している。
(23) 表7の宝永七年の史料では三郎右衛門の部分が不明である。しかし、前後の動向から判断して、吉右衛門より三郎右衛門のほうが多く年貢を納めていたと判断した。
(24) 本書第一部第一章参照。
(25) 享保期の出入についても、本書第一部第一章参照のこと。
(26) 服部家文書・状一〇二三「永田村妙真又太夫申口」。
(27) 服部家文書・状四八三「吉右衛門巧之品々乍恐申上候」。
(28) 服部家文書・状一〇七六「乍恐書付を以申上候」。
(29) 大石久敬原著・大石慎三郎校訂『地方凡例録　下巻』（近藤出版社、一九六九年）。
(30) 斉藤司「近世前期における武蔵国久良岐郡上大岡村の村落構造」（『横浜市歴史博物館紀要』七、二〇〇三年）。
(31) 服部家文書・状四七九「差上申口上書之事」。
(32) 服部家文書・冊一三四「（永田村宗門人別帳）」。
(33) 服部家文書・状一〇八五「乍恐口上書を以奉願上候」。
(34) 服部家文書・状四八六、状四八七「乍恐口上書を以奉願候」。
(35) 服部家文書・状一〇七七「乍恐以書付奉願上候」。後欠の史料だが、内容から享保一四年作成と推定。
(36) 服部家文書・状四九九「乍恐書付を以申上候」。
(37) 林美和子「近世前期の助郷役負担」（『横浜開港資料館紀要』二、一九八四年）では、元禄期の永田村では「役米」をなかだちとする助郷役分担システムができあがり、それに伴って分担基準が「軒割」から「高割」に変わったとしている。また、その影響について、「高割」とはいいながらも、役米を取得するにせよ、支払うにせよ、助郷役が農民に与えた経済的な影響は、下層農になるにしたがって大きかったとする。
(38) 服部家文書・状六八六「差上申済口証文之事」。
(39) 服部家文書・冊一四八「石高名寄帳」。

(40) 服部家文書・冊一八八「申改村高書貫帳」。
(41) 服部家文書・冊四一「田畠高反別名寄帳」。
(42) 服部家文書・冊一四八「石高名寄帳」。
(43) 服部家文書・冊一三二「御年貢幷小作未進書出し」。
(44) 服部家文書・冊一三二「御年貢幷小作未進書出し」によると、享保二〇年の質地証文に記載がある二両の小作未進金は、元々は享保一六年の風損によって生じている。
(45) 服部家文書・状五二三「相渡申質物証文之事」。
(46) 佐々木潤之介「幕藩体制下の農業構造と村方地主」(古島敏雄編『日本地主制史研究』岩波書店、一九五八年)。
(47) 福田前掲論文(註(11)参照)。
(48) 本書第一部第一章参照。

第二章　近世前期～中期における土豪家と村落寺院
――武蔵国榛沢郡荒川村持田家を事例に――

はじめに

武蔵国榛沢郡荒川村（現・埼玉県深谷市荒川）には、寿楽院という寺院が存在する。村内唯一の寺院である寿楽院は、土豪持田家（持田太郎兵衛家）が再興したものであった。

渡辺尚志氏は、[1]一七～一八世紀の紀伊国伊都郡境原村における寺（住職）・堂座・一般村民の相互関係とその変化を分析・検討し、次のように述べている。堂座メンバーには中世の隅田党に属する在地領主であった者も含まれ、寺院の運営を中心的・特権的に担う存在であった。一七世紀後半以降、三者はそれぞれ自己の村落内部での立ち位置を有利にすべく行動し、最終的には一般村民が堂座の特権を大きく動揺・後退させた。

近世前期の村落内部には、渡辺氏が指摘した堂座以外にも、神社における宮座など一定の家格の家が特権的に構成する組織が見られる。こうした一部の有力農民が寺社と特権的に関係を結ぶ仕組みは、小百姓を中心とする近世村落が確立すると解体され、村民それぞれを構成員とする組織へ移行する。[2]そして近世中後期以降、惣檀家を中心とする「村の寺院」と位置付けられていくとされている。

一方、近世前期～中期における寺院は、村内の序列・格差＝共同体秩序を維持・強化し、顕在化させるような機能を有し続ける。例えば、葬式の規模・墓碑の大きさ、戒名位号の格は、村内の家格や経済力、家内部での地位を象徴するとされている。(3)圭室文雄氏は、(4)寺院が居士・大姉号を付与するに際して、①開基旦那、②篤実な信仰者、③先祖以来の家格、④菩提供養の寄付金、の四つを条件としていたとする。そして、②や④のような、基準が明示されていない部分については、寺の住職の裁量に任されていた。寺院は、共同体秩序を踏襲しつつ、直接村内の序列に影響を与える側面を有していたのである。

このように、村落構造の変化による寺院運営・檀家の構成員の拡充および村内における寺院の位置付けの変化の問題と、寺院が村落内の序列・格差に与える影響力の問題とは、これまで別に議論されてきた。しかし有力農民（地侍・土豪）―小百姓―寺院の三者の関係を総体的に捉え、分析する必要がある。

そこで本章では、土豪が再興した荒川村寿楽院を素材に、Ⅰ村落構造や支配の変化が土豪―小百姓―寺院の三者の関係に及ぼす影響、およびⅡ村落構造と戒名位号による序列の対応関係を明らかにする。

一　荒川村・持田家・寿楽院の成立

1　開発と持田家

武蔵国榛沢郡荒川村（中世は荒川郷）の南側は荒川に面し、渡船場が設置され、村の中央を鎌倉街道上道が貫いている。近くには深谷・寄居などの市場町が存在する、水上・陸上交通の要衝の地であった。荒川村の領主支配は、元和三年（一六一七）まで代官が支配し、その後須田氏・五味氏が一部を知行し、三給支配へと変遷する。元和六年には、五味氏の知行所は小宮山氏に移り、代官支配所の一部は一時期吉野氏の知行所になるが、寛永期以降幕領になる。元禄一一年（一六九八）には幕領分が、内藤金左衛門忠重、大久保長九郎忠宗、大久保源右衛門忠享、大久保三太夫忠因に四等分され、全部で六給支配となる。延享三年（一七四六）の荒川村高帳(5)によると、村高は三二〇石七斗六升五合で、小宮山伝右衛門知行分八一石余、須田助之丞知行分二六石余、大久保三十郎・大久保三太夫・大久保数馬それぞれ各知行分五三石余、菅沼久次郎代官分五三石余である。

荒川郷には「荒川衆」と呼ばれる、鉢形城主北条安房守氏邦に属する小武士団が存在していた(6)。荒川衆の構成を示す、北条氏邦の印判状を見よう。

【史料1】(7)

荒川衆

鑓馬　もち《持》田四郎さへもん
鑓　五郎二郎
鑓　藤衛門
鑓　又二郎
鑓　かハ田五郎さへもん
鑓　大嶋
以上六人
同所之内たゝさハ
鑓馬　もち《持》田主計助

鑓　同　小三郎

鑓　新六

鑓　孫三郎

鑓　よ二郎

以上五人

合十一人

一むねべつ《（棟別）》御しやめん《（赦免）》の上ハ、いつれも大途之御ひくわん《（被官）》たるへく候間、しよとうくよく《（諸道具）》〳〵たしなミ

はしりめくる《（走廻）》へき事、

一領主ひふん《（非分）》の儀あらは、めやすかき《（目安書）》、以嶋村近江守可申上事、

一御はたらき《（働き）》の時は、中村代両茂田如下知可走廻事、

以上

右三ヶ条能々可相守旨被仰出者也、仍如件、

丑《（天正五年）》　奉之

八月廿日　（北条氏邦朱印）　近江

中村代

両茂田との

同百姓中

史料1によると、荒川郷には、荒川地区に住む従者五名を従える持田四郎左衛門を中心とする集団と、只沢地区に

住む従者四名を従える持田主計助を中心とする集団が存在していた。彼らは棟別銭を免除され、北条氏と被官関係を結んでいた。この荒川衆の頭領である持田四郎左衛門（のちの太郎兵衛）家が、本章の分析対象である。なお只沢では、やがて主計助家は没落し、治部左衛門（のちの久太夫）家が台頭する。(8)

持田太郎兵衛家は、近世初期から荒川村内の幕領の名主を務め、延宝期出入以降、村役人を外れた。その後、宝永期ごろから旗本大久保長九郎忠宗領の名主として村役人に復帰した。(9)

持田太郎兵衛家の来歴は、天保元年（一八三〇）に完成した『新編武蔵風土記稿』に、次のごとく記されている。

【史料2】(10)

旧家者太郎兵衛　持田を氏とす、先祖を四郎左衛門と云、源三郎治部左衛門などいへるも同家と見ゆ、共に鉢形の城主北条安房守氏邦に仕え、河田・中島・土屋などいへるものと同く、当所を知行して在住す、是も荒川衆の列なり、鉢形城落去の後村民となり、引続きて子孫当所に土着すと云、

持田太郎兵衛の先祖は四郎左衛門といった。他に源三郎・治部左衛門という人物の名が見られるが、これらも同族であろう。鉢形城主北条氏邦に仕え、河田・中島・土屋氏らとともに荒川郷を知行し、ここに在住していた。彼らも「荒川衆」であった。鉢形城の落城後、持田氏は武士ではなく農民として荒川村に土着した、とのことである。

荒川村には、荒川衆の構成員であった家がその後も多く存続した。そのなかで『新編武蔵風土記稿』に唯一記載されたのが持田太郎兵衛家であり、当該期に「旧家者」と認識された家であった。

荒川郷では、盛んに耕地が開発され、開発者には北条氏から扶持が与えられた。史料3は、天正一六年（一五八八）、荒川村において開発地の検地が行われたさいの、荒川郷の新開耕地の配分や開発後の村民確保に関する指示を記した北条氏邦の印判状である。

【史料3】(11)

荒川之郷御検地之辻事

永楽銭

弐拾貫弐百九文　此度改之辻

此内

三貫六百六十八文　当開十一人御扶持被下事

此取衆

三百卅文　持田左京亮

三百卅文　同　舎人

三百卅文　中嶋図書助

三百卅文　河田隼人

三百卅文　土屋玄蕃

三百卅文　同　市助

三百卅文　弥左衛門尉

三百卅文　孫左衛門尉

三百卅文　小四郎

三百卅文　六郎左衛門尉

三百卅文　縫殿助

延宝4年荒川村辰御縄打水帳						
名請人	屋　敷	田	畑	畑の内萩畑面積	畑の内林畑面積	野銭林
	反 畝 歩	反 畝 歩	町 反 畝 歩	反 畝 歩	反 畝 歩	町 反 畝 歩
権三郎		1.20	6.1.28			
所左衛門	15	4.10	6.7.4	2.28	2.28	
平右衛門	15		2. 21	1.15		
次郎左衛門			5.8.24	9.27		
市郎右衛門	18		1. 1.21	1.22		1.6
甚兵衛	1.12		4.7.21			
清左衛門	1.10	2.25	5. 21			
惣左衛門	1.6	2.2	3.3.15		1.18	
善兵衛	2.12	3.3	4.4.13	2.4		
一郎兵衛	24	2.15	4.5.9	1.6		
孫兵衛			6.1.16			
久兵衛	18		1.3.8.16	7.5		
七郎右衛門	1		1.6.2.20	6.1		
権兵衛	1.5		1. 8.20	5.10		2.4.3
伝左衛門	2.28		4.6.4	18		2.4
小左衛門	2.10		9. 12		1.7	3
権之丞	2.10		7.2.12	3	2.7	3.7
里兵衛	3.6		8.1.17		3.29	3.9.26
五兵衛	4.8		4.6.13		1.19	4.1
九郎兵衛	1.20		6.4.25	7.6	5.26	2.5.20
五郎左衛門	1.18		1.6.1.17	3. 28	2.10	1.7.6
角右衛門	1.18		1. 23	2	1.4.19	
六之助	3.6		9.5.15			
山三郎	1.18		2. 8.28	2.3.6	4.9.2	3.6
兵左衛門	6.12	22	3.1.2.21	5.12		2.4.7.14
市兵衛	24		5.1.1			2.4.1
久右衛門	1.6		8.7.7			4.8
平左衛門	4		1.3.2.6			9.3.10
金左衛門	2.20		1. 3.7	2.4	8.12	3.22
太兵衛	3		1.2.8.6	2.5.9	1.8.16	3.22
太郎右衛門	21		7.4.21			1. 24
六右衛門	24		4.6.16			8
与左衛門	20		4.3.23			1. 4
八右衛門	28		3.9.4			1.2.18
十兵衛	1		3.2.18			1.2.18

表10　荒川村幕領の家相続の様相と土地所有面積の変遷

元和5年荒川村水帳				寛文12年荒川村水帳名寄			
名請人	屋　敷	田	畑	名請人	屋　敷	田	畑
	反 畝 歩	反 畝 歩	町 反 畝 歩		反 畝 歩	反 畝 歩	町 反 畝 歩
平右衛門	2.12	5.18	6.3.16	角右衛門			2.　6
				所左衛門	2		3.3.8
				平右衛門	20		1.5.20
次兵衛			6.2.12	次兵衛			6.6.3
与兵衛			6.　7	市郎右衛門			3.9.22
				七郎兵衛			2.　15
惣左衛門	1.10	1.3.6	6.8	清左衛門	1.10	3.14	1.8.3
				惣左衛門		3.4	1.9.12
				善兵衛		3.9	1.4.12
				一郎兵衛		3.9	1.9.3
外　記	4.16		9.5.13	孫兵衛	1		3.2.10
				久兵衛	2.8		2.3.18
				みの助	1.15		4.1.2
				清兵衛	2.8		1.6.16
与右衛門	1.10		1.3.5.13	七郎右衛門	1.10		6.6.26
				権兵衛			5.　17
六右衛門	3		2.7.2	伝左衛門	1.15		7.14
小左衛門	3.20		7.8.16	小左衛門	27		2.1.8
				市左衛門	27		2.6.21
				里兵衛	1.27		1.4.24
				五兵衛	1.27		1.5
主　水	3.22		1.3.9.4	九郎兵衛			1.2.16
				五郎左衛門			3.7.21
				角右衛門	2		1.8
				長兵衛			2.3.12
				七兵衛			3.4
				伝兵衛			1.5.26
藤左衛門	6.18		8.　25	兵左衛門	6.18		8.　25
次右衛門	1.6		5.8.6	市兵衛	1.6		1.4.16
				久右衛門	18		4.3.20
織　部	3.14		6.　17	平左衛門	3.14		1.8.28
				金左衛門			2.2.14
				太兵衛			1.9.5
庄左衛門 惣八郎	4.12		4.8.11	太郎右衛門	1.3		1.6.21
				六右衛門			4.9
				与右衛門	2.6		1.1.18
				八右衛門	1.3		7.21
				十兵衛	1.3		8.2

延宝4年荒川村辰御縄打水帳						
名請人	屋　敷	田	畑	畑の内萩畑面積	畑の内林畑面積	野銭林
	反　畝　歩	反　畝　歩	町　反　畝　歩	反　畝　歩	反　畝　歩	町　反　畝　歩
彦兵衛	12		3.4.2			
吉左衛門	12		3.4.8			
九兵衛	24		2.4.2			
太郎兵衛	5	1.9.29	5.5.7.19	2		1.4.4.10
庄兵衛	24	1.3.6	1.4.7.28	1.4.25	8	1.3.6.8
権右衛門	2.4		6.6.17			2.　16
又兵衛			5.11			
豊右衛門		2	2.7			
重郎右衛門			3.15			
文右衛門			8.7			
十之丞			4.28			
寿楽院			1.3.3.10			
合　計	6.7.28	5.2.12	40.4.2.20			

以上三貫六百卅文
拾六貫五百四十一文　本田高辻
　此内
壱貫五百四十一文　持田四郎左衛門尉御扶持ニ被下
　残て
拾五貫文　風損日損無之定納
以上、弐拾貫弐百九文　永楽銭
一当八月よりもあらく(たカ)ニ開候原、何方之牢人何者も開候人、
永代知行ニ可被下事、
一彼宿へ他所より移候者、永代無諸役反入ニ被仰出候、然は
自前々定ニて懸候役之物、荒川・多田沢両村出合可走廻事、
一方々懸廻、他所之者当秋廿かまと可引移事、
右定所如件、
戊子(天正一六年)
八月十五日　(北条氏邦朱印)
荒川之郷
持田四郎左衛門尉

検地の結果、開発地の一部が一一名の開発者に、三三〇文分ず

元和5年荒川村水帳				寛文12年荒川村水帳名寄			
名請人	屋敷	田	畑	名請人	屋敷	田	畑
	反 畝 歩	反 畝 歩	町 反 畝 歩		反 畝 歩	反 畝 歩	町 反 畝 歩
栗原			2.2.15	久左衛門			9
				吉蔵			6.23
				九兵衛			6.22
四郎左衛門		2.7.14	2.9.9.14	太郎兵衛		1.5.14	2.5.6.24
				市郎左衛門			9.16
				庄兵衛	2.18		3.　26
合計	3.5.20	4.6.8	12.9.9.21	合計	4.1.13	2.8.20	12.9.1.25

出典：持田家文書28～30・36・37・103にて作成。

つ扶持として与えられた。持田四郎左衛門尉は一一名の開発者とは別に、本田高の合計から扶持として一貫五四一文を与えられた。当時の荒川村では、四郎左衛門尉（太郎兵衛家）を主導者として開発が進められ、そのため彼は本田高辻から唯一扶持を与えられていたことがわかる。

文禄四年（一五九五）の検地帳[12]によると、荒川村の耕地面積は田八反余、畑三九町八反余、屋敷九反余である。幕領分の反別は、元和五年には田四反余、畑一二町九反余、屋敷三反余である[13]。延宝四年（一六七六）には、田五反余、畑四〇町四反余、屋敷六反余と増加した[14]。

検地帳類を基に、幕領百姓の田畑などの所有地面積の変遷を表10に示した。元和五年には全部で一五の家が存在したが、分家を繰り返し、寛文期には四〇軒以上に軒数が増えた。表を右側へと見ていくと、荒川村幕領の各家の相続と所有地面積の変遷を追うことができ、個々の家が分家していく状況がわかる。

持田太郎兵衛（四郎左衛門）家は近世初期以来、他の村民より飛び抜けた面積の土地を所有していた。先行研究[15]にもあるように、寛文・延宝期前後に百姓家数が増加し、その後の近世的村落としての形が整備されていったことも確認できる。

本書第一部第一章では、持田家の土豪土地特権について分析し、土豪と小百姓の関係変化の一端を明らかにした。持田家は文禄検地のさいに与えられた屋敷地除地特権を、延宝検地で失った。この屋敷地除地こそ、持田家の近世初頭以来の土豪としての社会的地位や意識（由緒）を反映するものであり、こうした土地特権を所持することが関東の土豪の特徴であったと評価した。

史料1に見られるように、戦国時代末期から荒川村の集落としては荒川・只沢が存在した。同様に、天正一五年の北条氏邦朱印状[16]でも、書状の宛所に「荒川たゝ沢　もち田四郎左衛門　同治部左衛門」とある。また史料3では、「荒川」・「多田（只）沢」の「両村」が諸役の負担の対象とされている。

つまり荒川村は、戦国時代末期には「荒川」地区と「只沢」地区に分かれており、それぞれが一個の小村として機能していた。一七世紀後半までに村内の中央部が開発され耕地となり、只沢地区・中央地区・荒川（川端）地区の三つの地区に分けられるようになる[17]。

図6を参考に、三つの地区の特徴を概観すると、持田太郎兵衛が居住する荒川地区は、持田家が多くの土地を所持し、近世前期には幕領が多い[18]。中央地区は戦国期以来の田畑の開発が進められるなかで形成されていった地区であるとされており[19]、幕領と私領の土地が入り組んでいる。持田久太夫（私領名主）が居住する只沢地区は、近世前期には私領が多い。

近世初期の持田家は、秩父方面の御手山材木の差配・水上輸送を、幕府から認められて取り仕切っていた[20]。荒川村は陸上交通と水上交通が交わる位置にあるため、その要となる川岸の掌握・支配は、地域の流通を掌握することになり、持田家にとって重要であった。

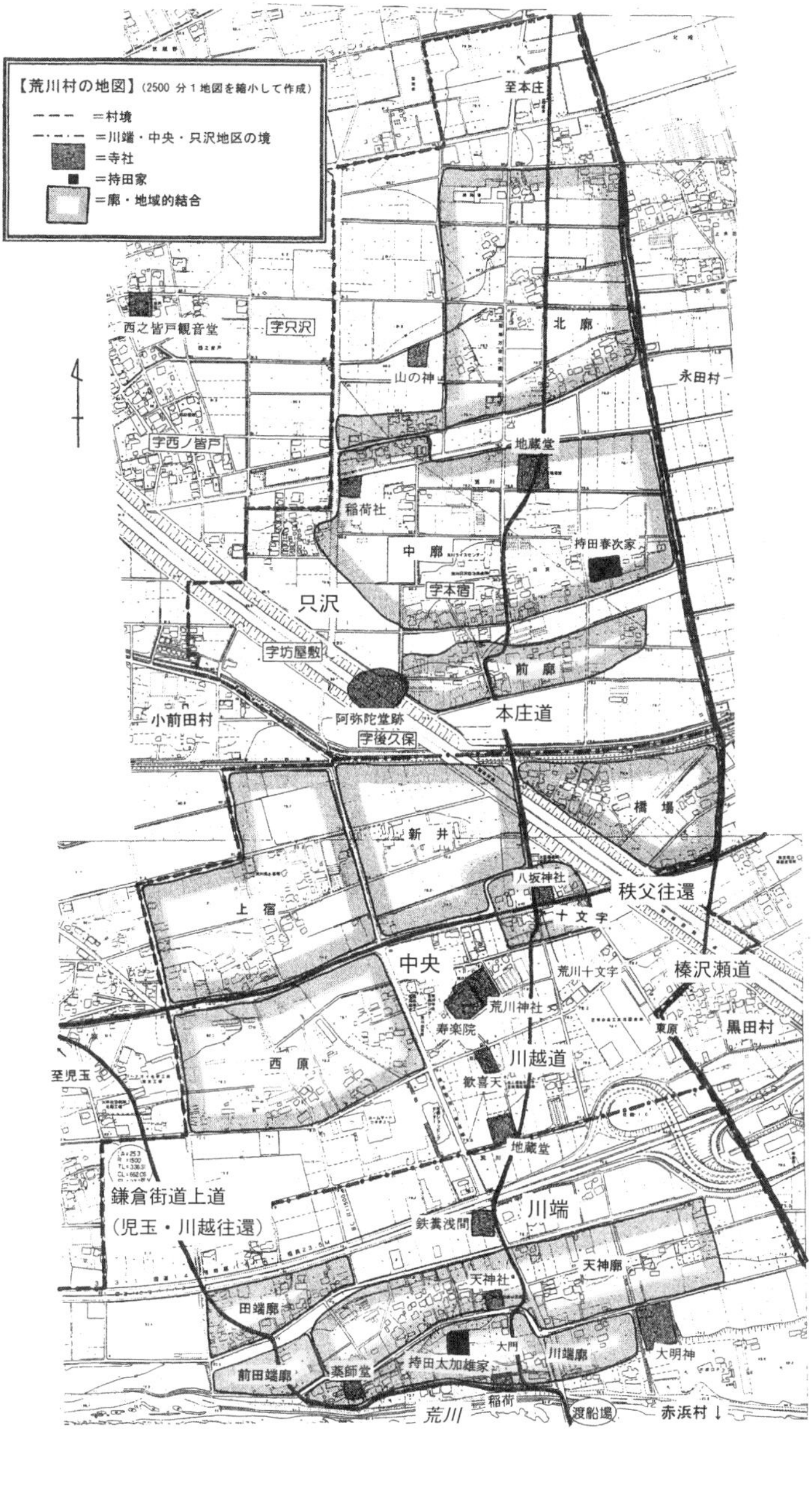

図6　荒川村地図（池上裕子編『中近世移行期の土豪と村落』〈岩田書院、二〇〇五年〉による）

以上、荒川村には戦国期から持田家という有力な家が二家存在した。そのうちの一家である持田太郎兵衛家は、戦国末期、北条氏に被官化する荒川衆の頭領であり、村内の開発を推進する代表者であった。さらに、近世前期には名主・御手山材木差配役を務め、村内に広大な土地を所持していた。戦国期から近世前期までは、太郎兵衛家と久太夫家が荒川地区（幕領）・只沢地区（私領）それぞれの地区の最有力者＝土豪として君臨していたのである。

2　寿楽院と持田家

寿楽院は、正式には新義真言宗荒澤山（荒川山）寿楽院不動寺である。『花園村史』[21]は、当初の寿楽院の山号は「荒川山」であり、それが幕末に「荒澤山」へと改称されたとしている。しかし、『新編武蔵風土記稿』[22]は、すでに寿楽院の山号を「荒澤山」としており、遅くとも天保期には山号は変更されたと思われる。近世には、荒川村の唯一の寺院として、荒川村のほぼ全住民の旦那寺であった。延宝四年の検地帳[23]によると、一町三反余の名請地と寺地・林を含めて二町四反余の除地を所持している。

太郎兵衛家と寿楽院は、強いつながりを有していた。遠藤ゆり子氏によれば、寿楽院の寺地と持田太郎兵衛家の屋敷地を、戦国期に交換したという伝承がある。また、寿楽院の前身として中世の寺院が存在したが、一時期廃れており、それを寛文三年（一六六三）以前に太郎兵衛家が本願となり再興したようである[24]。

さて、中近世移行期の荒川村には、寿楽院の前身となる寺院以外にも小さな寺院施設が存在した。只沢地区に存在した阿弥陀堂（三仏堂）と、荒川地区にあった薬師堂である。阿弥陀堂[25]は只沢の持田図書という人物が開基したもので、戦国末期に荒廃した。阿弥陀堂には阿弥陀・観音・勢至の三尊が祀られていたが、勢至菩薩像は秩父郡三沢村へ、観音像（馬頭観世音菩薩）は隣村小前田新田村へ移された。

一方の薬師堂[26]は、本尊である薬師像が寿楽院に移され、寿楽院の本尊である不動明王とともに祀られた。戦国末期には村内に小さな寺院施設が複数存在していた。近世初期に他村へ仏像が移転し、消滅する寺院がありつつ、最終的に寿楽院へと一本化していった。また、只沢地区の阿弥陀堂の仏像が他村へ移転する一方で、荒川地区の薬師堂の仏像は寿楽院へと継承されるなど、阿弥陀堂と薬師堂では近世へと引き継がれていく動向に差異があった。当初の寿楽院の山号が荒川山であったことも踏まえると、寿楽院は、荒川村の荒川地区とのつながりが強い寺院であると言えるだろう。[27]

新義真言宗の寺院組織には本寺—末寺—門徒の三階層が存在する。寿楽院は、田舎本寺である弘光寺の末寺である東陽寺の門徒寺であった。江戸には、江戸触頭四箇寺（愛宕下円福寺・愛宕下真福寺・湯島根生院・本所弥勒寺）が存在し、江戸近郊の真言宗寺院に関する訴訟を受け付けている。弘光寺は、御朱印寺領三〇石で、近世後期には榛沢・秩父・男衾郡などを中心に末寺・門徒寺院など七六か寺を展開している。[28]さらに、弘光寺の有力な末寺である榛沢郡後半沢村東光寺・榛沢郡本郷村東陽寺・榛沢郡大谷村宝積寺・男衾郡畑山村満福寺の四か寺は、その下に末寺七か寺、門徒三〇か寺を展開している。荒川村の寿楽院は、本寺の末寺の門徒という、周辺村落の寺と比べてもかなり格の低い寺院であった。[29]

二　土豪持田家・村の変容と寿楽院

1　持田家の村政運営と延宝検地の施行

寛文期に入ると、荒川村の年貢収納体制は段階的に変化した。寛永〜寛文期以前には、太郎兵衛など限られた人々の確認のもとで年貢収納が行われていた（第一段階）[30]が、寛文元年（一六六一）～一一年は、各同族団内から一名が代表として年貢徴収の検分を行った（第二段階）[31]。寛文一二年～延宝五年（一六七七）は、同族団の分家が名寄帳上に記載されるなど、村内の各百姓家の把握が進んだことを受け、惣百姓が年貢割付状に確認の裏印をするようになった（第三段階）[32]。

さらに、個々の百姓と名主との間で、年貢徴収過程が広く示されるようになる。[33]惣百姓に、名寄帳に記載されている個々の所有地の反別などを記した写しが渡され、年貢受取手形が発給されるなど、寛文期以前に比べ、年貢徴収に対する小百姓のチェック機能が高まった。

荒川村では、延宝四年九月に検地が行われた。検地以前の幕領村高は八六石余とされてきたが、この検地によって、おもに畑（なかでも萩畑・林畑）[34]・林の把握が進められ、村高は一九九石余へと増加した。最も変化が大きかったのは畑年貢で、一四貫余から二三貫余へと増加した。

実際、どのような人物が検地で萩畑・林畑・野銭林を多く所持するようになったのか。

表10を参照すると、萩畑所持面積順位は、①五郎左衛門（三反余）、②多兵衛（二反五畝余）、③金左衛門（二反四畝）、④山三郎（二反三畝余）である。太郎兵衛は二反所持している。一方、林畑所持面積順位は、①山三郎（四反九畝余）、②多兵衛（一反八畝余）、③角右衛門（一反四畝余）である。太郎兵衛は所持していない。

野銭林所持面積順位は、①兵左衛門（二町四反七畝余）、②太郎兵衛（一町四反四畝余）、③庄兵衛（一町三反六畝余）である。延宝検地で把握が進んだ林などの所持面積を見ると、必ずしも太郎兵衛が抜きん出ているわけではないことが注目される。

持田太郎兵衛家が所持していた屋敷地一反二四歩・屋敷廻りの藪六畝二九歩は、それまで縄除地であったが、このとき縄受地になった。[35] この除地は、「古来之儀ハ各（格）別御忠節[36]」とされ、近世初頭に持田家の忠節に対して特別に与えられていたものであった。これは経済的にはあまり大きな変化ではないが、太郎兵衛家が近世初期以来所持してきた「忠節」を示す土地＝縄除地の特権を喪失したという意味で、重要な出来事であった。

2　延宝期の出入と持田家

検地施行と同年の延宝四年一〇月、荒川村では寿楽院寺地の所属をめぐる幕領・私領間の出入が起こった。史料4は、延宝四年一二月、名主太郎兵衛が作成した訴状である。

【史料4】[37]

乍恐書付ヲ以御訴訟申上候

深谷忠兵衛御代官所
　武州鉢形領荒川村
訴訟人　名主　太郎兵衛
　　　　　　　惣百姓

寺地出入　小宮山喜左衛門様
　　　　　須田次郎太郎様
　　　　　　　御知行所
　　　　　名主　久太夫
相手　　　　　　長左衛門
　　　　　　　　次郎兵衛

一武州荒川村御領所分、当秋従　御公儀様御検地被遊候、当村寿楽院と申寺地、従先年御領・私領御高之外、除地ニ紛無御座候ニ付、御検地申請、先規之通、除地ニ成共、御年貢所ニ成共御公儀様次第ニ可仕と奉存候処、喜左衛門様・次郎太郎様之名主久太夫・長左衛門・次郎兵衛罷出申様ハ、尤御領・私領御高之外除地ニハ御座候得共、当村御領・私領三分入相之村ニ御座候間、御公儀様御帳面ニ計為記申事罷成間敷候、私領方帳ニも書載可申由我儘申候、何方ニても御領・私領御入相地ニ御座候ても、除之分ハ御公儀様御帳面ニ計御書記被遊候処ニ私領方之帳面ニ書載可申筈無御座候御事、（後略）

私領名主久太夫らは「村内の寿楽院の除地は幕領だけではなく、荒川村は幕領・私領の三給支配の村であるので、私領側にも寿楽院除地を帳面に書き載せる権利があるはずだ」と主張している。一方、幕領名主太郎兵衛は「幕領・私領の相給の村ではあるが、寿楽院の寺地は幕領の検地帳に登録するべきである」と訴えている。当初荒川村は幕領一給支配の村であり、後から私領が設定されたので、寿楽院の除地を書き載せる権利は幕領のみにあり、私領には認められないはずであるという主張である。

その後、寿楽院の除地を幕領・私領の入会の土地だと主張する幕領住民（組頭権之丞ら）も登場し、持田家同族間（太郎兵衛・久太夫）および幕領私領間の対立のみならず、幕領内でも名主持田家と組頭らとの対立が生じた。

翌延宝五年二月、出入の結果、寿楽院寺地は幕領分であると裁許された。(38)

幕領・私領名主間の出入の背景には、寿楽院と荒川地区との強いつながりに対抗する意味があった。前述したように、寿楽院の当初の山号は「荒川山」であった。『花園村史』は、近世後期に只沢住民から「荒澤山」への山号の変更を求める出入があったとしている。「荒澤」への山号の変更理由について、只沢住民から寿楽院は荒川・只沢両村の檀家からなる寺院であるのに、「荒川」では分け隔てがあるようなので、両村を表示（「荒」川と只「澤」）するように変更してほしいと願ったからであるとしている。[39] こうした主張は、近世後期になされたものであるとされている。しかし、延宝期出入の主張を勘案すると、小百姓が増え、檀家数が増加した延宝期に、除地に関する記載を幕領（荒川地区）検地帳のみではなく、私領分（只沢地区）にも記載することで、私領名主らは寿楽院との対等な関係を築こうとしたと考えることができる。

この延宝四年出入は、幕領内部の村政運営のあり方を大きく変えるきっかけとなった。翌延宝五年二月、この出入に参加していた組頭権之丞を中心に名主太郎兵衛の退役を求めて、新たな出入が発生した。史料5・6は権之丞側の訴状を受けて太郎兵衛が作成した、代官宛ての返答書である。

【史料5】[40]

乍恐以返答書御訴訟申上候

一御　公儀様御法度之古木、当五年以前御代官様御替之節、拙者伐申候と偽り申上候候(抹消)、偽りニて御座候、ふとミ弐丈程之木ニ御座候ハヽ、半十郎様ゟ御改御帳ニも御のせ置可被遊候ニ、むさと仕候儀申上候間(抹消)、御せんさく被遊可被下候、拙者御年貢畑之内ニ長八九尺ニ廻り三尺計之かれ申候木かぶ御座候間、当之拾壱年以前未ノ春、伊奈半十郎様御持被遊候内堀こき薪ニ仕候故ニ拙者へなんだい申懸候、今度寿楽院寺地之儀、拙者御注進申上候意趣を以、無体成偽申懸候御事

一隠田御座候由申上候儀偽ニ御座候、拙者居屋敷「之儀」(抹消)、御入国之刻、伊奈備前守様御検地被遊候節、御指置之御証文被下置候、其以後吉野勘十郎様御拝領地ニ罷成候て勘十郎様荒川村へ御縄御入「被遊」(抹消)候節、右之御証文御詮議之上、拙者居屋敷御検地不被遊候証拠御座候、拙者親火事ニ逢、右之御証文焼失申候、其後伊奈半十郎様御代官所ニ罷成候刻、御証文焼失申候旨、半十郎様へ御披露申上罷有候「段」(抹消)、村中其隠無御座候、去辰

ノ秋、従御　公儀様村中御検地被遊候節、拙者屋敷之儀前々之通申上候得ハ、為御忠進之、向後ハ御年貢所ニ仕候へと被仰付候間、随御意罷在候処、此度偽り申上候御事」、六年以前子ノ年荒川村切添御改之刻も半十郎様へ右之通申上置候、五年以前丑ノ年、御代官様御替り之砌、前々之通御断り申上置候、去辰ノ夏御巡見様様（衍）方えも御入国以来、御縄入不申候段、惣百姓ゟ書付お以申上候、屋敷之儀隠田と偽り申懸候、去辰ノ秋荒川村御検地之刻、達て御訴訟申上候へ共、古来之儀ハ各別御忠節之事ニ候間、当御縄受可被成旨被仰付、無是非御なわ申請、御年貢上納仕候所ニ筋めも無御座申懸仕候御事、

一次兵衛と申御百姓をつふし、其田地を拙者持添ニ仕候と偽申上候、次兵衛儀拙者と一類ニ御座候ニ付、代々名主地を分ケくれ置申候処ニ、次兵衛身体不罷成候て、近年御年貢御上納不申候ニ付、次兵衛ゟ拙者ニ申様ハ、右其方之田地ニ候間、相返し可申候、前々之御年貢金勘定都合拾三両弐分御座候間、此金子其方取替済くれ候へと兵左衛門・所左衛門・権兵衛と申者を以拙者方え様々申ニ付、右之金子差替田地請取、其上手形取置申候処ニ百姓衆申候ハ、先規名主田地ニ御座候間、諸役之儀は惣百姓ニて可仕と申ニ付、左も候ハヽ、為以来之手形可仕と申候へハ、皆々尤と申候て、惣百姓連判手形仕置出入無御座候処ニ候へと格別成偽り申上候御事、

一去辰ノ秋荒川村御検地被遊候節、大分之入目惣百姓方え割懸、拙者取申候由偽申上候所ニ御座候計のミ薪出させ申候、其外何成共入目無御座候ニ付、惣百姓方へ申候様ハ、百姓中ヶ間ニ我かまゝ者候間、右之通入目無之由、手形仕候へと申候へハ、皆々尤と申手形仕、拙者方へ相渡し置申候て、拙者無体ニ判形致させ候由、各別成偽り申上候、殊ニ惣百姓一味仕候と偽り申上候、御訴状ニ連判仕候外ニも百姓数多御座候御事

一村中御百姓衆、御　公儀様御年貢相済し申儀成兼申候時分は、拙者取替差上ヶ申、殊身体不罷成候百姓衆取立申様ニ大切ニ存候処ニ、兵左衛門・権之丞・角右衛門数年悪心もの共ニ御座候ニ付、村中乱立小百姓引付、か

りそめ之儀ニも私領方名主と内談仕、拙者我かまゝ仕候と偽り申上候、何成共拙者我かまゝ仕候覚無御座候間、右之兵左衛門・権之丞・角右衛門ニ御穿鑿被遊被仰付被下候ハヽ、難在可奉存候、委細は乍恐口上ニ可申上候、以上、

延宝五年
巳ノ二月
荒川村
太郎兵衛㊞

御代官様

太郎兵衛は返答書で、権之丞らの主張を「偽」であると否定している。その主張とは、①代官交代のさいに「御公儀様御法度之古木」を太郎兵衛が伐採したこと、②太郎兵衛居屋敷が隠田であるということ、③百姓次兵衛を潰し、その田地を持ち添えにしたこと、④検地の節に大分多くの経費を惣百姓に割り掛けたこと、などであった。権之丞らの訴訟は、これまで名主太郎兵衛が所持してきた特権や、その村政運営を批判するものであったと言えよう。

太郎兵衛は、さらに次のように説明している。

【史料6】(41)

名主口書之覚

（中略）

一五年以来拙者我かまゝ仕候様ニ申上候、偽りニて御座候、跡々ゟ此権之丞・兵左衛門・角右衛門三人之者少之儀ニも頭取仕、村中さわかし申候て、都て私ニたいくつ仕候と申上候儀ハ偽りニ御座候、右三人之者共頭取仕証拠ハ此度荒川村寿楽院寺地之儀ニ付、拙者御忠進申上候節も私領方と一身仕、偽り成証文連判仕、御蔵入之

田地を私領方高之内之由申上候儀ハ紛無御座候、則証拠を以可申上候、扨又百姓十弐軒拙者はからへニてつふれ候由、大キ成偽りニて御座候、次兵衛と申者ニハ拙者畑之内三畝分程かし置、其内ニ家を作せ指置申候、彦兵衛・九兵衛ニハ金子壱両預ヶ置、いまに取不申候、一郎右衛門儀身体不罷成候ものニ御座候間、近年御年貢上納不申候ニ付、拙者取替御　公儀様へ差上ヶ申金三両弐分之余御座候、六之助親ニハ作物仕候、たね物度々くれ置申候、一郎右衛門と申者、近年御年貢御役銭未進、鐚九百文之余御座候、兵左衛門近年悪心企作物不仕うろたい者ニ罷成、妻子をうり、去ル春中何方へ参候哉拙者ニも無断荒川村を罷出候、同九月中参候間不便ニも存、又ハ御公儀様御忠節ニも可罷成と奉存候て、麦種かい候へと申拙者金子三分かし、麦作仕付させ置申候、其前ニも金一両預ヶ置申候、随分取立可申と存候へ共、彼寿楽院寺地出入ニ付、私領方名主と一味仕御領所かすめ候へとも、拙者御訴訟申上候、先き之通被為仰付候、右之儀重て御公儀様より御たゝりも可有御座候と存、筋目無御座儀を拙者ニ申かけ候、けつく拙者儀ハ身体成不申候百姓をハ右之通取立申様ニ仕候、十弐軒つふれ申候と申上候儀ハ偽り事ニ御座候、拙者ニ無体成難たい計申かけ候、権之丞・兵左衛門・角右衛門此三人之者向後頭取仕、村中さわかし不申候様ニ被仰付可被下候、以上、

延宝五年

巳二月廿五日

荒川村

太郎兵衛

太郎兵衛が言うには、権之丞・兵左衛門・角右衛門の三名は少々のことでも音頭を取って騒動を起こす存在で、太郎兵衛の村政運営に「たいくつ（退屈）」しているというのは嘘である。とくに兵左衛門については、近年悪事を企て耕作をしない「うろたい者」であると、太郎兵衛は見ている。また、中略部分では権之丞について「百姓を仕なが

ら不断あきないを仕候とて方々うろたいあるき」としている。

太郎兵衛の主張によれば、兵左衛門・権之丞は、村外における諸商売に関与していたと思われる。なお、中略部分では「悪人清兵衛」という人物を権之丞らが抱え込み、太郎兵衛への悪口を言い触らせているなどと、権之丞側の不正行為について主張している。

出入の中心人物として名前が挙がった権之丞・兵左衛門・角右衛門三名のうち、兵左衛門・角右衛門の二名は、延宝四年検地によりそれぞれ林畑・野銭林の所持高を大幅に増やした、新興勢力を代表する存在であった（表10参照）。当該期の荒川村では、木材売買などによる金銭収入が、農業の維持・金納年貢の調達などのために重要性を増していた。そこで、近世初期以来河川流通を押さえていた太郎兵衛と、新興勢力である権之丞らとの間で、利害の対立が起こったことが想定される。

では、彼ら三名以外の幕領住民は、この出入に際してどのような反応を示したのであろうか。

表11は、延宝四年検地帳記載の名請人、延宝期出入のさいに名主太郎兵衛を支持していた人物[42]、延宝八年の年貢割付状の裏印を押している人物を対照させたものである。

表11の延宝四年一〇月文書①[43]とは、寿楽院寺地の出入が始まった直後の口上書である。この段階では、幕領・私領間の争いという性格が濃厚で、権之丞ら一部の住民を除くほとんどの住民が連印し、文書が作成された。

延宝五年二月文書②[44]は、村内小百姓の一部が、権之丞らが名主に不当な言いがかりを付けていることを告発する文書である。ここでは、約半数の幕領住民が印を押している。印を押していない五郎左衛門・多兵衛・金左衛門・山三郎らは、第二節第1項で見たように、延宝検地で林を大量に名請するようになった人物である[45]。権之丞らに味方した五郎左衛門ら一部の小百姓は、野銭林所持者の約七〇％にあたることから[46]、彼らも権之丞らと利害関係を共にしてい

表11　延宝期出入の参加者

延宝4年荒川村辰御縄打水帳		延宝4年10月文書①	延宝5年2月文書②	延宝8年年貢割付状③	
名請人名	野銭林所持者				
権三郎		○	○	○	
所左衛門		○	○	○	
平右衛門		○	○	○	
次郎左衛門		○	○		
市郎右衛門	○	○	○	○	
甚兵衛		○	○	○	
清左衛門				○	
惣左衛門				○	
善兵衛		○	○	○	（勘定仕候者）
一郎兵衛		○	○	○	
孫兵衛		○	○	○	
久兵衛		○	○	○	
七郎右衛門		○	○	○	
権兵衛	○	○	○	○	
伝左衛門	○	○			
小左衛門	○	○		○	
権之丞	○			○	（勘定仕候者）
里兵衛	○	○	○	○	
五兵衛					
九郎兵衛	○	○		○	
五郎左衛門	○	○		○	
角右衛門		○		○	
六之助				○	
山三郎	○	○		○	
兵左衛門	○	○		○	（勘定仕候者）
市兵衛	○	○		○	
久右衛門	○	○		○	
平左衛門	○			○	（名主）
金左衛門	○	○		○	
多(太)兵衛	○	○		○	
太郎右衛門	○	○	○		
六右衛門	○	○		○	
与左衛門	○	○		○	
八右衛門	○	○		○	
十兵衛	○	○		○	
彦兵衛		○			
吉左衛門		○		○	
九兵衛		○		○	
太郎兵衛	○	○			
庄兵衛	○		○	○	
権右衛門	○	○			
又兵衛					
豊右衛門					
重郎右衛門				○	
出　典	持田家文書28・29・35	持田家文書908	持田家文書664	持田家文書557	

たと思われる。

以上のことから、延宝四～五年にかけての出入は、林所持を背景に勢力を伸ばしてきた新興勢力の村民と、太郎兵衛らによる村政の主導権を争ったものであったと言えるだろう。

出入を通じて、不正はないという太郎兵衛側の言い分が受け入れられ、権之丞は一時的に牢屋に入れられることになった[47]。しかし、年貢算用など村政運営に小百姓らの監視機能が強化される動向を受け[48]、土豪として村政運営を一手に取り仕切っていた太郎兵衛は名主を退役することとなった。

3　寛文・延宝期の持田家と寿楽院

延宝四年出入にさいして、寿楽院住職は、私領名主久太夫らの訴えを支持し、久太夫らと行動を共にした。寿楽院住職は、代官手代による寿楽院寺地に関する決定に不服であるとして、久太夫らに同行し、江戸の評定所に訴え出た[49]。こうした行動に太郎兵衛は、本寺である弘光寺に対して、「寿楽院古跡之事」（寿楽院が古跡であること）、「境内幷田畑除之事」（寿楽院境内と田畑が除地であること）についての証明書を発行するように働きかけ、庄兵衛を使者として弘光寺へ派遣した。

【史料7】[50]

一寿楽院古跡之事
一境内幷田畑除之事
右之条々無偽、証文拙僧方ゟ所望之由、庄兵衛殿口上ニて年々就夫ニ、末寺之衆へ様子承候処ニ、古跡ニは無偽との事、境内田畑之儀ハ、庄兵衛殿口上之分ニてハ証文ニは被及間敷との事、縦除之地決定ニ候共、従　御公儀様御尋無之以前ニは、為其証文とは難差上ヶ存候、此書付不入儀と存候得共、庄兵衛殿任望ニ如斯に候、以上、
七日　　　　　　　　　　弘光寺

持田太郎兵衛殿

結果、弘光寺は、寿楽院が古跡であることは認めたが、境内と田畑が除地であることについては、たとえ除地であるとの決定がなされても、公儀から尋ねがない限り証文は書けないと返答している。このように太郎兵衛は、寿楽院よりさらに寺院組織の中で上位となる田舎本寺弘光寺に働きかけることで、自己の主張の正当性を認めさせようとしたのである。

その後、寿楽院住職はどうなったのか。延宝七年、それまで寿楽院住職を兼帯していた本郷村東陽寺住職が、寿楽院の什物を勝手に本郷村へと持ち帰ってしまう事件が起こった。史料8は、そのさいに作成された寿楽院の訴状である。

【史料8】(51)

乍恐以書付御訴訟申上候事

一拙僧義大本寺弘光寺様被仰付候様ハ、荒川村御領所分寿楽院之住寺仕候得由被仰付候間、去ル十月五日ゟ住寺仕罷有候御事、

一先住寺ハ本郷村東陽寺を前々ゟ懸持ニ被致、去十月ゟ東陽寺ニ居住被成候、(中略)

延宝七年己未ノ四月十八日

深谷忠兵衛様御代官所

武州荒川村

寿楽院

御四ヶ寺様

寿楽院住職によれば、前住職は荒川村寿楽院と本郷村東陽寺の住職を兼帯していたが、延宝六年一〇月、本郷村に転居したという。この前住職とは、延宝四年に私領名主久太夫・幕領組頭権之丞らとともに行動した人物であると思われる。つまり、延宝期の一連の出入が決着した後、それまで荒川村に住んでおり、私領名主側として行動した寿楽院の前住職は、本郷村に転居したのである。

寿楽院住職の具体的な行動理由については、史料が伝存しないため不明とせざるを得ない。しかし、只沢地区との関係を重視して行動し、結果敗訴したことは確かである。寿楽院はその成立以来、荒川地区と深い関係を有していた。その寿楽院が荒川地区ではなく、只沢地区と連携して行動したことは、寿楽院と荒川地区との関係にとって画期的な出来事であったと言えるだろう。

4　元禄四年の出入

延宝期の出入の後、中立派にあった平左衛門が名主に就任し、村政を執り行うようになった。しかし、元禄四年(一六九一)、権之丞派と反権之丞派の間に再び対立が起こった。権之丞は村民から「常々権之丞儀、公事をこのミ、悪事をたくミ、百姓をかすめ、年々六ヶ敷数多御座候故、村中大小百姓及困窮、迷惑ニ奉存候」[52]と訴えられた。

史料9は、名主平左衛門が作成した、組頭権之丞らに対する訴状の一部である。

【史料9】[53]

乍恐口上書ヲ以御訴訟申上候

(中略)

一諸役相帳権之丞所持仕、諸役割苻《(付)》仕候時分も其時々ニ割可仕と名主申候得共、権之丞何角と我儘仕小割不仕候

間、去午ノ春中ゟ御役銭組切ニ指替出シ置申候故、高下御座候て惣百姓迷惑仕候（中略）自今以後は相帳残組頭順番ニ所持仕候様ニ被仰付可被下候御事、（後略）

この訴状の中で平左衛門は、権之丞が六尺給等の諸役を賦課するために必要な帳面（「諸役相帳」）を所持しており、そのため名主が諸役勘定をすることができず、また、権之丞が帳面に基づいて各百姓への賦課をしないことを批判している。そのうえで、今後このような事態が起こらないように、組頭が順番に「相帳」を所持すべきであると主張している。

表11に示した延宝八年の年貢割付状の裏印記載によると、年貢割付の勘定をしたのは権之丞他二名であり、延宝期出入後は村政運営の実権を彼らが握っていたことがわかる。

史料が伝存していないため、この出入の詳細な経緯は不明である。しかし、代官は首謀者である権之丞に籠舎の刑を言い渡している。さらに、権之丞の恣意的な村政運営は、村民が団結することで否定され、元禄四年に惣百姓は権之丞を荒川村から追放するよう代官へ願書を提出した[54]。

元禄四年四月、反権之丞派の組頭であった久兵衛は、権之丞派から組頭退役を求められた。そのさいに作成した返答書で、久兵衛は「拙者儀代々年寄百性（姓）ニ御座候所ニ、いか様之子細ニて組頭ニ仕間敷と申候哉、乍恐御詮議被遊御了簡之上、被仰付被下候ハヽ、難有可奉存候[55]」、すなわち自分の家は代々年寄百姓を務めてきたのに、どのような理由があって権之丞らは、自分（久兵衛）を組頭にできないと言うのか、詮議のうえよく考えて判断してほしい、と代官に訴えている。

こうした主張からは、荒川村には「年寄百姓」という家格が存在し、その家の者が組頭を務める習慣があったことがわかる。しかし元禄期の出入を境に、特定の家が組頭を務めることが減っていった。そして、最終的に村内の相給化が進むことで、村役人を務める家が増加し、特定の家が務めるあり方から、村役人を務める家の裾野が広がったのであった。

こうして、延宝四年以来続いた、荒川村の幕領内部における村民間の対立は、元禄四年に収束した。(56)

5 元禄一二年の出入

元禄一二年、荒川村では三人の地頭と荒川村の惣百姓間で出入が起こった。

原因は、幕領分が四人の旗本に分割知行され、うち三名の旗本ら（内藤金左衛門・大久保長九郎・大久保三太夫）が百姓持林を御地頭林にしたこと、また、以前より多額の年貢・小物成を課そうとしたことである。(57)

こうした動きに対して、名主平左衛門らが中心となって百姓林の維持や年貢減免を求め、三名の地頭ともに旧来どおり荒川村の林は百姓持林として取りはからうことになった。

幕領では、四給支配に移行するさい、それまで代官支配下に行われてきた村政運営方法を変更することなく、平左衛門一名が名主を務めていた。そのため、この騒動では四名の領主はそれぞれ対応が区々であったが、四給支配下の惣百姓らは名主平左衛門の下で協力してこの事態を乗り越えることができた。

しかしその後、正徳四年（一七一四）には、大久保三太夫知行所名主に次郎左衛門、(58)大久保伊左衛門（長九郎）知行所名主に太郎兵衛の名前が見られるようになる。(59)元文二〜四年（一七三七〜三九）の内藤頼母（金左衛門の子、忠郷）知行所の年貢皆済手形などには、(60)名主太郎兵衛の名が確認できる。

寛保二年（一七四二）の水害見分に関する史料では、(61)大久保数馬（長九郎の孫、忠英）・内藤頼母知行所名主は太郎兵衛、大久保三太夫知行所名主は次郎右衛門、大久保三十郎（源右衛門の子、忠寅）知行所名主は利兵衛であった。さらに、寛政一二年（一八〇〇）には、大久保三十郎忠休知行所名主には太郎兵衛が就任している。どの段階で名主の交代があったのかはわからない。しかし、幕領百姓らは当初四給支配であっても名主は平左衛門一人のみ置くとしていたが、個々の知行所ごとに兼帯させつつも名主が設置されるようになっていった。元禄期以降、個々の領主に関わる事柄は、個々の名主がそれに対応していたが、川をめぐる出入や伝馬役負担など村全体に関わる事柄については、名主全員で相談しながら進められるようになった。

次に、荒川村幕領村民の土地所持状況を見よう。表12は元禄一一年に幕領が旗本四給支配へと移行するさいに作成された名寄帳(62)を基に作成したものである。幕領村民の半分以上が、いずれか一人の領主下に土地を所持している。最も多くの田畑面積を所持する太郎兵衛は、四名すべての領主下で田畑を所持している。このような存在は、太郎兵衛を含めて五名である（全体の約一割）。さらに三名の領主下に屋敷を所持するのは太郎兵衛だけであった。

相給支配の進展の中で、荒川村と寿楽院の関係も変化した。それまで、寿楽院寺地は幕領検地帳に記載することで荒川地区への所属を明示してきた。しかし相給支配の進行により、幕領は四名の領主の支配するところとなった。幕領が四給支配に変わるさいに作成された、領主の知行地ごとに作成された四冊の名寄帳(63)には、寿楽院除地に関する記述が一切ない。また、延享三年（一七四六）、巡見使に提出するために作成された「武州榛沢郡荒川村高帳(64)」には、知行所ごとの石高・名主名が書かれており、その末尾に「高外除　弐町四反廿壱歩　寿楽院寺中」と記載されている。

このように元禄期以降、寿楽院除地は、幕領や私領など特定の領主の名寄帳・田畑反別書上帳の類には登場しなくなる。つまり寿楽院と幕領（荒川地区）との結びつきは、相給支配の進展により断ち切られ、寿楽院が村全体の寺院へと性格を変える起点となったのである。

表 12　領主別所持面積（元禄11年）

名請人＼領主	大久保源右衛門領	内藤金右衛門領	大久保長九郎領	大久保三太夫領
太郎兵衛	3 反 4 畝 4 歩○	7 反 2 畝22歩○	4 町 9 反 8 畝25歩○	5 反 9 畝 8 歩
甚右衛門	5 反 3 畝10歩○	2 畝歩	1 畝歩	2 畝歩
善兵衛	2 畝26歩○	9 畝20歩	1 反 8 畝 2 歩○	1 反 9 畝10歩
十兵衛	3 畝10歩	8 畝 2 歩	2 反 5 畝○	1 反 6 歩
善左衛門	1 反 5 畝 5 歩	1 反 7 畝18歩	1 町 2 反 1 畝13歩○	2 反 6 畝26歩
太兵衛	1 反 6 畝 4 歩	3 畝21歩		1 町 2 反 7 畝15歩○
次郎右衛門	1 町 4 反 7 畝 3 歩○		5 反 3 畝15歩○	2 反 3 畝14歩
金五右衛門	1 反 9 畝 3 歩		4 反 2 畝 5 歩○	2 反 4 畝22歩
八郎兵衛	4 畝20歩		5 反 8 畝17歩○	3 反 1 畝29歩○
加右衛門		1 反 7 畝 9 歩	4 反 1 歩○	1 反 2 畝
次郎左衛門		1 反15歩	2 畝25歩	3 畝14歩
門兵衛		1 反 1 歩	2 反 3 畝23歩○	7 反 2 畝 3 歩
所左衛門		9 畝 4 歩○	2 反 5 畝 1 歩○	7 畝14歩
五右衛門	1 町 5 反 1 畝歩○	1 畝 5 歩		
久兵衛	4 反 1 畝20歩	1 町19歩○		
仁左衛門	7 畝 6 歩	3 反 2 畝12歩○		
平十郎	6 畝 9 歩	9 反 6 畝 9 歩○		
作左衛門	8 反 5 畝12歩○	1 反 3 畝26歩		
市郎右衛門	4 反 2 畝20歩○		1 畝歩	
七兵衛		1 反 5 畝29歩		1 町 5 反 9 畝歩○
長右衛門		4 畝歩		6 反 2 畝25歩○
新左衛門			1 反 4 畝11歩	7 反 6 畝25歩○
八郎左衛門	1 町 9 畝23歩○			
十左衛門	6 反 8 畝13歩			
金右衛門	5 反 6 畝17歩○			
久右衛門	4 反 9 畝 6 歩○			
吉左衛門	3 反 4 畝20歩○			
八右衛門	3 反 4 畝14歩○			
佐左衛門	1 反 2 畝 4 歩			
重郎兵衛	4 畝23歩○			
太左衛門		1 町 7 畝11歩　○		
六郎兵衛		1 町 4 反11歩　○		
十右衛門		8 反 8 畝13歩○		
市郎兵衛		7 反 7 畝11歩		
市右衛門		6 反 1 畝27歩○		
八兵衛		5 反 4 畝21歩○		
忠右衛門		4 反 8 畝13歩○		
甚兵衛		2 反 8 畝29歩○		
角兵衛		2 反 7 畝 2 歩○		
九兵衛		2 反 6 畝○		
次右衛門		9 畝 5 歩		
源兵衛			3 反 5 畝23歩○	
次兵衛			3 畝○	
六之助				9 反 8 畝19歩○
与左衛門				5 反 3 畝 3 歩○
い　の				5 反 2 畝13歩○
茂右衛門				4 反 6 畝22歩○
六右衛門				4 反 1 畝10歩○
勘右衛門				4 反 1 畝 4 歩○
平右衛門				3 反 5 畝 2 歩○
角右衛門				2 反 6 畝27歩
三右衛門				1 反 1 畝歩
寿楽院	5 反 3 畝14歩		7 反 6 畝26歩	
出　典	持田家文書30	持田家文書31	持田家文書32	持田家文書33

註：○印は所持面積に「屋敷」の面積を含む。

三　宝暦期の寺格昇格運動

1　寺格昇格運動の概要

前節までの分析で、①土豪が一元的に掌握する村政から小百姓らまで参画する村政への変化、②村の相給化による、村内唯一の寺院である寿楽院と荒川地区との結びつきの解消、③同じく相給化により、特定の家のみならず多くの村民が村役人に就任するようになったことでの村役人家の大幅な増加、などを明らかにした。本節では、上記の過程により、土地特権を失い、村政を独占的に担うことがなくなった土豪家（土豪の子孫）と村民との関係を考察する。寿楽院が特定地域の寺院から村落の寺院へと変化する過程で、宝暦期には、寿楽院の寺格に関する問題が浮上し、寺格を昇格するための運動（寺格昇格運動）が行われるようになった。

寺格昇格運動の発生要因を整理しよう。宝暦一一年（一七六一）、寿楽院住職が作成した東陽寺からの離末・弘光寺の直末を願う願書を掲げる。

【史料10】(65)

乍恐以書付御願申上候

一今般寿楽院現住空性并名主・組頭・惣壇中挙て御願申上候儀、隣村寺院皆々一色着用之寺院御座候、然処ニ寿楽院黒衣寺ニ御座候得は、折節御公用節、或は近村ニ追善法要等御座候節、出会仕候ても寿楽院計黒衣ニて罷出候得は、世間体見苦、此儀寿楽院旦中数年嘆鋪奉存候、何卒時節を以、御願申上、東陽寺様御門下相離、法流相続仕度奉存候、尤法流相続計之儀は、東陽寺様ニて相済可申候得共、左様計ニては色衣頂戴之儀難叶様ニ

承及候、何卒御憐愍を以貴寺様御門下相離申候候様ニ、被仰付被下置候ハヽ、寿楽院幷旦中難有仕合ニ奉存候、右願之通、被仰付被下置候ハヽ、御礼金百両相納可申候、貴寺様御門下御離シ被下候ハヽ、弘光寺様御直末ニ罷成、御法流相続御願申上、成就之上色衣頂戴之御令旨御願申上度奉存候、御慈悲を以願之通被仰付被下置候ハヽ、難有奉存候、以上、

宝暦拾壱年巳八月八日

荒川村
寿　楽　院
願人名主
太郎兵衛

東陽寺様
御役者中

寿楽院住職空性は次のように主張している。すなわち、近隣村落の寺院は色衣を着用しているが、寿楽院は黒衣である。近村で追善法要があり、寺々が集まったさいに、寿楽院のみが黒衣であり、世間体が悪く、見苦しい。先述のように、寿楽院は本寺弘光寺の末寺である東陽寺の門徒寺であり、寺格が周辺寺院に比べて低い。低い寺格により、色衣の着用が認められず、黒衣を着用していた。こうした事態を解消するために、東陽寺から離末し、弘光寺の直末にしてほしい(66)、ということである。

そこで、寿楽院の寺格昇格運動が始まった。以下、寺格昇格運動の経過をまとめた表13に従いつつ、運動の展開過程を分析する。

【史料11(67)】

表 13　持田太郎兵衛を中心とする宝暦期出入の主な経緯

年月日	行　　　　　動	経　費　等
宝暦 9 年		
5 月20日	江戸への道中で館林領日向村(群馬県館林市)の木村甚平と出会う	
宝暦10年		
1 月15日	甚平が離末願の件で荒川村の持田太郎兵衛方へ来訪／甚平は江戸四箇寺の根性院の役者である中野村宝仙寺の末寺中野村福寿院に相談に行くように勧める	
1 月17日	甚平・太郎兵衛が福寿院へ離門のことを依頼に行く	酒・飯代74文／ 2 日小遣111文
5 月 1 日	福寿院より様子がよい旨の連絡あり	飛脚代金 1 分
5 月 8 日	太郎兵衛が荒川村を出発する	
5 月 9 日	福寿院へ到着する	扇子代金132文
5 月10日	離末に関する願書を書く	
5 月11日	福寿院を篭に乗せて，根生院まで連れだって行く／弘光寺宛ての御差紙を頂戴する	籠代500文／小遣11文／うどん代48文
5 月12日	帰村する	上下江戸遣(扇子・願書紙代) 1 貫200文／籠代500文
5 月13日	惣右衛門(組頭)・甚左衛門(組頭ヵ)が弘光寺へ御差紙を持参する／弘光寺は15日に東陽寺が差し出した願書を持って来寺するように寿楽院へ申し渡す	
5 月15日	弘光寺は御差紙のことは不届きであるとして，殊の外立腹していたが，太郎兵衛・弥右衛門らが申し開いた結果，ようやく承知した	
5 月16日	弘光寺様が江戸へ出発	
5 月24日	弘光寺様が江戸より帰寺	
5 月25日	明日，名主・寿楽院法印は来寺するようにと弘光寺が申し伝える	
5 月26日	寿楽院法印・太郎兵衛は弘光寺へ赴く／弘光寺は自らの末寺になるよう申し渡した／両名帰村する	
5 月28日	江戸へ出発する	
5 月29日	寿福院へ泊まる	
5 月30日	宝仙寺は「弘光寺客末か，又は根生院末寺のどちらかに決めるように」と太郎兵衛に申し伝える	茶代金 1 分
6 月 2 日	帰村する	上下江戸諸入用遣1貫115文
6 月 7 日	寿楽院惣旦中が相談したところ，「根生院末寺になりたい」という結果になったと福寿院へ伝える	状賃32文
6 月18日	福寿院法印から「根生院は大和国の小池坊僧正を仰せ付けられ，御取込中なので，もう表向きでは何事も世話してあげられない」との書状を受け取る	

6月24日	江戸へ出発する	
6月26日	宝仙寺へ行き願書を差し出す	
6月27日	宝仙寺法印より江戸四箇寺真福寺宛ての添簡を下され，両国の源左衛門のところに泊まる	
6月28日	中野へ帰る	半紙代164文／飯炊代32文
7月1日	真福寺へ願書を提出する	状賃100文
7月7日	荒川村只沢の太右衛門が源左衛門方へやって来る	
7月8日	太右衛門が宝仙寺へ到着する	
7月24日	帰村する	雑用2分864文(内264文太右衛門分)／太右衛門分路用200文/6月24日〜7月24日までの入用1両800文
10月	弘光寺へ内談のため2回参上する／弘光寺より願筋を認められ，大谷村宝積寺へ召し出しあり	
11月	寿楽院法印・長左衛門・久兵衛・太郎兵衛が出向いた	
宝暦11年		
3月	太郎兵衛が出府する／弘光寺法印も御朱印替にて出府する	江戸にて入用1貫706文
3月22日	浅草にて弘光寺僧正様に離門のことを相談する	僧上様へ・知障様へ上金2分／宿にて弘光寺へ入用金1分
4月20日	弘光寺へ赴き内談する	
4月24日	弘光寺より呼状が来る／寿楽院法印・長左衛門・所左衛門・太郎兵衛が弘光寺に赴き，相談する	
7月17日	惣村中寄合を行い，結論が出る	
7月20日	寿楽院法印・半左衛門が願書を提出する	
8月8日	再度願書を提出する	
9月12日	東陽寺・弘光寺が寿楽院の東陽寺からの離末を承知し，弘光寺の客末になることを認める	
宝暦13年		
11月18日	江戸触頭四箇寺が寿楽院の離末を承知する	
11月20日	寿楽院の法流相続が行われる	

出典：持田(英)家文書41・336。

乍恐以書付御願申上候

一武州榛沢郡針ヶ谷村弘光寺末、同国同郡本郷村東陽寺門徒、同国同郡荒川村寿楽院旦中惣代申上候、寿楽院儀

去ル宝暦三酉年、同戌年両年之間、離末仕度旨、本寺東陽寺え御願申上候処ニ御聞済被成、門中并ニ村役人え

御相談被成候処ニ無相違相調、則寿楽院願之趣、弘光寺え御願申上候、御承知之上惣門中え御相談可申上旨被

相違無之旨弘光寺役享、後榛沢東光寺・大谷村宝積寺立会ニて被仰渡候、然上は御四箇寺様え御願可申上旨被

（村欠ヵ）

仰聞、右離末金百両并弘光寺え差出候冥加金弐拾五両江戸送り、都合百五拾両程才覚仕候ヘ共、都合百五拾両程才覚仕候ヘ共、

寄被仰渡候間、境内山林竹木売払、不足之分旦中ニて助成仕候て金子相調候、然処ニ弘光寺急病九死一生故、

願之儀快気次第出府可被下旨被仰聞候、御病気弥重連、御遷化被遊候ニ付、東陽寺ゟ右願之儀、弘光寺

後住御本山ゟ被仰付候迄、差扣候様ニ被仰候、其後弘光寺後住、御入院相済候間、先之弘光寺え御願申上候

趣願出候処ニ、離末冥加金少分之由被仰、御承知不被遊候、此上離末仕候は、東陽寺え弐百両・弘光寺え弐百

両都合四百両差出、離末仕、其上勝手次第御本寺取御願可申上旨、右役寺両寺例席ニて被仰付候て御承知不被

遊候、先之弘光寺御遷化故変替相叶不申、寿楽院は不及申、旦中残念ニ奉存候間、右之趣　御四箇寺様え御願

申上、離末被仰付候様ニ東陽寺え再三御願申上候得共、御本寺を相手取候儀難儀ニ奉存候、（後略）

宝暦三年、荒川村では太郎兵衛を中心に寺格昇格運動を開始した。

当初、東陽寺・弘光寺などがこれに納得し、江戸四箇寺に最終的な承認を得るのにあと一歩というところまで、事はうまく運んだ。困窮する東陽寺を援助するために一〇〇両の祠堂金を納めることを条件に、東陽寺から離末し、弘光寺の直接の末寺になる予定であった。しかし、宝暦七年に寺格昇格を認めてくれた弘光寺法印が死去し、事態は一転、離末金の額などについて折り合わなくなる。東陽寺の深刻な困窮状態もあいまって、寺格昇格運動は行き詰まり

を見せることになった（以下は表13を参照）。

宝暦九年五月二〇日、太郎兵衛は江戸への道中で、木村甚平（詳細未詳）という人物と出会った。この邂逅が状況を大きく変えることになる。宝暦一〇年一月一五日、木村甚平が荒川村に来村した。そこで甚平は、太郎兵衛に中野村福寿院の仲介で、江戸四箇寺の一つである根生院へ願い出ることを勧める。惣旦中は弘光寺末寺になることを最終目標として本格的に動き出した。その結果、根生院など様々な方向からの後押しもあって、寿楽院は東陽寺からの離末を承知された。

宝暦一三年に離末金の調達を完了させた寿楽院は、東陽寺から離末し、弘光寺の末寺となった。同年一一月二〇日、寿楽院住職空性と太郎兵衛が同道して弘光寺に行き、寿楽院に法流を伝授した。これにより寺格が改まり、寒暑・歳暮・年頭その他の諸出勤を、寿楽院は弘光寺の客末の位階で務めることができるようになったのであった。

2　昇格運動の費用と出金

最終的に東陽寺からの離末・弘光寺の末寺となり寺格昇格を達成した寿楽院であったが、その昇格運動を達成させたのは巨額の離末金であった。

宝暦一三年、本郷村東陽寺らが作成した寿楽院の離末を認めてほしい旨の願書[68]によると、東陽寺は自らへの謝礼金一〇〇両を祠堂金として、困窮状況の立て直しをするために利用することとなった。

同じく宝暦一三年、寿楽院が作成した離末の最終的な儀礼として法流相続の儀式執行を願う願書[69]では、弘光寺へは報謝金二〇両が支払われたようである。また弘光寺には、法流を相続するさいにさらに金二五両を支払っている。[70]

それ以外にも、江戸への道中や滞在中には記録にあるだけで四両七貫四六五文を要し、江戸四箇寺に対する働きかけに費やした経費は三四七〇疋（八両二七〇疋）であった。ここまでの費用を合計すると約一五七両で、ほぼ当初の予定どおりの金額（一五〇両）となった。

これらの費用がどのように集められたのか、詳しい金額の内訳は十全に把握できない。しかし調達手段は、①寿楽院が資金を用意する方法と、②太郎兵衛が立て替える方法の少なくとも二とおりの方法があった。

まず寿楽院が資金を用意した方法である。

【史料12】(71)

奉願上候事

一借金拾両　御当山様

右新末願ニ付入用、此金価之義は、村方ニて林畑金方ニ取置、其上離末願金之内未済等も御座候、

一同金五両　当座金

右同断　入院已前御渡可被給候、

一金壱両弐分ッ、

来酉年ゟ子年迄頼母子懸ケ返シ、

右借金通如斯御座候、後住ゟ御返済頼入候、

（中略）

右之通、極貧之拙寺ニ御座候、先住無相違後住ゟ給候様ニ被仰渡被下置候ハ、、難有奉存候、已上、

明和元年申十二月　寿楽院㊞

空性（花押）

惣役人代
太郎兵衛㊞

弘光寺様
御役者中

史料12は、明和元年（一七六四）、寿楽院住職空性が弘光寺に宛てて作成した、寿楽院の借金を後住にきちんと支払わせることについての願書である。明和元年段階の寿楽院の資産が書き上げられており、この時点で、離末などに要した借金がまだ残されていることがわかる。宝暦期の出入の発生直後には、さらに多額の借金を寿楽院は抱えていたであろうと推測される。

次に、太郎兵衛が立て替える方法である。

【史料13(72)】

借用申金子証文之事

一離末金ニ指詰り、金子四両此度御頼申上候て借用申所実正也、左之金子来ル申三月中拾弐両壱分之以勘定、急度返済可申候、尤其節相違ニ相成り候ハヽ、居宅引渡シ可申候、其時分少も相違申間鋪候、為後証仍て如件、

宝暦十三年未十月

荒川村
借主　庄兵衛
証人　又　八

同村
太郎兵衛殿

名主庄兵衛・組頭又八の要請により、太郎兵衛が離末金を立て替えて支払っている。本来は相給名主により各相給村間で費用を調達するところ、できなかったため、太郎兵衛が立て替えたと考えられる。

3　昇格運動における太郎兵衛の役割

寺格の昇格運動において、持田家はどのような役割を果したのだろうか。そもそもなぜ持田家は、主導者として寺格昇格運動に参加したのか、まずその点から考えよう。

【史料14】(73)

貴様へ数日御心安之儘、私身之上之心願、段々御物語り申上候、(中略)、私村方菩提寺寿楽院義、近辺ニ無之旧跡ニ御座候得共、寺格甚宜敷無御座候間、折節御公用筋、或ハ近村ニ追善法要等御座候節も出会仕候ても、寿楽院計黒衣ニて罷出候得ハ、世間体見苦、此儀寿楽院旦中数年嘆鋪奉存、何卒時節ヲ以門下相離申度旨、数代先祖共心願ニ罷有候処、宝暦七年丑年願出シ、同国榛沢郡針ヶ谷村弘光寺末寺、同国同郡本郷村東陽寺門徒、宝暦十三年未年離門仕、大本寺弘光寺客末ニ被成下、御法流相続仕候、惣て諸出勤為客末之位階と永代免許ニ御座候旨被申渡候得共、先々ニ不相替相勤申候、何共残念千万ニ奉存候、右之訳ニ御座候間、何卒相叶候節御座候ハヽ、御控之御所様御法流相続戴頂仕度、(中略)

武州榛沢郡荒川村
大久保兵九郎知行所　持田太郎兵衛

卯ノ十一月三日遣

竹内三勝殿

史料14は、持田太郎兵衛が後年に宝暦期の出入を回顧しつつ、さらなる寺格昇格に関する願いを書いた書状である。作成年は未詳だが、内容から宝暦期の寺格昇格運動の決着からまもない時期に作成されたことは間違いないだろう[74]。持田太郎兵衛と竹内三勝の関係も、残念ながらわからない。

太郎兵衛はこの書簡で、次のように述べている。荒川村にある菩提寺の寿楽院は、近辺にはない「旧跡」であるにもかかわらず、寺格が高くなかった。公用や近村の追善法要などのさいに、寿楽院だけが黒衣で世間体が見苦しく、檀家中はこのことを「嘆鋪」感じていた。寿楽院が「門下」を離れることは、太郎兵衛の「数代先祖共」の「心願」でもあった。そこで宝暦七年に出願し、寿楽院は東陽寺の門下を離れ、弘光寺の末寺となり、法流を相続した。だが、寿楽院の待遇は十分に改善されなかったようである。太郎兵衛は、寿楽院の寺格をさらに昇格させるべく、この手紙を書いていると述べている。

このように、近隣村落より格下の寿楽院の寺格昇格という「心願」は、ただ単に仕事や付き合いだからではなく、「数代先祖共心願」という文言からも見て取れるように、太郎兵衛個人の願望でもあった。それゆえ、この書状に見られるように、さらなる寺格の昇格を目指して行動し続けたのである。

さらに、中心的に行動していた太郎兵衛のみならず、村民もこの運動を成功させたいと考えていた。

【史料15[75]】

乍恐以書付奉願上候御事

一寿楽院住僧数代惣旦中共、多年願之趣、当御本寺下離末仕度奉願候、何卒数年之願望ニ御座候間、願之旨被為聞召分被為仰付被下置候ハヽ、挙て難有奉存候、新末成就之上、御寺修造金として百両差上可申候、以上、

宝暦十一年巳七月廿日

寿楽院　印

名主　同（名主）　同（名主）　同（名主）
太郎兵衛　庄兵衛　四郎左衛門　長左衛門

組頭　同（組頭）　同（組頭）　同（組頭）
勘助　所左衛門　久兵衛　新七

同（組頭）　同（組頭）　同（組頭）　同（組頭）
善左衛門　惣右衛門　又八　半左衛門

同（組頭）　同（組頭）
太右衛門　治右衛門

右連印ニて差出し申候、（後略）

史料15は、宝暦一一年の寿楽院離末願書の控えである。六給の四名の名主・組頭が連印で願書を作成していることが注目される。

また、後略部分に史料10でも述べられていたように、隣村寺院は皆々色衣を着用しているところ、寿楽院だけ黒衣を着用していることが「世間体見苦」いと認識されていること、「今般寿楽院現住空性幷名主・組頭・惣壇中挙て御願申上候儀」と寿楽院惣旦那中の総意として、寺格昇格の願書が作成されていることが注目される。つまり、村の体面を表す「村の寺院」である寿楽院の寺格昇格を達成したいという思いは、「惣旦中」（＝村全体）で共有されていたのである。

寺格昇格運動への村民の参加は随所に見られる。宝暦一〇年五月一三日、組頭の惣右衛門らは弘光寺へ江戸へ来るようにとの差紙を届けに行ったり、只沢地区住民の太右衛門は江戸両国に来たりしている（表13参照）。加えて、史料12・13などで確認したように、離末に要する金銭の負担は、村ぐるみで行われている。

これらのことから、宝暦期の寺格昇格運動は太郎兵衛が中心となり、荒川地区・只沢地区といった地域的な枠組みではなく、村全体が一丸となって展開したものであったということができよう。

宝暦期に、寿楽院が周辺村落の寺院と比べて低い寺格にあるということを共通の問題として、寿楽院の寺格昇格運動が行われた。寺格昇格は、惣旦中（村民）・持田家・寿楽院住職の三者の念願であった。宝暦三年に開始された昇格運動は、紆余曲折があったものの無事に達成され、宝暦一三年に寺格が改まった。

しかし、運動には莫大な経費がかかった。この費用は、寿楽院の持ち出しや借金のほか、荒川村全体で負担された。寺格昇格運動の中で、持田太郎兵衛は実働的側面を考えても、昇格費用の立て替えという経済的側面から考えても中心的存在であった。

4　持田家と寿楽院

前項まで見てきたように、太郎兵衛は実働的側面・経済的側面ともに寺格昇格運動の中心的役割を担っていた。最後に、持田家と寿楽院とが近世を通じて結んでいた関係について見よう。両者の日常的な関係をうかがえる、天明三年（一七八三）に持田久太夫が作成した訴状を掲げる。

【史料16[(76)]】

乍恐以書付申上候

一私儀、代々荒川村寿楽院檀那ニ御座候処、私幷太郎兵衛両人儀ハ先祖ゟ寺え由緒有之候ニ付、先年ゟ代々住持替り之節ハ両人ニて村方檀中え御勤方古例幷ニ法名之儀申談来り候間、当住持えも入院之翌日先例之通り申談候得ハ、委細承知之由ニて此上諸事差図致呉候様ニと被申候処、去十月中私姪相果候節ハ古例之通り法名大姉と御付被下候、同十一月私弟久兵衛相果候ニ付、早々寺え申遣候得ハ位牌御認被遣候処、信士ニ被成被下候間、先年之通り居士ニ被成被下候様ニ申上候得ハ、久兵衛儀ハ一度致別宅妻も呼候者之由ニ候得ハ、信士ニて不足ハ在之間敷之段被申候て、（中略）

一荒川村惣檀中法名古例之儀、私・太郎兵衛両家之儀ハ、前々ゟ居士・大姉ニ付来り候、幷ニ両人一家之儀は信士・信女ニ付来り申候、其外之惣檀中ハ不残禅定門ニて御座候処、（中略）

天明三年卯四月日　荒川村

久太夫㊞

弘光寺様

御役僧様

史料16は、天明三年、久太夫の弟久兵衛の法名をめぐり、久太夫が寿楽院に対して出入を起こしたさいに作成されたものである。

久太夫は、天明二年一一月に死去した弟久兵衛に付与された戒名位号が信士号であることを問題視し、先年からのとおり居士号を付与するように願い出ている。そのさいに問題となったのは、久兵衛が江戸などへ出店したことについての見解の相違である。寿楽院側は、それは別家したことを意味し、直接の家族ではないので、居士号の戒名位号を付与しないとする。一方、久太夫らは別家したわけではなく、店を出し商売をしていただけなので、家族と見なし居士号の戒名位号を付与するべきだとした。

久太夫の主張の前提には、次の二点がある。すなわち、①久太夫家と太郎兵衛家は代々寿楽院の檀家であり、先祖以来の由緒により、住職が代替わりするにさいして、寿楽院の様々な「勤方古例」や「法名」について、新住職に教える立場である。②久太夫家と太郎兵衛家の家族は、以前から居士・大姉の戒名位号を、その親族は信士・信女の戒名位号を付与され、それ以外の惣檀中はみな禅定門の戒名位号を付与するという決まりがある。

戒名位号には、一般的に「大居士・清大姉、居士・大姉、清信士・清信女、信士・信女、信男・信女、禅定門・禅定尼、善士・善尼、善男・善女、禅門・禅尼、禅男・禅女」の格式が存在していた[77]。本章の「はじめに」でも述べたように、戒名位号は家の身分の象徴として重視されることで、村内の序列を顕在化させ、共同体秩序を維持する役割を有していた[78]。この格式に従うと、持田家の家族には上位の居士・大姉号が、その親族には居士などに次ぐ信士・信女号が、それ以外の惣旦中には、信士などに次ぐ禅定門号が付与されるとされている[79]。

この出入は久太夫側の主張が認められ、弟の久兵衛には居士の戒名位号が付けられた[80]。ここで注目されるのは、久太夫家・太郎兵衛家の両持田家は、新住職に「古例」を伝える立場にあり、他家に優越する戒名位号を付与される権利を、近世を通じて有していたことである[81]。さらに「惣旦中」の中には、持田両家と「其外之惣壇中」である村方旦中という、明確な階層差が存在していた。

持田家と寿楽院の関係は、持田家が北条氏に被官し、村内開発を主導する基盤を持つことで、開発の一環として寺院を再興したことに始まり、近世初頭以来連綿と続いてきたものである。このような関係性こそが、一般百姓や村役人には見られない持田家の特徴である。

おわりに

本章では、荒川村における延宝期から元禄期の出入や宝暦期の寺格昇格運動などから、寿楽院を軸とした土豪およびその子孫と村民との関係変化の過程を、段階的に検討してきた。

延宝期の検地を受けて、土豪持田家は除地の特権を失った。また、検地により把握された小百姓層の成長を受けて、土豪持田家が世襲的に名主を務め、個人的才覚・力量により村政運営を行ってきたあり方に終止符が打たれた。このような過程を経て、太郎兵衛家は、土豪ではなくなった。

元禄期に相給化が進んだことで、荒川村の幕領は四等分され、幕領＝荒川地区、私領＝只沢地区という構図は崩れた。その影響を大きく受けたのが、村内唯一の寺院である寿楽院であった。寿楽院は荒川地区の小規模寺院を統合し、荒川地区の有力者である太郎兵衛により再興された。その後、荒川村内の相給化が進んでも、幕領の検地帳に掲載されることで、幕領とのつながりを維持していた。しかし、幕領が相給化することで、寿楽院と幕領（荒川地区）の関係は断ち切られ、「村の寺院（菩提寺）」へと性格を変える起点となった。

宝暦期の寺格昇格運動からは、村が一丸となって、村の体面を示す「村の寺院」の寺格昇格を目指し、行動していたことが見て取れる。持田太郎兵衛は、この寺格昇格を達成させた巨額の離末金の調達や江戸への出訴など、実働的側面・経済的側面ともに中心的な役割を担っていた。彼は相給名主としてではなく、村全体の代表として行動していたのである。太郎兵衛家は幕領から四給支配に移行しても、四給それぞれに土地を所持する数少ない存在であったことと無関係ではないだろう。

さらに重要なのは、持田家が寿楽院と密接な関係を近世初頭から持ち続けていたことである。寿楽院は、幕領（荒川地区）と深いつながりを持つ集落の寺院から、村を代表する「村の寺院」となっていった。しかし寿楽院を通じた戒名位号の格は、近世初期以来、持田家を最上位とするものとして変わらなかった。このことが一般村役人や百姓との差異性を顕在化させた。一方、村の寺となることで、戒名位号による他の村民との差異性が村全体で意識されるようになったとも考えられる。

近世後期の官撰地誌『新編武蔵風土記稿』には、土豪が開基・再興したとされる寺社が数多く記載されている。その由緒は、近世後期に至るまで認識されていたということにもなろう。寿楽院が集落の寺院から村の寺院となったことで、近世初期以来の持田家の特別な戒名位号が象徴する家格はさらに顕在化した。小百姓の成長によって変わりつつある村の中でも、土豪家はなお独自の地位を占め続けたのであった。

註

（1） 渡辺尚志「近世の村と寺」（同『近世の村落と地域社会』塙書房、二〇〇七年、初出一九九六年）。

（2） 萩原龍夫氏は宮座組織について、中世後期の有力百姓によって担われた特権的な宮座制から村民全員を構成員とする氏子制へという展開過程を示している（萩原龍夫『中世祭祀組織の研究』吉川弘文館、一九六二年）。関東の宮座に関する先駆的な研究としては、高牧實「関東における草分百姓の座居と宮座」（同『宮座と村落の史的研究』吉川弘文館、一九八六年）を挙げることができる。

（3） 小林大二「墓標戒名の推移」（同『差別戒名の歴史』雄山閣出版、一九八七年）、大藤修「近世農民層の葬祭・先祖祭祀と家・親族・村落」（同『近世農民と家・村・国家』吉川弘文館、一九九六年、初出一九九二年）、宮川満「近世の村の寺の役割について」（西垣晴次先生退官記念宗教史・地方史論纂編集委員会編『西垣晴次先生退官記念　宗教史・地方史論纂』刀水書房、一九九四年）。

（4） 圭室文雄『葬式と檀家』（吉川弘文館、一九九九年）。

（5）持田（英）家文書・五九「武蔵国榛沢郡荒川村高帳」。
（6）なお、武蔵国榛沢郡荒川村を扱った主要な先行研究には、青木良子「関東農村における寛文延宝検地について」（『法政史学』一五、一九六二年）、田中達也「郷村の変容過程とその担い手」（同『中近世移行期における東国村落の開発と社会』古今書院、二〇一一年、初出一九九四年）、池上裕子「武蔵国荒川郷と荒川衆」（同『日本中近世移行期論』校倉書房、二〇一二年、初出二〇〇五年）、遠藤ゆり子「名主屋敷と寺地の交換伝説をたどる」（同『中近世の家と村落』岩田書院、二〇一七年、初出二〇〇五年）のものがある。四氏により、寛文・延宝検地による近世村落の誕生、戦国時代末期の荒川村の集落・土地所有の動向や荒川衆の様相が解明されているが、荒川村において画期となる延宝期前後の村落の動向と、その後の土豪家の展開過程については十分検討されていない。
（7）持田（英）家文書・二「北条氏邦印判状」。
（8）以下、便宜的に四郎左衛門を太郎兵衛と統一する。
（9）遠藤前掲論文（前掲註（6）参照）によると、只沢を代表する持田氏が主計助から治部左衛門へと代わったのは天正一五年ごろと推定されている。
（10）「新編武蔵風土記稿巻之二百三十二」（蘆田伊人編集校訂・根本誠二補訂『大日本地誌大系　新編武蔵風土記稿』第一一巻、雄山閣、一九九六年）。
（11）持田（英）家文書・六「北条氏邦印判状」。
（12）持田（英）家文書・二四「武州榛沢郡鉢形領之内荒川御縄打水帳」、二五「武州榛沢郡鉢形領之内荒河村御縄打水帳」、二六「武州榛沢郡鉢形領之内荒河村御縄打水帳」、二七「武州榛沢郡鉢形筋荒川之村屋敷御縄打水帳」。
（13）持田（英）家文書・三六「武州榛沢郡荒川村水帳」、三七「武州榛沢郡荒川村水帳」。
（14）持田（英）家文書・二八「武州榛沢郡鉢形領荒川村辰御縄打水帳」、二九「武州榛沢郡鉢形領荒川村辰御縄打水帳」、三五「武州榛沢郡鉢形領荒川村辰御縄打水帳」。
（15）青木前掲論文（前掲註（6）参照）。
（16）持田（英）家文書・五「北条氏邦印判状」。
（17）田中前掲論文（前掲註（6）参照）、遠藤前掲論文（前掲註（6）参照）。

(18) 元和五年の名寄帳（持田（英）家文書・三六「武州榛沢郡荒川村水帳」、三七「武州榛沢郡荒川村水帳」）における幕領住民の所持している土地の字名と、遠藤前掲論文（前掲註(6)参照）、田中前掲論文（前掲註(6)参照）両氏論文記載の地区別の字名とを対照させ、分析した。結果は、只沢地区と推定される耕地は一町一畝余（約六％）、中央地区と推定される耕地は二町四反六畝余（約一七％）、荒川地区と推定される耕地は八町余（約五四％）、不明分は三町四反六畝余（約二三％）であり、不明分が多いのであるが幕領民の所持している土地は荒川地区に集中していると言える。また、中央地区とされている部分の中でも、荒川地区に近い部分（松原・水久保）に土地の多くが集中している。

(19) 遠藤前掲論文（前掲註(6)参照）、田中前掲論文（前掲註(6)参照）。なお、荒川村で村民が住む集落はおもに荒川と只沢である。その中間にある耕地は便宜上「中央地区」とした。近世段階の呼称ではない。

(20) 遠藤前掲論文（前掲註(6)参照）、田中前掲論文（前掲註(6)参照）によると、太郎兵衛家の水運業・渡船業は同家の経営の中でも重要な位置を担っていたとされている。

(21) 『花園村史』（一九七〇年）。

(22) 「新編武蔵風土記稿巻之二百三十二」（蘆田伊人編集校訂・根本誠二補訂『大日本地誌大系　新編武蔵風土記稿』第一一巻、前掲註(10)参照）。

(23) 持田（英）家文書・二八「武州榛沢郡鉢形領荒川村辰御縄打水帳」、二九「武州榛沢郡鉢形領荒川村辰御縄打水帳」、三五「武州榛沢郡鉢形領荒川村辰御縄打水帳」。

(24) 遠藤前掲論文（前掲註(6)参照）。

(25) 『花園村史』（前掲註(21)参照）。

(26) 遠藤前掲論文（前掲註(6)参照）、『花園村史』（前掲註(21)参照）。

(27) 『花園村史』（前掲註(21)参照）。

(28) 寺院本末帳研究会編『江戸幕府寺院本末帳集成』中（雄山閣、一九八一年）。

(29) このような格式では、位の低い住職しか来てもらえず、葬儀のさいに引導を渡すことができず、独立して葬儀を行うのに支障をきたす場合がある。

(30) 持田（英）家文書・五一六「亥年荒川村御年貢可納割付之事」。

(31) 持田（英）家文書・五四六「丑歳荒川村御年貢可納割付事」。
(32) 持田（英）家文書・五六七「子歳荒川村御年貢可納割付之事」。
(33) 持田（英）家文書・五〇七「手形之事」。
(34) 林畑とは、大石久敬原著・大石慎三郎校訂『地方凡例録』上巻（近藤出版社、一九六九年）によると、「一林畑と云ハ、高受をいたし楢・椽其外雑木等を仕立、薪に伐出す畑」とされている。萩畑についても、同様の性格の土地であると思われる。また、元禄一二年の百姓林の使用に関する史料（持田（英）家文書・一一六〇「乍恐以口上書御訴訟申上候」）によると、荒川村には馬草場がないので、林で薪を取り、それを肥やしに交換することで畑作を行っているようである。
(35) 詳しくは、本書第一部第一章参照。
(36) 持田（英）家文書・五六四「乍恐以返答書訴詔申上候」。
(37) 持田（英）家文書・六九五「乍恐書付ヲ以御訴詔申上候」。
(38) 持田（英）家文書・六九四「乍恐以口上書御訴詔申上候」。
(39)『花園村史』（前掲註(21)参照）。なお、根拠となる史料などについては不詳。
(40) 持田（英）家文書・五六四「乍恐以返答書訴詔申上候」。
(41) 持田（英）家文書・五六五「名主口書之覚」。
(42) 延宝出入のさいに作成された太郎兵衛を支持する文書への押印により判断した。
(43) 持田（英）家文書・九〇八「乍恐致口上書差上ヶ申候」。

乍恐致口上書差上ヶ申候

一此度荒川村御蔵入之分御検地被遊候処ニ、当村寿楽院寺内寺外共ニ先規ゟ御領・私領御高之外ニ御座候て御指置之地ニて御座候、私領方之名主久太夫幷百姓衆殊ニ喜左衛門様御内持田小吉殿御高之外ニて紛無御座候由被申候儀、何れも御手代衆御出合候やう被成候得共、彼久太夫我ヶ儘申御検地為請不申候、任先規御差置之地ニ被遊被下候共、自今以後ハ御年貢地ニ被遊候共、御　公儀様被　仰付次第ニ奉存候、以上、

延宝四年辰
十月　荒川村
名主

御代官様

太郎兵衛㊞
百姓共
七郎右衛門㊞
（惣百姓連印略）

(44) 持田（英）家文書・六六四「乍恐致口上書差上ヶ申候」。

乍恐致口上書差上ヶ申候

一今度兵左衛門・権之丞・角右衛門此三人之者共頭取仕、名主太郎兵衛方へ無体成儀申懸ヶ候て、御目安差上ヶ申候、殊ニ惣百姓一身仕候様ニ申上候得共、惣百姓一身ニて無御座候、太郎兵衛何ニても非分之儀無御座候処ニ彼三人之者共、常々我儘者ニて御座候故、色々偽事たくみ御検地之節、入目大分ニ割懸ヶ太郎兵衛取申候と申上候ハ偽りニて御座候ニ付、太郎兵衛方へ入目無御座候手形、惣百姓連判致置候得ハ、入目何ニても無御座候事、

（中略）

右三人之者共、前々ゟ悪心之者ニ御座候故、村中乱立申候儀ハ組頭ニ御座候間、何角ニ我儘仕小百姓共引付ヶ、仮初之儀ニも私領之名主久太夫と内談仕、六ヶ敷企申候儀偽りニて無御座候得ハ、村中難儀ニ罷成百姓迷惑仕候間、此度御仕置被仰付被下候ハヽ、難有可奉存候、委細之儀ハ口上ニ可申上候、以上、

延宝五年
巳弐月

荒川村
所左衛門
（百姓連印略）

御代官様

(45) ここで印を押さなかった人物の全員が権之丞派と考えられるのではなく、一部はのちに名主に就任する平左衛門のように中立派も存在していたようである。

(46) 権之丞と対立する太郎兵衛・平左衛門を抜いた数である。

(47) 持田（英）家文書・六九四「乍恐以口上書御訴詔申上候」。

(48) 寛文一二年の文書（前掲註(33)に同じ）によると、定使給支払いを惣百姓連印で決定している。
(49) 持田（英）家文書・九六一「乍恐致口上書差上ヶ申候」。
(50) 持田（英）家文書・六一六「寿楽院古跡並境内田畑除ノ事」。
(51) 持田（英）家文書・七〇八「乍恐以書付御訴詔申上候事」。
(52) 持田（英）家文書・六三三「乍恐口上書ヲ以御訴詔申上候」。
(53) 持田（英）家文書・六三三「乍恐口上書ヲ以御訴詔申上候」。
(54) 持田（英）家文書・六三三「乍恐口上書ヲ以御訴詔申上候」。
(55) 持田（英）家文書・六三二「乍恐以返答書御訴訟申上候事」。
(56) 持田（英）家文書・六三三「乍恐口上書ヲ以御訴詔申上候」など。
(57) 持田（英）家文書・六五〇「乍恐口上書御訴詔申上候」、六五一「差上申手形之事」など。
(58) 持田（英）家文書・七一八「覚」。
(59) 持田（英）家文書・一〇二一「辰巳之年御年貢皆済手形之事」。
(60) 持田（英）家文書・一〇八七「当巳ノ年貢米永金拌小物成皆済手形」、持田（英）家文書・一〇八六「覚」、持田（英）家文書・一〇九二「当午ノ年貢米金拌小物成皆済手形」、持田（英）家文書・一〇九一「覚」。
(61) 持田（英）家文書・七六「水所御見分ニ付御願無之趣書付」。
(62) 持田（英）家文書・三〇「大久保源右衛門分名寄帳」、三一「内藤金左衛門様分名寄帳」、三二「大久保長九郎様分名寄帳」、三三「大久保三太夫様分名寄帳」。
(63) 延宝四年検地帳（持田（英）家文書・三五「武州榛沢郡鉢形領荒川村辰御縄打水帳」）には「外除」分として「弐町四反廿壱歩　但林共　寿楽院寺中」との記載があり、明確に幕領の検地帳に寿楽院除地の記載がある。しかし、元禄一一年に作成された各領主別の名寄帳（持田（英）家文書・三〇「大久保源右衛門分名寄帳」、三一「内藤金左衛門様分名寄帳」、三二「大久保長九郎様分名寄帳」、三三「大久保三太夫様分名寄帳」）には、寿楽院の除地に関する記載がない。
(64) 持田（英）家文書・五九「武州榛沢郡荒川村高帳」。
(65) 持田（英）家文書・四一「寿楽院離末願一件」の（三）「乍恐以書付御願申上候」。「寿楽院離末願一件」は寺格昇格運動

の際に作成した一連の願書・覚書などをまとめて作成された史料である。本章では登場する文書の順番により（一）から仮番号を付し、出典を明示する。

(66) 弘光寺は東陽寺を始め荒川村周辺寺院の本寺である。宗派寺格上、弘光寺直末寺となることで周辺寺院と同格になる。

(67) 持田（英）家文書・四一「寿楽院離末願一件」の（二）「乍恐以書付御願申上候」。

(68) 持田（英）家文書・四一「寿楽院離末願一件」の（六）「乍恐書付を以奉願上候」。

(69) 持田（英）家文書・四一「寿楽院離末願一件」の（九）「乍恐以書付奉願上候」。

(70) 持田（英）家文書・三二五「離末弘光寺入用」。

(71) 持田（英）家文書・五八〇「奉願上候事」。

(72) 持田（英）家文書・六〇八「借用申金子証文之事」。

(73) 持田（英）家文書・七二六「寿楽院ニ付書状」。

(74) 宝暦期の寺格昇格運動決着後の、直近の「卯」年は明和八年（一七七一）になる。

(75) 持田（英）家文書・三三六「寺中日記」。

(76) 持田（正）家文書・五九「乍恐以書付申上候」。

(77) 小林前掲論文（註(3)参照）。なお、禅定門・禅定尼と信士・信女のどちらが上位の戒名位号とされるかは、地域差や宗派・寺院による差異があるとされている。

(78) 小林前掲論文（註(3)参照）、大藤前掲論文（註(3)参照）、宮川前掲論文（註(3)参照）。

(79) 武蔵国多摩郡福生村長徳寺の過去帳の分析により、福生村では禅定門・禅定尼よりも信士・信女が上位の戒名位号とされ、居士・大姉や信士・信女などの戒名位号を受ける家は決まっており、それらの家以外は禅定門・禅定尼に固定化されていたことが明らかにされている（『福生市史』上巻、一九九三年）。

(80) 持田（正）家文書・六〇「済口一札之事」。

(81) 寿楽院の現住職によると、持田家の戒名位号は元々信士であって、それが北条氏への被官化などを契機として布施を納め居士へと昇進していったとしている。また、村内における戒名位号の規定は、小前の家が成長する時期に確立したとされている。

第三章　近世前期地域支配体制の変容と土豪

はじめに

序章で述べたように、土豪をめぐる研究は、中世史・近世史双方からのアプローチによって、いま新たな展開を見せている。

従来の研究で土豪・侍衆は、土地所有論・経済論に基づく階級対立の視点から、村民と対立する存在として描かれてきた。しかし近年、社会集団論の手法の導入により、彼らは村や地域社会の人々の「生存」に積極的に関与していたと評価されるようになっている(1)。

吉田ゆり子氏(2)、小酒井大悟氏(3)は、和泉国大鳥郡上神谷地域および当該地域の山支配を請け負う山代官、土豪小谷家を取り上げ、近世前期の土豪と地域社会との関係を再検討した。吉田氏によれば、小谷家が一八世紀を通じて地域に対する支配的な権力を維持できたのは、一七世紀に新たに領主から任命された山代官としての立場を通じて、経済的・社会的地位を徐々に上昇させたためである。また小酒井氏は、小谷家が金融活動により百姓を下支えする役割を担ったこと、地域運営における村々の庄屋らの合議・寄合と小谷家の特別な地位とが併存していたことなどを明らかにした。両者の研究から、土豪が小百姓層の成長による一定の規制を受けつつも、領主権力との新たな結びつきや経済的優位性を保持することにより、地域内部において政治的に優位な立場を維持した実態が明らかになった。

　小谷家を地域社会でのヘゲモニーを握る権力主体としていたのは領主権力との結合である。しかし上神谷地域は、単一領主支配が行われた地域であることに特徴がある。先行研究を見ても、近世前期の関東のように、領主支配の錯綜や交代などの影響を受ける地域における、政治的権力の推移については、十分な検討がなされていない。領主支配の錯綜が見られず、地域的一体性の強い上神谷地域とは違い、領主支配の錯綜や交代が激しく、それにより地域秩序が大きく変化する地域では、政治的権力としての土豪の地位にまた違った様相が見られるのではないだろうか。

　一九八〇年代後半以降の近世村落史研究や地域社会論は、領主による地域編成や政策の影響を強調する幕藩制国家論を相対化し、村や地域の自律的な社会像を示してきた。しかし渡辺尚志氏(4)が提起するように、領主の交代や政策の変化などの影響を重視した一七世紀村落論の深化が、これからは重要であろう。

　そこで本章では、近世前期の関東において、領主交代・新政策の導入・領主錯綜状態の進行に伴い、地域の政治的権力としての土豪の地位がどのように変容するのかを解明する。とくに、領主政策の中でも、領主―領民関係の根幹である年貢の徴収・納入に注目する(5)。

　分析対象とするのは、武蔵国久良岐郡本牧領永（長）田郷・永田村（現・神奈川県横浜市南区）の名主服部三郎右衛門（服部一族の本家であり、「武兵衛」「十左衛門」とも名乗る。元禄期以降は彦六をおもな家名とする）家である。なお、戦国末期永田郷と近世永田村との村の範囲は変更がなく、近世を通じて幕領であった。

　すでに著者は、永田村の展開過程と土豪の変容過程を分析し、①服部三郎右衛門は、延宝七年（一六七九）に代官手代に就任したことにより名主役を退役し、分家に名主役を任せたこと、②貞享四年（一六八七）に名主役に関する出入（貞享期出入）が本家の三郎右衛門と分家の吉右衛門の間で発生したこと、③その背景には、名主役を務めるようになった分家の、村内における政治的・経済的地位の上昇があること、④貞享期出入は、村を二分する組分けにまで発展する享保期出入発生の要因の一つになったこと、⑤服部家は、元禄期には土豪的なあり方を転換して、近世的村役人化を遂げたこと、⑥服部家本家を中心とした一元的な村政運営機構は、享保期出入を画期として、村内の二つの集落に即して二分したことを明らかにしている。[(6)]

一　戦国末期〜延宝五年の服部家と地域社会

1　近世初期までの服部家と地域社会

北条氏が一六世紀中ごろまでに作成した分限帳『小田原衆所領役帳』[(7)]によると、久良岐郡内の北条氏家臣の所領配置は、玉縄城主北条左衛門大夫綱成が本牧に一五〇貫文（全体一三七〇貫余）を領有するほか、玉縄衆間宮豊前守康俊が杉田で三〇〇貫文（全体六九八貫余）、御家中衆宅間某（富朝か）が長（永）田で五〇貫文（全体三〇〇貫文）であった。杉田は間宮氏の本貫地である。間宮氏は一族発祥の地である杉田に本拠地として館を構え、北条氏の下で活動していた。[(8)]

一方、服部家は天正九年（一五八一）の北条氏朱印状[(9)]から、永田郷の小代官[(10)]を務めていたことがわかる。永田郷は北条氏家臣宅間氏[(11)]の知行地であり、小代官服部家は「公方役」である段銭徴収などを担っていた。久良岐郡における小代官は、永田郷服部家以外には、寺尾郷・戸部郷にしか見られない。[(12)]当該期の小代官服部家は、永田郷周辺地域のきわめて有力な家の一つであったと思われる。

近世の久良岐郡は本牧領と金沢領に分かれており、[(13)]永田村は本牧領に属した。北条氏家臣である玉縄衆間宮康俊の孫直元は、天正一八年に徳川家康に見出されて出仕し、慶長三年（一五九八）に本牧領の代官となった。[14] 自身の知行地は下総国印旛郡・千葉郡のうち一〇〇〇石であったが、同じ一族の間宮信繁は、本貫地である杉田・中里両村に五〇〇石の知行を与えられていた。[15] 久良岐郡本牧領の代官職は、三代後の間宮正次が寛文五年（一六六五）に職を辞するまで、間宮氏が務めた。

間宮氏は代官頭大久保長安の配下であり、関東代官のみならず、生野銀山奉行（代官）としても活躍しており、久良岐郡杉田村・永田村・町屋村には間宮一族の陣屋が設置された。[16] 近世初期の段階で、永田村は久良岐郡内における代官間宮氏の支配上の重要拠点であった。

なお服部家文書中には、間宮氏が代官だったときの手代、橋本勘右衛門（寛永期）、嶋田太郎兵衛（正保～万治期）、細井伊兵衛（承応～明暦期）の名が見られる。なかでも橋本勘右衛門は、『新編武蔵風土記稿』[17] に本郷村の「旧家者百姓」として挙げられる、北条氏旧臣とされる在地の土豪である。[18]

以上のように、戦国末期から近世初期の久良岐郡本牧領では、北条氏支配以来の由緒を持ち、代官頭大久保長安に近い間宮氏による支配が、形を変えつつも継承されていた。また、北条氏支配下で小代官を務めた服部家は、近世初期、代官間宮一族の陣屋元村永田村の名主役を務め、陣屋が引き払われた後も継続した。

2　年貢米納入体制の形成

天正期から万治期にかけて、久良岐郡の村々は、大半が幕領であった（表14）。この時期の服部家は、永田村の名主役を務め、同村の年貢収納を担っていた。なお、服部家は一時的な中断時期（延宝七～元禄三年〈一六七九～九〇〉など）がありながらも、近世を通じてほぼ世襲的に名主役を務めた。

表 14　久良岐郡本牧領村々の領主変遷

<table>
<tr><th rowspan="2">本牧領村名</th><th rowspan="2">天正</th><th rowspan="2">文禄
～
明暦</th><th rowspan="2">万治</th><th rowspan="2">寛文</th><th colspan="2">延　　宝</th><th rowspan="2">天和</th><th rowspan="2">貞享</th><th rowspan="2">元禄</th><th rowspan="2">宝永</th><th rowspan="2">正徳</th></tr>
<tr><th></th><th>延宝 7 年
郷蔵納め</th></tr>
<tr><td rowspan="3">本　郷</td><td colspan="4" rowspan="3">幕領</td><td rowspan="3">幕領</td><td rowspan="3">—</td><td colspan="3" rowspan="3">幕領</td><td>幕領</td><td>私領</td></tr>
<tr><td colspan="2">私領</td></tr>
<tr><td colspan="2">私領</td></tr>
<tr><td>北　方</td><td colspan="4">幕領</td><td>幕領○
（須田）</td><td>—</td><td colspan="3">幕領</td><td colspan="2">私領</td></tr>
<tr><td>横　浜</td><td colspan="4">幕領</td><td>幕領
（須田）</td><td>10 俵</td><td colspan="3">幕領</td><td colspan="2">私領</td></tr>
<tr><td rowspan="2">中</td><td colspan="4" rowspan="2">幕領</td><td rowspan="2">幕領</td><td>—</td><td rowspan="2">幕領</td><td colspan="4">幕領</td></tr>
<tr><td>—</td><td colspan="4">私領</td></tr>
<tr><td>堀之内</td><td colspan="4">幕領</td><td>幕領</td><td>—</td><td colspan="5">幕領</td></tr>
<tr><td rowspan="4">根　岸</td><td colspan="4" rowspan="4">幕領</td><td rowspan="4">幕領</td><td>—</td><td colspan="3" rowspan="4">幕領</td><td colspan="2">私領</td></tr>
<tr><td>—</td><td colspan="2">私領</td></tr>
<tr><td>—</td><td colspan="2">私領</td></tr>
<tr><td>—</td><td>幕領</td><td>私領</td></tr>
<tr><td>戸　部</td><td colspan="4">幕領</td><td>幕領</td><td>—</td><td colspan="5">幕領</td></tr>
<tr><td>滝　頭</td><td colspan="4">幕領</td><td>幕領</td><td>—</td><td colspan="3">幕領</td><td colspan="2">私領</td></tr>
<tr><td rowspan="2">磯　子</td><td colspan="4" rowspan="2">幕領</td><td>幕領</td><td>—</td><td colspan="3" rowspan="2">幕領</td><td colspan="2">私領</td></tr>
<tr><td>幕領</td><td>—</td><td colspan="2">私領</td></tr>
<tr><td rowspan="3">岡</td><td colspan="4" rowspan="3">幕領</td><td rowspan="3">幕領○
（須田）</td><td rowspan="3">58 俵</td><td colspan="3" rowspan="3">幕領</td><td colspan="2">私領</td></tr>
<tr><td colspan="2">私領</td></tr>
<tr><td colspan="2">私領</td></tr>
<tr><td>吉田新田</td><td colspan="2">—</td><td colspan="2">幕領</td><td>幕領</td><td>—</td><td colspan="5">幕領</td></tr>
<tr><td>太　田</td><td colspan="4">幕領</td><td>幕領</td><td>—</td><td colspan="5">幕領</td></tr>
<tr><td>井土ヶ谷</td><td colspan="4">幕領</td><td>幕領○
（須田）</td><td>57 俵</td><td colspan="2">幕領</td><td colspan="3">聖堂領</td></tr>
<tr><td>蒔　田</td><td colspan="4">幕領</td><td>幕領</td><td>—</td><td colspan="5">幕領</td></tr>
<tr><td rowspan="2">上大岡</td><td colspan="4" rowspan="2">幕領</td><td rowspan="2">幕領</td><td rowspan="2">—</td><td colspan="3" rowspan="2">幕領</td><td colspan="2">私領</td></tr>
<tr><td colspan="2">私領</td></tr>
<tr><td>下大岡</td><td colspan="4">幕領</td><td>幕領</td><td>—</td><td>幕領</td><td colspan="4">私領</td></tr>
<tr><td>森公田</td><td colspan="4">幕領</td><td>幕領</td><td>—</td><td colspan="4">幕領</td><td>私領</td></tr>
<tr><td>森雑色</td><td colspan="4">幕領</td><td>幕領</td><td>—</td><td colspan="4">幕領</td><td>私領</td></tr>
<tr><td>森中原</td><td colspan="4">幕領</td><td>幕領</td><td>—</td><td colspan="4">幕領</td><td>私領</td></tr>
<tr><td>杉　田</td><td>幕領</td><td colspan="4">私領</td><td>—</td><td colspan="5">私領</td></tr>
<tr><td>笹下中里</td><td>幕領</td><td colspan="4">私領</td><td>—</td><td colspan="5">私領</td></tr>
<tr><td>矢部野</td><td colspan="3">幕領</td><td>私領</td><td>幕領○
（佐藤）</td><td>24 俵</td><td colspan="2">幕領</td><td colspan="3">私領</td></tr>
</table>

峰	幕領	私領	幕領○ (佐藤)	21 俵	幕領	私領
栗　木	幕領	私領	幕領○ (佐藤)	28 俵	幕領	私領
田　中	幕領	私領	幕領○ (佐藤)	24 俵	幕領	私領
雑　色	幕領	私領	幕領○ (佐藤)	—	幕領	私領 私領
松　本	幕領	私領	幕領○ (佐藤)	—	幕領	私領 私領 私領
関	幕領	私領	幕領○ (佐藤)	39 俵	幕領	私領
最　戸	幕領	私領	幕領○ (上田)	28 俵	幕領	聖堂領
久　保	幕領	私領	幕領○ (上田)	38 俵	幕領	聖堂領
別　所	幕領		幕領○ (上田)	36 俵	幕領	私領 私領
中　里	幕領		幕領○ (上田)	33 俵	幕領	聖堂領 私領
弘明寺	幕領		幕領○ (須田)	14 俵	幕領	聖堂領
永　田	幕領		幕領 (須田)	—	幕領	
引　越	幕領		幕領○ (須田)	32 俵	幕領	聖堂領
岩間町	幕領		幕領	—	幕領	橘樹郡に編入

出典：本表は，『新編武蔵風土記稿』『神奈川県の地名』（平凡社，1984年）を参考に作成した。
註：延宝期の○は史料3の差し出し部分に名前が載っていた村々である。表中の延宝7年郷蔵納めの俵数の出典は服部家文書 状206～208・210～220。なお，分かりやすいように私領・聖堂領に網掛けをほどこした。

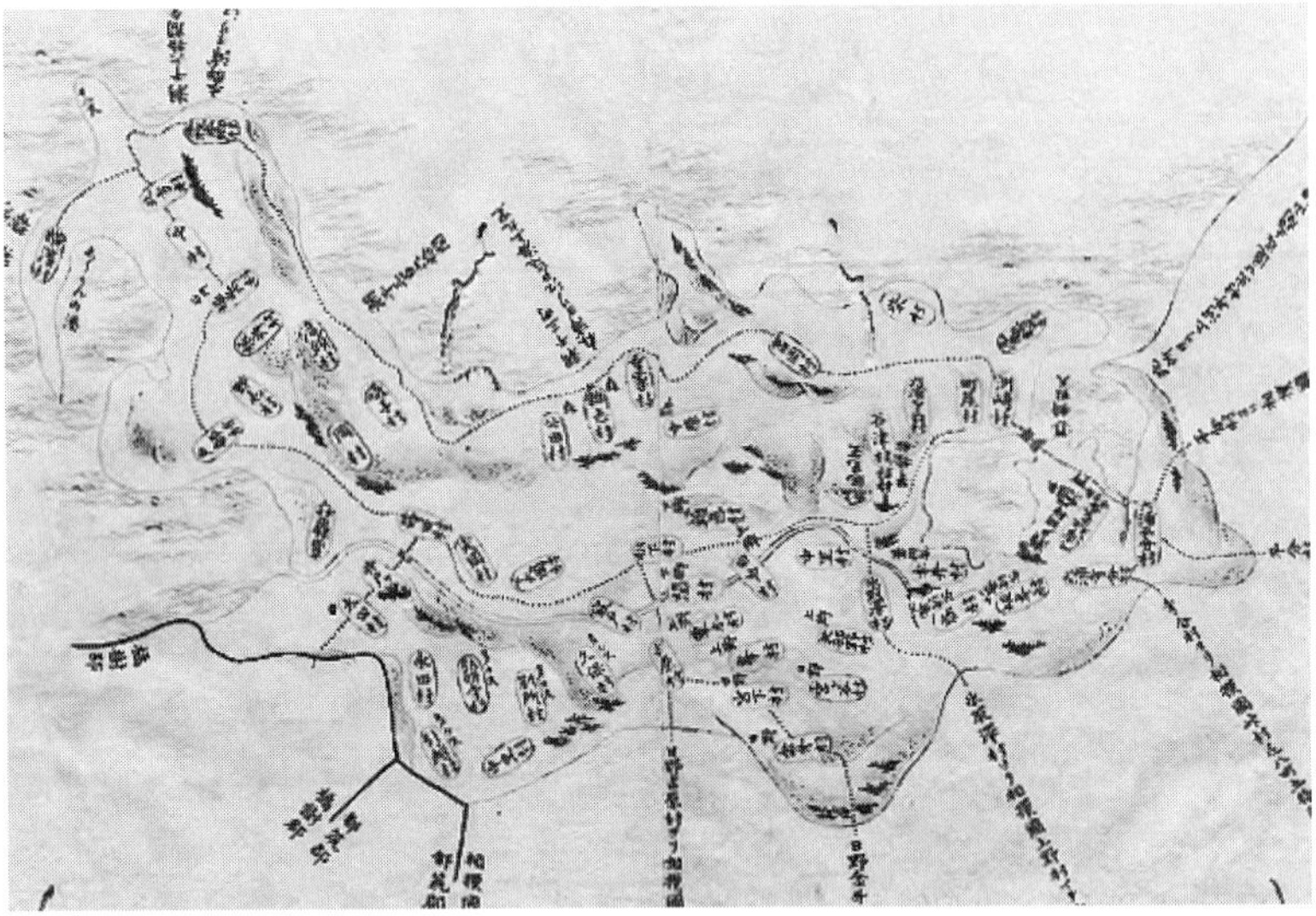

図7　武蔵国久良岐郡元禄年中改定図（国立公文書館所蔵「新編武蔵風土記稿」173-210-73）

まず、当該地域の年貢米納入の過程を見よう。史料1は、寛文元年一二月四日、永田村の隣村弘明寺村又右衛門が永田村名主服部武兵衛に提出した、年貢米授受に関わる証文である。

【史料1】[19]

舟ニつミ渡し申御城米之事

一御城米七拾五表ハ、御蔵納表(破損)□江戸浅草ニてぬれくつろぎあらため、慥ニ請取御納可被成候、為後日如此ニ候、以上、

寛文元年　　弘明寺村

丑ノ極月四日　　又右衛門㊞

永田武兵衛殿

各村の位置は、図7を参照していただきたい。史料1では、弘明寺村又右衛門が、年貢米七五俵を幕府の浅草御蔵に運び、濡米などの有無を吟味して納入することを依頼している。

寛文四年には、井土ヶ谷村藤右衛門が、永田村武兵衛に浅草御蔵への年貢米納入を頼んでいる。[20]この依頼状で

は、横浜村から「よこはま舟主　新右衛門」に依頼して津出しを行い、江戸浅草まで運んでいる。また、明暦二（一六五六）・四年および寛文元・三・四年に近隣村の年貢米輸送を担った記録が、服部家文書中に存在する。[21]一方、幕府が年貢米輸送に関わる規定などを定めた様子はうかがえず、幕府は浅草御蔵までの年貢米輸送については村の名主・組頭が責任を持って行い、代官がそれを監督するべきだという認識を持っていた。[22]

このように服部家は、戦国期には永田郷の小代官として、徳川氏入部以降は永田村の名主として、郷・村内部の年貢徴収を担っていた。さらに、寛文期には、服部家が近隣村落（井土ヶ谷村・引越村）の年貢米の江戸廻米を頻繁に引き受け、納名主として横浜村から津出しを行い、浅草御蔵へ納入していた。つまり、個々の村々が江戸浅草の幕府御蔵まで、それぞれの裁量・負担で年貢米輸送・納入を行う体制が形成されていたのである。

永田村武兵衛は、個々の村が自己裁量で行う年貢米輸送・納入に、ときに永田村周辺地域の納名主として関わることもあった。この時期には、服部家が年貢米納入に携わる村々の範囲は近隣村落に限定されており、本牧領の幕領一円などに広がるものではなかったと思われる。

3　年貢米納入体制の確立

寛文二年一月、四代将軍徳川家綱の側衆である久世広之が、若年寄に昇進したことで久良岐郡に五〇〇〇石を与えられると、久良岐郡内の所領分布は変化した（表14）。[23]さらに寛文五年、本牧領代官であった間宮正次が小普請となり、[24]代わって坪井次右衛門長勝が本牧領代官となった（表15）。

坪井氏は北条氏に仕えていたとされているが、『小田原衆所領役帳』[25]にその先祖の名は見えない。また、坪井家の知行は蔵米二〇〇俵で、久良岐郡内には知行地を持っていない。[26]北条氏支配以来の確たる由緒と基盤（所領など）を

表15　永田村の領主の変遷とおもな出来事

年　　代	代　　　官	おもな出来事
慶長3年	間宮新左衛門直元	間宮直元代官初見
寛永3年	間宮彦二郎忠次	間宮忠次代官初見
寛永14年		保土ヶ谷定助郷
寛永21年		岩間町開発
正保3年	間宮権三郎正信	間宮正信代官初見
慶安4年	間宮新左衛門(熊之助)正次	間宮正次代官初見
寛文2年		本牧領一部が久世領へ
寛文4年		横浜村よりの輸送
寛文5年	坪井次右衛門長勝	坪井長勝代官初見／運賃制度・野毛浦よりの輸送・上乗などが整備
寛文9年		本牧領一部が天領へ
寛文12年		弘明寺村へ養子
延宝4年	坪井甚之丞	坪井甚之丞代官初見
延宝6年	坪井次右衛門(牛之助)	坪井次右衛門代官初見／四分の一籾納め開始
延宝7年		服部武兵衛代官手代役就任，同時に名主退役
天和3年	国領半兵衛重次	国領重次代官初見
貞享4年	西山六郎兵衛昌春	西山昌春代官初見／服部家本家分家間で名主役をめぐる出入発生
元禄2年	細井九左衛門政次	細井政次代官初見／これ以前に服部武兵衛手代役退任
元禄3年		服部彦六名主役就任
元禄5年		本牧領一部が柳沢領へ
元禄7年ごろ		服部彦六割元役就任
元禄12年	駒沢儀助 後藤六太夫 金沢才右衛門	
宝永1年	雨宮勘兵衛	雨宮勘兵衛代官初見
宝永2年	河原清兵衛正真	河原正真代官初見
正徳1年	樋口又十郎兼堯	樋口兼堯代官初見
正徳3年	小林又左衛門正府	小林正府代官初見
正徳4年	河原清兵衛正真	河原正真代官初見
享保7年	江川太郎左衛門英勝	江川英勝代官初見
享保8年	松平九郎左衛門尹親	松平尹親代官初見
享保9年	日野小左衛門正晴	日野正晴代官初見
享保10年		服部家本家分家間で名主役をめぐる出入発生
享保14年	田中休愚喜古	田中喜古代官初見／名主役出入が終結し，永田村は二分する

出典：服部家文書所収の年貢割付状など。また，西沢淳男編『江戸幕府代官履歴事典』(岩田書院，2001年)を参照した。

持つ間宮氏とは、大きく異なる存在であると言えよう。

寛文五年の代官交代を境に、村落内の年貢算用過程が変化した。寛文五年以前、年貢小割帳などの作成者には名主三郎右衛門の名が単独で現れ、個々の名請人はそれぞれの決定された年貢量算定部分に印を押すのみであった。ところが寛文五年、永田村では初めて、年貢割付状に割付状を確認した旨を記した別紙を継いだ、惣百姓連印文書が作成された[27]。寛文五年以後も名主服部家が年貢を徴収することに変わりはないが、年貢の全体像や算用過程が小前層に広く公表されるようになったのである。

また、年貢割付状の文言が、間宮期の「右之通、郷中百性(姓)不残立合無高下様ニ割仕、霜月中ニ急度可致皆済者也、仍如件[28]」から、坪井期には「右之通、大小百性(姓)不残立合無高下致内割、来霜月廿日前可有皆済候、若令油断は譴責を以急度曲事可申付者也[29]」になった。年貢納入時期の厳格化と、年貢未進に対する厳しい姿勢がうかがわれる。

年貢米納入体制にも変化があった。時代はやや下るが、享保一一年（一七二六）に作成された永田村の「村明細帳」に、次のような記述がある。

【史料2[30]】

一御城米之儀、同郡戸部村之内野毛浦迄道ノリ壱里三丁津出シ仕候、従　御公儀様御運賃壱分三リン被下之候へ共、壱分三リンニてハ船手ノ者積不申候ニ付、七リン足シ、都合弐分ニテ積申候、尤足米ノ義、米ノ高ニ掛出申候事、

永田村の年貢米は、戸部村野毛浦を通って江戸に送られた。そのさいの運賃として幕府から年貢一俵につき一分三厘が支給されていたが、それだけでは不足するので、さらに村で七厘を足して二分で輸送したという。つまり、運賃の大半が幕府から支給されていた[31]。

貞享四年（一六八七）一一月の「御勘定組頭幷御代官可心得御書付」[32]には、「御年貢米附届候駄賃、有来通、其村より道法五里之外ハ駄賃銭可被下之」とあり、年貢米輸送の駄賃について、道法五里以上の部分を「有来通」支払うとしている。これは従来までの駄賃に関する規定を幕府が追認したことを意味する。

貞享期以前の年貢米輸送・納入は、代官の監督の下、村の名主らの責任により行われており、幕府の関与は認められない。であるならば、この従来の駄賃に関する規定は、年貢米輸送などを監督し、現場を熟知した代官により定められたと考えることができよう。

では、駄賃支給はいつごろから見られるようになるのだろうか。

寛文六年七月作成の寛文五年分年貢皆済目録[33]には、「右は度々納小手形を以勘定究、外御種借本利・運賃差引、口米・口銭共皆済也、仍如件」とあり、運賃が年貢から控除されていたことがわかる。つまり寛文五年には、代官による年貢米輸送にかかる運賃の支給が行われるようになっていた。また、寛文四年までは横浜村船主を通じて年貢米輸送を行っていたが、翌年を境に、戸部村野毛浦から津出しされるように変更された。永田村の江戸浅草御蔵への年貢米輸送にかかる運賃・津出しの場所は、これ以降近世を通じてほぼ固定化された。

寛文四年までは、村々が年貢米輸送・納入を自らの費用で、それぞれの判断により行っていた。しかし代官が交代した寛文五年ごろ、代官が江戸の浅草御蔵への年貢米輸送にかかる運賃を支給する規定を整備したのに伴い、年貢米輸送路が確定され、基本的な年貢米納入体制が確立した。

二　延宝六年以降の服部家と地域社会

1　服部武兵衛の代官手代就任と置籾の開始

前節では、本牧領の年貢米納入体制、およびそのなかでの服部家の役割を分析した。続いて、服部武兵衛が代官手代に就任する時期を取り上げ、代官の政策により服部家の地域における政治的権力としての存在形態がどのように変化していくのかを明らかにする。

若年寄昇進とともに久良岐郡に五〇〇〇石を与えられた久世広之は、その後も加増を受け、寛文九年（一六六九）六月、下総国関宿城五万石を領することとなった。すると、それまで久世氏が領有していた久良岐郡内の所領は、幕領に組み入れられた（表14）[34]。

一方、幕領代官の交代を見ると、寛文五年に本牧領代官に就任した坪井次右衛門長勝が延宝四年（一六七六）に死去し、養子の甚之丞某がその跡を継いだ。しかし、甚之丞は代官になってわずか二年後の延宝六年に死去し、同年七月に坪井次右衛門某が継承した（表15）。

その翌年にあたる延宝七年、永田村の服部武兵衛[35]は、坪井代官から手代役就任を命じられた[36]。武兵衛が作成した貞享四年（一六八七）の覚書[37]には、延宝七年の代官手代役就任について「九年以前未年、名主役杢右衛門・吉右衛門隔年ニさせ申時分、十左衛門御手代役仕候[38]」と記されており、十左衛門（武兵衛）が代官手代に、服部家分家の吉右衛門・杢右衛門が名主に就任したことがわかる。

代官手代に任命された当初、武兵衛の最大の仕事は、坪井代官による置籾政策を推進することであった。史料3は、延宝七年、田中村の六郎右衛門ら一六か村の代表者が代官に提出した、置籾に関する請書である。

【史料3】(39)

指上ヶ申手形之事

一当未之四ヶ一籾納之義、郷御蔵へ納置、庭帳指上ヶ申、正月御改之時分、少も相違之義御座候ハヽ、何様之御仕置ニも可被仰付候、少も御訴訟無御座候、

一同残米之義、米拵俵拵成ほと念被入、郷御蔵へ納置申候、是又来正月十一日境ニ船積被仰付候、少も滞申間敷候、

右之通り相背申候ハヽ、此加判之者とも何様之御仕置被仰付候とも一言之御訴訟無御座候、為後日連判を以如此御座候、以上、

延宝七年　　　　　　　　田中
未十二月廿九日　　　　　六郎右衛門㊞

（後略）

この手形では、①年貢米（籾）の四分の一を郷蔵に納め、庭帳を作成し、翌年の正月に確認すること、②残った米は郷蔵に納め、翌年の正月一一日を境に船に積むことを約束している。この①に該当する部分が、坪井代官が導入した置籾政策の内容である。

続いて永田村の南東に位置する近村岡村の延宝七年年貢納入記録から、その内訳を見よう。

【史料4】(40)

未之年御年貢納本払

一米弐百三拾三俵六升弐合　　御年貢
一米六俵弐斗五升　　口米
　合弐百三拾九俵三斗壱升弐合
　　此払
米五拾八俵　　籾ニて郷御蔵へ納辻
米百拾弐俵　　御城米一番廻シ
米拾俵　　同二番廻シ
米弐俵壱斗五升　　右両度運賃
米四升　　小検見御夫持方ニ渡ル
　払合百八拾弐俵壱斗九升
　残五拾七俵壱斗弐升弐合
右之通未之御年貢本払如此御座候、以上、
　延宝七年
　　未十二月日
　　　　　　　　　　　　岡村名主　二郎兵衛㊞
　　　　　　　　　　　　　年寄　栄之助㊞
　　　　　　　　　　　　　同　次兵衛㊞
　　　　　　　　　　　　　同　伊左衛門㊞
　御代官様

このなかで「籾ニて郷御蔵へ納辻」とされている五八俵が、史料3の「四ヶ一籾納」（四分の一籾納めの分）にあたるものである。実際、郷蔵に納めた五八俵は延宝七年分の年貢全体二三九俵余の約二四%に相当する。表14によると、この置籾政策によって、各村の郷蔵に合計四四二俵の年貢米が貯穀された。

置籾は、村々に厳しく強制された。史料5は、延宝八年正月、岡村が代官に提出した上申書である。

【史料5】(41)

指上ヶ申一札之事

一未之御年貢四ヶ一籾納、百姓前取立候へ共、御蔵え入不申ニ付、御せんさく之上籠舎可被仰付之由御尤奉存候、御訴訟申上ヶ、今明両日之内御蔵え入置可申候間、御改封印可被成候、若遅納仕候は、何様之御仕置被仰付候共、一言之申分ヶ無御座候、為其一札如此御座候、以上、

延宝八年

申ノ正月十三日

岡村
名主　次郎兵衛㊞
年寄　栄之助㊞
同　次兵衛㊞
同　伊左衛門㊞

御代官様

延宝七年分の置籾を納めていなかった件で詮索を受け、籠舎を命じられた岡村名主らが、一両日中に置籾を蔵に納入するので、確認して封印してほしいと述べている。同内容の代官宛ての上申書は、同じく永田村近村の北方村(42)についても見られる。こうした文書が服部家文書中に伝存するのは、武兵衛が代官手代として管轄地域の郷蔵へ行き、籾数を調べ、郷蔵に封印をしていたからであろう。

この置籾政策は、具体的にはいつから始まったのか。

【史料6】(43)

請取申金子之事

合弐拾九両三分は但江戸小判也、

金七両ハ　久保村

内　金八両弐分ハ　最戸　此金服部武兵衛ゟ

金七両　別所　うけ取

金七両壱分　中里

右是ハ午之歳置籾米之儀、払候代金之内村々うけ取申候、重て本手かた引かへ可申候、以上、

延宝七年未十月五日　上田八兵衛㊞

右之村々名主中

史料6は、延宝七年に前年分の置籾を売却する過程で作成された、代官手代の金子請取証文である。延宝六年に郷蔵に納められた年貢籾は翌年売却され、武兵衛が金銭で代官手代に上納し、代官手代から受取手形が発給された。坪井代官管下では、置籾は遅くとも代官が交代した延宝六年から行われていたのである。このように武兵衛は置籾の納入管理・取締り・売却・その代金の納入などを行い、代官手代として在地における置籾政策の運営主体となっていたのであった。

以上の置籾政策の推移から、坪井代官の下には、本牧領内を管轄する代官側近の手代数名と、地元で活動する手代である武兵衛がいたことがわかる。地元代官手代として武兵衛が管轄する範囲では、少なくとも須田久右衛門・佐藤

郷左衛門・上田八兵衛の三人が、代官側近の代官手代として確認できる。武兵衛を通じた置籾代金の回収指示書から、各代官手代の管轄範囲を割り出して、表14の延宝期の欄に示した。北方村から引越村までの一八か村が代官手代武兵衛の管下であった。

この村々は、置籾の請書である史料3の後略部分に記載がある村々にほぼ対応する。つまり、服部家が置籾取締りなどに関わっていた地域は、久良岐郡本牧領の全幕領村三六か村のうち、半分にあたる一八か村であった。

坪井代官の導入した置籾は、史料の伝存状況から判断するに、延宝八年以降は行われなかったようである。置籾政策終了後の武兵衛は、代官手代としてどのような役割を担ったのか。

天和三年（一六八三）三月の年貢受取手形から、服部家が野高銭を矢部野村から徴収し、それを代官手代佐藤郷左衛門に上納し、後日「佐藤郷左衛門殿手形」を矢部野村八郎兵衛へ与えたことがわかる。また同年七月の金子受取手形では、北方村又五郎から未進年貢米分金四両を受け取り、それを代官役所へ納入し、後日「中原ゟ本手形取引替」ている様子がうかがえる。延宝八年以降の武兵衛は、在地からの役銭などの納入を代官側近の手代へ取り次ぐ役割を担っていた。

服部家分家の代理名主から服部三郎右衛門（武兵衛の子、のちに彦六と名乗る）へ名主役交代を願う元禄二年（一六八九）の文書によると、この時点ですでに、武兵衛は病気を理由に代官手代役を退役している。退役の時期は定かでないが、貞享四年に武兵衛は代理名主の分家吉右衛門に「名主免」の土地について訴えられた。

この出入のさい、吉右衛門は「九年以前未年、名主役杢右衛門・吉右衛門隔年ニさせ申時分、十左衛門御手代役仕候故、我かまゝにて右名主免かへし不申候、其はなむけニ役米ノ外ニ米弐俵・金壱分ツヽ、隔年名主方へ出し申定ニ仕候処、弥我かまゝニて右役米・合力米ニも埒明不申迷惑仕候」と主張した。つまり、九年以前（延宝七年）に、服部十左衛門（武兵衛）は手代役に就任した。それに伴い、分家の杢右衛門・吉右衛門が代理名主に就任した。そのとき、武兵衛は自らが所有する「名主免」の土地を手放さず、その代わりに支払うとしていた「役米・合力米」をも支払っていないと、吉右衛門は述べている。

この主張から、延宝七年から出入が起きる貞享四年まで、武兵衛が手代役を務めていたのではないかと推測できる。したがって武兵衛が手代役を退役したのは、貞享四年から元禄二年の間だろう。

一七世紀末の本牧領には、役割に違いがあり、所在地も異なる二とおりの代官手代が存在した。須田久右衛門ら中原陣屋にいる代官手代は、坪井代官の側近で年貢諸役銭の請取状を発給するなど最終的な政務を取り仕切っていた。一方、同じ代官手代ではあるが、延宝七年の置籾政策開始とほぼ時を同じくして代官手代役に登用された武兵衛は、置籾政策実施時、在地で管下村々の置籾の納入管理・取締り・売却などを担当していた。置籾政策終了後は、在地の年貢諸役銭を徴収し、中原陣屋の代官手代に取り次ぐ役割を担った。

なお、武兵衛（服部家本家）が手代を務めている間の永田村の年貢徴収は、服部家分家が行っており、武兵衛は村内の年貢勘定には関わっていない[48]。分家の吉右衛門らが代理で名主を務め、年貢米を戸部村野毛浦から津出しし、浅草まで輸送していた。

2　服部彦六の割元役就任と年貢米納入体制

元禄期、久良岐郡本牧領の村々の一部は柳沢吉保領などになり、所領が錯綜した（表14）。元禄七年ごろから代官手代を務めた武兵衛の子である彦六は、錯綜した所領内の名主を統轄し、代官からの法令などの伝達や、管下村々の訴訟に対応する割元役に就任した（表15）。

本項では、割元役の地域内部における役割や管轄範囲を、具体的な年貢収取の事例から見ていこう。史料7は、元禄一五年に代官手代錦織九右衛門が割元彦六に宛てて作成した指示書である。

【史料7】(49)

覚

米拾五俵弐斗弐合五夕弐才　　但三斗八升入

右は本牧領村々午納米之内、江戸廻シ米石高四百五拾四石四升之運賃也、

但、三斗八升入百俵ニ付壱俵三歩宛、運賃船頭方え可被相渡者也、

元禄十五年午十二月九日　　錦織九右衛門㊞

永田村

割元彦六殿

史料7では、割元である彦六に、「本牧領村々」から江戸へ廻米する年貢米四五四石余の輸送運賃の支払いを命じている。代官手代の指示である点や限定することなく「本牧領村々」を範囲としている点を勘案すると、本牧領の幕領全体ということになろう。つまり、服部家が年貢諸役徴収を管轄する範囲が、本牧領幕領の約半分から全体へと広がっている点が注目される。

当該期には、本牧領の幕領全体で集めた年貢米の一部の売却を、彦六が行っている。元禄一五年に代官手代藤井長兵衛が作成した手形(50)では、「右は本牧領巳御年貢納米之内、御売米ニ成代金不残請取相納候間、右米高買主方え可被相渡者也」、つまり代官手代が本牧領幕領の年貢米のうち売却分の代金を受け取ったので、彦六に対してその分の米を買い主方へしかと渡すべき旨を命じている。

元禄一五年四月の年貢米売買証文[51]によると、永田村・引越村・戸部村から取り集めた年貢米を、橘樹郡帷子町の長兵衛・伝兵衛に売却している。太田村・中村・蒔田村についても、同年同月に作成された年貢米売買証文[52]が存在する。帷子町は、橘樹郡保土ヶ谷宿組四か町（岩間町・保土ヶ谷町・神戸町・帷子町）の一つで、久良岐郡北西部に接する経済拠点である。服部家はそこで、本牧領幕領から取り集めた年貢米の一部を売却し、換金していた。

本牧領内の所領錯綜が進行した元禄期に、服部彦六は割元役として本牧領の幕領全体の年貢米徴収・売却を管轄していた。宝永期には、さらに多くの村々が私領になる。幕領であるのは本牧領全三六か村中一二か村だが、その大半も正徳期には私領になった（表14）。

そして宝永五年（一七〇八）以降、服部家文書中から「割元役」の語が消える。さらに当該期には、地元代官手代や割元からの年貢納入指示も見られない。服部家は元禄三年に名主に復帰するが、以後は自村の年貢納入にしか関わっていない。年貢米徴収に割元役の関与は見られなくなり、年貢米は寛文五年から延宝六年と同じように、代官側近の手代の指示で野毛浦から江戸浅草へ廻米するようになったと思われる。

代官の政策に合わせて、服部家は代官の地域支配を支える代官手代に就任した。その後、元禄の地方直しによる領主支配の枠組み（管轄範囲）の変化に伴い、服部家は地域運営を担う割元役に就任した。服部家が、どのような経緯により割元役に就任したのかは不明である。しかし、置籾政策終了後の手代としての役割と割元役としての役割に、年貢米の換金や換金した金銭の上納など共通点が多いことを勘案すると、服部家が割元役に就任した要因の一つは、地元代官手代としての活動であったのではないかと推測される。宝永期以降には、久良岐郡内の幕府領の減少とともに、地域内部での管轄範囲は縮小し、最終的には同一領主支配を契機とする地域的結合は見られなくなっていった。

表16　延宝5年小作米・利米・利金表

	場　　所	額
小作料	永田村	84俵3斗
	井土ヶ谷村	80俵8升
利米・利金による収入	北永田	米27俵2斗3升・金8両3分・銭8貫800文
	南永田	米6俵3斗2升・金5両1分・銭2貫350文
	井土ヶ谷分	米10俵2斗4升・金23両3分・銭1貫300文
	他所之分	米58俵8升・金4両3分・銭2貫文
利米・利金による収入の内「他所之分」の内訳	中村 十郎左衛門	金1両1分・米6俵
	中村 勘右衛門	米22俵
	中村 藤左衛門	米5俵
	岡村 十右衛門	金2分400文
	岡村 次右衛門	金1分800文
	上太田村 忠右衛門	金1両800文
	宮ヶ谷村 八郎兵衛	金1両
	松本村 与市右衛門	米6俵
	森村 庄三郎	米1俵8升
	久瀬分	米18俵
	不明 十三郎	金3分

出典：服部家文書 冊30。

3　服部家の村・地域における経済基盤

代官手代・割元役などに就任することによって、服部家は地域における政治的権力としての地位を上昇させてきた。このことは、村や地域における服部家の経済基盤に、どのような影響を及ぼしたのであろうか。

まず、代官手代役就任以前の服部家の、地域における経済基盤を明らかにする。材料とするのは、延宝五年「小作米利米利金本帳」である（表16）。

表16によると、服部家は永田村内で八四俵余の小作料を得るのみならず、隣村井土ヶ谷村でも八〇俵余の小作料を得ている。これは、井土ヶ谷村内部に多くの土地を所持していることを意味する。また、金融活動によって井土ヶ谷村からは米一〇俵余、

金二三両余、銭一貫文を得ている。この帳簿で井土ヶ谷分がとくに書き分けられている点と、服部家の経営規模を勘案すると、服部家経営の軸の一つが井土ヶ谷村にあったことがわかる。

一方で、「他所之分」で多額の利益を挙げていることも見逃せない。中村・岡村などは永田村に隣接しておらず、中村が横浜村と隣接していることを考えると、中村との関係は、一七世紀半ばに横浜村から年貢米廻米をするなかで新たに生じたと思われる。ここで注意したいのは、服部家が関係を持っているのが、本牧領三六か村中六か村にとどまることである。代官手代就任以前に服部家と関係があったのは、永田村周辺や廻米などで交流がある数か村に限られており、本牧領全体には及んでいなかった。

しかし、代官手代や割元役を担うようになると、服部家の経済基盤は管下村々にあたる永田村近隣の本牧領村々へと広がっていく。次に掲げる史料8は、元禄一五年に蒔田村請負人仁左衛門が作成した、永田村彦六所有田地にかかる定助・小役金の請負手形である。

【史料8】(53)

請負申定助役幷小役等手形之事

一貴殿方へ当村ニて相渡シ置申候田地諸役等之儀、高六石五斗九升余之役為代金弐分三百六文ニ相極メ、拙者請負唯今金弐分三百六文慥ニ請取申所実正也、当午ノ二月ゟ来未ノ二月二日まて少シも滞なく相勤メ可申候、若拙者相煩申候か、又ハ如何様之義指合申候は、証人方ゟ急度相勤メ、貴殿方へ右田地諸役等少も御苦労ニ掛ヶ申間敷候、為其証文入置申候、仍て如件、

元禄拾五年

午ノ二月廿五日

蒔田村請負人

仁左衛門㊞

同村証人
才　兵　衛㊞
同村同
又左衛門㊞
名主
清　兵　衛㊞

永田村
彦六殿

永田村彦六は蒔田村に六石余の耕地を所持しており、定助郷の費用・小役金として金二分三〇六文を支払うことで合意した。蒔田村の仁左衛門は、請負人として一年間の諸役を務めることになった。

蒔田村は永田村の南東二キロほどに位置しており、村高三二六石余であった（「元禄郷帳」[54]）。元禄九年の永田村「田畠高反別名寄帳」[55]によると、服部彦六の所持石高は五五石余である。また、前述の延宝五年「小作米利米利金本帳」（表16参照）には、永田村・井土ヶ谷村以外の小作地は記載されていない。蒔田村における六石の所持地は、服部家が本村永田村に所持する石高と比較すると、広大であるとは言えない。しかし、元禄期ごろに新しく獲得した、比較的まとまった村外の土地であると言えよう。なお、服部家は蒔田村の耕地は手作しておらず、小作人に耕作を行わせていたのだろう。蒔田村の「請負人」仁左衛門は、諸役の納入のみならず、小作米や年貢の上納責任者でもあったと考えられる。

元禄期ごろ、服部家は新たに村外にまとまった土地を手に入れた。割元役就任は、それまで村内と隣村にのみ小作地を持っていた服部家が、周辺地域にも所有地を広げていく契機にもなったのだ。

最後に、村内における服部家の政治的地位の変化を見る。(56) 延宝七年、代官手代役就任を命じられた服部武兵衛（本家）は、永田村の名主役を務めることが難しくなった。そこで、分家の吉右衛門・杢右衛門の両人に武兵衛の子が成人するまでの間、代理の名主役を隔年で務めてもらうことになった。

しかし貞享四年、代理名主吉右衛門は名主役をめぐって出入を起こした。彼は、自家は名主筋の家であり、名主役に付随する土地（名主免の土地）も元々は自分のものであると主張した。この出入は最終的に内済となり、元禄三年に武兵衛の子が成人すると、名主役はその子に引き継がれた。名主役は再び本家へと継承されたが、吉右衛門は代理名主を務めている間に村内における政治的・経済的地位を大きく上昇させ、自らの村政運営に対する支持基盤を形成するようになっていった。

以上のように、代官手代就任前後において、服部家の地域内部における経済基盤の拡充などが見て取れる一方、村内での政治的地位は、代理名主を務めた分家の成長もあり低下したのである。

おわりに

土豪服部家は、北条氏支配下で小代官を務め、永田郷の年貢徴収を行っていた。近世に入ると、陣屋元村の名主として、陣屋の撤退後は永田村の名主として、自村の年貢徴収を行い、ときに周辺村々の年貢収納の納名主を務めた。この時期の服部家が政治的・経済的に影響を持ちうる範囲は、本牧領内でも限られたものだった。

延宝七年の代官交代を機に、服部三郎右衛門（武兵衛）は代官手代に登用され、新政策である置籾政策の実務を担当することになった。また代官手代退役後しばらくして、割元役として本牧領内の幕領全体の年貢徴収・売却を担った。代官手代や割元役など、服部三郎右衛門（武兵衛）は地域運営体制における重要な地位を占め、領主を同じくする村々に対する政治的権力を有するようになった。さらに、地域における服部家の経済基盤も拡大していった。ただしその後、地方直しにより領内の代官支配所が減少（管轄範囲が減少）することにより、割元役という存在は見られなくなり、服部三郎右衛門（武兵衛）は地域の政治的権力を失っていく。本牧領では、元禄・宝永期、地方直しによる領主の錯綜状態が顕著に見られ、同一領主による一元的な地域支配は終焉を迎えた。

ところで、公儀権力の特質を捉えるべく、江戸周辺の地域編成の特徴やその展開過程の解明が目指され、「領」の機能などが分析されてきた。

澤登寛聡氏(57)は、北条氏の支城を中心とした領国支配単位である領が近世期以降も継承・再編・拡大され、江戸周辺の地域秩序の基礎となったことを明らかにしている。佐藤孝之氏(58)も同様に北遠地域の領を分析し、領が広域村落支配の単位として設定・機能していたとする。とくに、在地手代に登用される小領主の中世以来の郷村支配力を評価し、中近世移行期における彼らの連続的なあり方を示した。

本章の分析では、従来の「領」研究では十分に究明されていなかった、個別地域の地域運営主体の形成過程を、領主交代・新政策の導入・領主錯綜状態の進行を軸に分析を行った。その結果、地域内部における政治的影響力がきわめて限定的であった土豪服部家は、領主の地域支配機構における新たな役割（代官手代）を与えられることで領主政策の運営を担い、その後、割元となり地域運営を自ら取り仕切る存在へと引き上げられたのであった。

地域社会における土豪の政治的権力は、代官あるいは領主を同じくする村々に裏付けされるものであった。つまり、代官の支配領域の枠組みや、その性格変化に左右されざるを得ない側面がある。

元禄・宝永期に顕著に見られるように、領主交代・錯綜が激しい本牧領では、村や地域の既存の秩序や権益が侵される可能性を多分に含んでおり[59]、権力との長期的かつ安定的な結びつきを維持し続けることは難しかった。そのため、領主支配機構とのつながりにより上昇させた、服部家の地域の政治的権力としての地位は一時的なものとならざるを得なかった。「領」内部の政治的地位は、流動的なものであった。

一方、本書第一章で明らかにしたように、土豪服部家は、代官手代を務める延宝から元禄期にかけて名主役を分家に任せたことで、居村内での自己の影響力を低下させ、土豪としてのあり方を変容させることとなった。服部家は、代官手代就任時には永田村の年貢勘定には関わらなくなっていた。地域社会に進出することは、一方で、居村での影響力低下をもたらしたのである。

一八世紀初頭、地方直しが繰り返し行われ、所領の錯綜状態が激しくなる本牧領村々では、同一領主支配下で一定地域の年貢の徴収・売却などを行うという服部家のような地域結合の要としての存在は徐々に不要になり、服部家の地域における政治的権力としての地位は低下する。次に必要とされるのは、領主支配の錯綜状態の中で起こる複雑な問題に対して、領主の支配領域を超えて解決するための枠組みであった。

註

（1）稲葉継陽『戦国時代の荘園制と村落』（校倉書房、一九九八年）、長谷川裕子『中近世移行期における村の生存と土豪』（校倉書房、二〇〇九年）。

（2）吉田ゆり子『兵農分離と地域社会』（校倉書房、二〇〇〇年）。

（3）小酒井大悟「地域社会における土豪の位置」（同『近世前期の土豪と地域社会』清文堂出版、二〇一八年、初出二〇一〇年）。

（4）渡辺尚志「中世・近世移行期村落史研究の到達点と課題」（『日本史研究』五八五、二〇一一年）。渡辺氏は、近世前期に

おける領主の政策が在地に与えた影響は、その後に比べて相対的に大きかったと評価している。

（5）牧原成征「十七世紀の年貢収取と村請制」（『東京大学日本史学研究室紀要』別冊 近世政治史論叢、二〇一〇年）。牧原氏は、信濃国伊那郡虎岩村を対象に、一七世紀の領主交代に伴う在地支配方式の変化と領主の年貢収取方式の変化との関連性を究明している。

（6）本書第一部第一章・第二部第一章。

（7）佐脇栄智校注『小田原衆所領役帳』（東京堂出版、一九九八年）。

（8）「新編武蔵風土記稿巻之七十九」（蘆田伊人編集校訂・根本誠二補訂『大日本地誌大系　新編武蔵風土記稿』第四巻、雄山閣、一九九六年）。

（9）杉山博・萩原龍夫編『新編武州古文書』上（角川書店、一九七五年）、久良岐郡一一九号文書。

（10）史料中には代官と記されているが、天正一五年の史料（杉山博・萩原龍夫編『新編武州古文書』上〈前掲註（9）参照〉、一二〇号文書）などでは宛先が小代官である。研究史などを勘案すると、服部家が務めていたのは小代官であったと思われる。なお、小代官の役割に関しては、黒田基樹「北条領国における「小代官」と「名主」」（同『戦国大名北条氏の領国支配』岩田書院、一九九五年、初出一九九三年）など参照。

（11）佐脇栄智校注『小田原衆所領役帳』（註（7）参照）。

（12）黒田前掲論文（註（10）参照）。

（13）「新編武蔵風土記稿巻之七十三」（蘆田伊人編集校訂・根本誠二補訂『大日本地誌大系　新編武蔵風土記稿』第四巻、註（8）参照）。

（14）堀田正敦等編『新訂寛政重修諸家譜』第七巻（続群書類従完成会、一九六五年）。

（15）「新編武蔵風土記稿巻之七十九」（蘆田伊人編集校訂・根本誠二補訂『大日本地誌大系　新編武蔵風土記稿』第四巻、註（8）参照）など。

（16）村上直「初期関東における代官陣屋について」、同「近世初期佐渡鉱山の支配について」（同『論集　代官頭大久保長安の研究』揺籃社、二〇一三年）。

（17）「新編武蔵風土記稿巻之七十七」（蘆田伊人編集校訂・根本誠二補訂『大日本地誌大系　新編武蔵風土記稿』第四巻、註

（8）参照）。
(18)『横浜市史』第一巻（一九五八年）。
(19)横浜開港資料館所蔵服部家文書（以下、服部家文書と略記する）・状七八「舟ニつミ渡申候城米之事」。
(20)服部家文書・状八九「つみ渡し申御城米之事」
(21)服部家文書・状五九「御城米納申手形之事」、状六三「御城米納申手形之事」、状七八「舟ニつミ渡申候城米之事」、状八六「贈越申御城米之事」、状八九「つみ渡し申御城米之事」。
(22)高柳真三・石井良助編『御触書寛保集成』一三〇八号文書（岩波書店、一九五八年）、石井良助校訂『近世法制史料叢書』二「御当家令条」二八〇号文書（創文社、一九五九年）など。
(23)『神奈川県史』通史編2 近世（1）（一九八一年）。
(24)堀田正敦等編『新訂寛政重修諸家譜』第七巻（註(14)参照）。
(25)佐脇栄智校注『小田原衆所領役帳』(註(7)参照)。
(26)堀田正敦等編『新訂寛政重修諸家譜』第一九巻（続群書類従完成会、一九六六年）。
(27)服部家文書・状九三「永田村巳之御成ヶ可納割付之事」。
(28)服部家文書・状八八「辰年永田分御年貢可納割付」。
(29)服部家文書・状九三「永田村巳之御成ヶ可納割付之事」。
(30)服部家文書・冊一二六—(一)「(村明細帳)」。
(31)石井良助校訂『徳川禁令考』前集六（創文社、一九五九年）、三五四八号文書「関八州伊豆駿河国廻米津出湊浦々河岸之道法幷運賃書付」によると、遅くとも元禄三年四月の段階で、野毛浦から江戸までの駄賃が「運賃米百石ニ付壱石三斗」と定められていたようである。幕府側の記録から、野毛浦が廻米津出しを行う湊として把握され、さらに運賃が一分三厘と公定されていたのが少なくとも元禄三年以前からであったことがわかる。
(32)石井良助校訂『徳川禁令考』前集四（創文社、一九五九年）、二一一二号文書。
(33)服部家文書・状九九「請取申巳之歳御年貢之事」。
(34)『神奈川県史』通史編2近世（1）（註(23)参照）。

(35) 武兵衛は三郎右衛門と十左衛門と同一人物である。貞享期の事柄についての記述は、紛らわしいので武兵衛に統一する。

(36) 服部家文書・状二七一「乍恐口上書を以申上候」。「一永田村名主ハ代々三郎右衛門賄被申候処、坪井治右衛門様御支配之時分御役義被仰付、両役難成由ニて名主役之儀惣百姓相談を以子共衆成人迄と連判証文三郎右衛門方え入置、杢右衛門・吉右衛門両人隔年ニ名主役頼申候（後略）」。

(37) 服部家文書・冊三七「吉右衛門此度六ヶ敷申かけ候覚書」。

(38) 当該期の服部家当主は三郎右衛門であったが、場面や人により武兵衛・十左衛門などと呼ばれていた。すべて同一人物である。

(39) 服部家文書・状二〇九「指上ヶ申手形之事」。

(40) 服部家文書・状二一二「未之年御年貢納本払」。

(41) 部家文書状・状二二二「指上申一札之事」。

(42) 服部家文書・状二二一「指上ヶ申一札之事」。

(43) 服部家文書・状二〇二「請取申金子之事」。

(44) 服部家文書・状二四一「覚」。

(45) 服部家文書・状二四八「請取申金子之事」。

(46) 服部家文書・状二六七「乍恐口上書を以申上候」。

(47) 服部家文書・冊三七「吉右衛門此度六ヶ敷申かけ候覚書」。

(48) 本書第二部第一章参照。

(49) 服部家文書・状三六二「覚」。

(50) 服部家文書・状三五〇「覚」。

(51) 服部家文書・状三五一「買上ヶ申御米之事」。

(52) 服部家文書・状三五二「買上ヶ申御米之事」。

(53) 服部家文書・状三四九「請負申定助役幷小役等手形之事」。

(54) 関東近世史研究会校訂『関東甲豆郷帳』（近藤出版社、一九八八年）。

(55) 服部家文書・冊四一「田畠高反別名寄帳」。
(56) 詳細については、本書第一部第一章・第二部第一章参照。
(57) 澤登寛聡「近世初期の国制と「領」域支配」(同『江戸時代自治文化史論』法政大学出版局、二〇一〇年、初出一九八三年)。
(58) 佐藤孝之『近世前期の幕領支配と村落』(巌南堂書店、一九九三年)。
(59) 久留島浩「村が「由緒」を語るとき」(久留島浩・吉田伸之編『近世の社会集団』山川出版社、一九九五年)。

第四章 「旧家者百姓」家の特質と展開過程

―『新編武蔵風土記稿』『新編相模国風土記稿』を素材に―

はじめに

『新編武蔵風土記稿』『新編相模国風土記稿』（以下、両書を合わせて指す場合は『新編風土記稿』とする）には、村の「高札場」や「小名」などと並んで、「旧家者百姓」という項目があり、村内に古くから（少なくとも戦国期以降）存続する家ないしその当主に関する情報が記載されている。本章で取り上げるのは、この「旧家者百姓」である。例として、武蔵国久良岐郡永田村（現・神奈川県横浜市南区）の「旧家者百姓」を見よう。

【史料1】永田村[1]

旧家者百姓彦六　代々里正を務む服部氏なり、先祖を玄庵道甫と云、則村内宝林寺の開基なり、相伝ふ元は伊賀国名張の城主なりしといへど、正しき伝へはなし、後故有て蹟をくらまし、当所に来て隠栖し、遂に農民となれり、されど系図はなし、先祖より持伝へしものとて、甲冑二領、及刀短刀五振、文書四通を蔵せり、其文左に載す、

永田村の「旧家者百姓」彦六は、代々名主役を務めている服部家の人間である。「旧家者百姓」先祖の服部玄庵道

甫は、村内の宝林寺を開基した。元々は伊賀国南部にある名張城の城主だったようだが、はっきりとした伝承はない。その後、訳あって姿を消し、永田村にやって来て隠棲し、ついに百姓になった。系図は伝来していないが、先祖からの相伝の品として甲冑・刀・文書を所蔵する家であると、このように述べられている。この記事に続いて、服部家が所蔵する戦国期の文書四通が書き写されており、その文書から服部家が戦国大名北条氏の小代官を務めていたことなどがわかる。

『新編武蔵風土記稿』は、文化七年（一八一〇）に昌平坂学問所地誌調所が編纂を開始し、天保元年（一八三〇）に完成した、武蔵国の官撰地誌である。次いで天保一二年、『新編相模国風土記稿』が完成した。なお白井哲也氏が、(2)武蔵国各郡の事例に即して、『新編武蔵風土記稿』の編纂過程を明らかにしている。

『新編風土記稿』には様々な項目が立てられ、一九世紀前半の武蔵国・相模国村々の村高、支配や検地の来歴、家数、耕地状況、小名、寺社、旧跡などの情報が詳細に記載されている。そのうちの一つとして「旧家者百姓」が立項されている。

「旧家者百姓」の出自を取り上げた研究には、児玉幸多氏・馬場憲一氏のほか、『新修世田谷区史』(3)や『新編埼玉県史』(4)などの自治体史がある。

児玉幸多氏(5)は、村落社会における秩序を最も特徴付けるものは「家の格式」であると述べ、『新編風土記稿』などの旧家の出自について分析し、近世における家格がいかにして成立したかを明らかにした。氏は、中世の荘官・名主層は戦国時代に土豪・郷士層と結びつき、江戸時代の郷士や村役人層となり、そこに一応の安定が得られたときにそれぞれの家格が決定され村の秩序ができあがり、その秩序は容易に崩れるものではなかった、と述べている。

児玉氏の研究は、村落社会における家格の形成と重要性に視点が置かれているため、天正一八年（一五九〇）の戦国大名小田原北条氏の滅亡など領主層の動向が土豪層や村落社会に及ぼした影響は大きいとしながらも、近世前期に「旧家者百姓」の家がどのような行動をとっていたのかは判然としない。

一方、『新編武蔵風土記稿』および地方史料を用いて、多摩郡における土豪的農民の系譜と土着後の様相を解明したのが馬場憲一氏(6)の研究である。氏は「旧家」（本章でいうところの「旧家者百姓」(7)）は近世初頭の時点で土豪的な系譜を持つ農民であったとの前提に立って、児玉氏の分類方法を採用し、「旧家」の特色と傾向を分析した。その結果、多摩郡における土豪的農民は北条氏旧臣の系譜を引く者が圧倒的に多いことを明らかにした。そして、村内において経済的に高い地位を築きながら、領主権力を背景として村内に強力な支配権を及ぼしたと述べている。

馬場氏・児玉氏は、「旧家」の出自を、①戦国大名北条氏・武田氏・今川氏などに仕えた経験がある者、②郷士的な者や特殊職業の者など①以外の者、と分類している。しかし、これは戦国期の由緒に基づいた分類であるため、関東における近世的な村落社会形成の起点である天正一八年の状況を解明することはできない。

また、北条氏の被官（「旧家者百姓」先祖の多くが北条氏の被官）が主家滅亡後にどのような道を選んだのかを明らかにした研究がある。長谷川裕子氏(8)は、北条氏照に被官した土豪らは、氏照との関係や本拠地との関係性により、主家滅亡後に武士となるか土着するか自らの進む道を規定されたと述べている。

天正一八年の北条氏の滅亡については、児玉氏・長谷川氏も関東の村落構成に及ぼした影響が大きいと評価しているが、あくまで旧家の由緒や戦国期の大名被官の特徴に主眼があるため、天正一八年ごろの「旧家者百姓」先祖の動静に焦点が絞られておらず、それ以降の「旧家者百姓」の家の推移についても明らかでない。近世的な村落社会形成期における彼らの動向・実態を解明する必要があるだろう。

したがって本章では、天正一八年を一つの画期として、天正一八年以降の「旧家者百姓」先祖、および「旧家者百姓」の家の動向・実態を明らかにすることを目指す。

具体的には、まず、『新編風土記稿』に登場する「旧家者百姓」先祖を、天正一八年時点で彼らが置かれていた状況に則して分類する。この時点ですでに滅亡している武田氏や今川氏などは、本章の分類には存在しない。

さらに、本章では近世前期の一次史料を加え、彼らの由緒に客観性を持たせることで、『新編風土記稿』を近世前期の村落史を明らかにする史料として読む試みとじたい。これにより、史料が不足している近世前期の社会状況を、より詳細に復元することが可能となる。

以上の作業を通じて、本章は、近世社会への転換点である天正一八年以降の「旧家者百姓」先祖およびその子孫が構成した家の特徴を分析し、近世初頭における先祖の活動の歴史的意義とその後の家の展開過程を明らかにする。

一　『新編風土記稿』の編纂と「旧家者百姓」

節を改めて、『新編風土記稿』の編纂の目的や「旧家者百姓」の認定過程について見ていこう。

先にも述べたように、『新編風土記稿』は、昌平坂学問所地誌調所に所属する地誌調出役らの廻村調査をもとに、幕府が編纂した官撰地誌である。例えば、武蔵国久良岐郡では、文化八年（一八一一）に代官などの既存の支配系統を利用した書類調査が行われ、その後、少なくとも文政三年（一八二〇）・同六年には廻村調査が実施され、文政一〇年に草稿が完成した。この廻村調査は、執筆が終わるまで武蔵国・相模国の各地で随時行われていた。ただしその調査の方法は、当初は村々への直接の聞き取り調査であったが、途中から村々に指示した調査項目に対する回答を書かせて提出させる方法に重点を置くようなっていったことが指摘されている(9)。

1　『新編風土記稿』の編纂

『新編武蔵風土記稿』の凡例にあたる「例義」には、同書を編纂するに至った経緯が掲げられている。

【史料2】[10]

一新編武蔵国風土記は曩者林大学頭衡か建議して、文化七年功を起す所なり、夫国志の編纂に至ては、事も亦小ならす、何如となれば体例格を得、記事法を得にあらされは、成書とすへからす、今此編は志の材料を編輯して、他日成編の資とせんと欲するのみ、

文化七年、林大学頭述斎の上申によって、『新編武蔵国風土記』（「国志」）の編纂を始めることになった。「国志」編纂は一大事業だが、適切な体裁や記載をしなければ一書とすることはできない。そこでまず、のちに「国志」を執筆するための「材料」、つまり『新編武蔵風土記稿』を編纂すると述べられている。

では、のちに執筆される「国志」の材料として、「旧家者百姓」などの項目は、どのように位置付けられていたのだろうか。例義には「人物」「旧家」や「古文書」「書画」「金石文」などの採録方針が示されている。

【史料3】[11]

一人物・忠臣・孝子・旧家・釋家の如き、旧本に其目なしといへとも、志の欠へからさる所今事歴を各所に略載す。

一古文書・古器・書画の類は、考証に備ふへきものなり、今捜索して得もの多し、是亦旧本採さる所といへとも、捨るに忍ひす便に随て収入す、其余此類多し、一一弁するに暇あらす。

一金石文の類、文化中成編の数郡は、往々元禄以上のものを載す、爾後の諸郡古物は悉収め、寛永以後に至ては

考拠あるものを択て是を採る、（ママ）

「人物」や「旧家」などについては、奈良時代に作成された『風土記』（「旧本」）には記載されていない。しかし、「国志」編纂のためには欠くことのできないものなので、各所にその事歴を略載する。「古文書」なども、『風土記』には記載がないが、「国志」を執筆するさいに、史実を確認するために必要になるので収集する。「金石文」は、これまでに編纂を進めてきた数郡では元禄以前のものを採録しているが、今後編纂を進める諸郡については、古い物はすべて情報収集し、寛永以前については、出自がはっきりしているものについて精査を加えて採録するとしている。

『新編風土記稿』は古代に編まれた『風土記』を意識して編纂された。しかし今のところ、どのように一書の「国志」としてまとめていくか方針が定まらないため、まずその基となる資料を編纂することにしたのである。

『新編風土記稿』には、古代の『風土記』に記載されていない「人物」「旧家」や「古文書」など、地域の歴史を物語る情報を積極的に収録しようとしていた。これらは、「国志」をまとめていくさい、地域の歴史を実証していくために必要だった。地域の歴史をできるだけ正しく知るために、「旧家者百姓」などの項目が設けられたのである。では、どのような手続きを経て「旧家」の百姓であると、地誌調出役らは認定したのだろうか。

2 『新編風土記稿』における「旧家者百姓」

武蔵国多摩郡平村（現・東京都八王子市）には、「地誌探索問目」という文書が伝存している。これは、編纂担当者が『新編風土記稿』作成のために調査するべき項目・内容などを村に伝達するために記したものである。この中から「旧家者百姓」の認定に関する部分を取り上げよう。

【史料4】[12]

一百姓旧家　由緒の者、系譜、古書等
　　幷先祖ゟ伝来の道具類所持致たる者、
「旧家」であるかどうかは、系譜・古書・先祖伝来の道具類などを所持しているか否かを基準に認定していた。実際に認定された事例として、武蔵国葛飾郡須賀村（現・埼玉県吉川市）の吉兵衛の記事を掲げる。

【史料5】須賀村(13)

旧家者吉兵衛　山崎を氏とす、中古まで世々里正を勤めしが今は衰微して田畑をも次第に失へり、古記録等は一族粕壁宿の民家に托し置、火災に逢て灰燼となり、由緒の伝を失へり、祖先より仏壇の具に石火打箱一箇を蔵し、今常に是を用ゆ、其製いと古色にして、背に年月を雕たり、只此一器三百八十の星霜を経ること旧家を証するに足れり、其図上に載す、嘉吉二年壬戌の物なるべし、嘉を喜に作るは省字ならん、

須賀村の「旧家者」山崎吉兵衛の家は、昔は代々名主を務めていたが、現在は衰微して所持田畑を失いつゝあった。家の由緒を伝える古記録等は春日部宿に住む一族方に託してあったが、火災で焼失してしまった。しかし、吉兵衛の家では先祖伝来の「石火打箱」を仏壇に供えており、今も用いている。その箱はとても古く見え、裏には「嘉吉二年」（一四四二）と彫ってある。

この箱が山崎家に存在していることを証として、『新編武蔵風土記稿』の編纂者は山崎家を「旧家」と認定している。つまり、編纂者は広大な土地を所有しておらず古記録も存在しないが、中世の元号表記を持つ古い石火打箱の存在でもって、山崎家を「旧家者」であると判断したのである。

さらに他の記事を取り上げる。史料6は武蔵国豊島郡王子村（現・東京都北区）の善左衛門の記事である。

【史料6】王子村(14)

旧家者善左衛門　飯田を氏と、名主を勤む、往昔王子権現勧請の時紀伊国熊野より瀬田・飯田・金子・鈴木・須藤・榎本等を氏とする六人の村民随ひ来りて爰に居住す、是を王子の六人衆と呼ふ、善左衛門は則其一にして先祖を飯田大膳と称す宅地の内墓所に正和・正安・観応等の年号を彫れる古碑あれは、旧家なることは論なし、彼六人の内金子氏の子孫と云もの村内にあれと是も証とすへき事なし、

王子村の「旧家者」飯田善左衛門の先祖は、王子権現が勧請されるにさいして、瀬田・金子・鈴木・須藤・榎本の五名とともに、紀伊熊野（現・和歌山県）から移住した、王子六人衆のひとりである。飯田家の宅地内には、正和（一三一二〜一七年）など古い年号が彫られた古碑があるので、旧家であることは間違いない。また、他に金子という家が村内にあるが、六人衆の子孫である証拠はない、と記されている。

王子村の「旧家者」として記載があるのは、善左衛門だけであり、一方の金子家は、「旧家者」と証明する物などがなかったため、記載されなかった。つまり、「旧家者」であるという伝承だけではなく、編纂者に「旧家者」として認められるためには何らかの物証が求められたことがわかる。

史料7は、武蔵国多摩郡鶴間村（現・東京都町田市）の善四郎についての記事である。

【史料7】鶴間村(15)

旧家百姓善四郎　井上氏にて先祖を伊予尉と称し、小田原北条家人なりと云、当時の軍記等に、北条旗下の士に井上某と名乗し人もまゝ見ゆれど、伊予といひし人はいまだ見ず、又家に氏政の文書なりとて秘蔵するものを見るに、天正六年五月とあり、北条阿波守氏政としるせり、氏政が阿波守に任せしことをきかず、あやしむべし、その文は当所安堵のことを申くだせし状なり、文の体もいとうたがはしきものなればこゝには載せず、

善四郎の先祖井上氏は伊予尉と称し、北条氏の家臣であった。当時のことを書いた軍記などには、北条氏旗下に井

上某と名乗る者を見ることはあるが、伊予という人は見当たらない。善四郎の家には、天正六年（一五七八）五月付けで、北条阿波守氏政と記した古文書が秘蔵されている。しかし、編纂者は氏政が阿波守に任じられた事実はなく、所領を安堵する書状だが文体も怪しいとして、その古文書を掲載していない。

善四郎は、伝承に基づき「旧家百姓」として記載された。しかし、そのような場合にも、軍記などを利用して旧家の由来を確認し、証拠となる古文書について史料批判を行うなど、検証を経て記載されていたことがわかる。『新編風土記稿』編纂にあたっては、厳格な調査が行われていた。その調査では、「旧家者百姓」を認定するうえで、由緒の取り調べはもちろん、古物や古碑などを基に実証を試みていた。つまり、地誌調出役の廻村調査にしろ、村から提出された文書にしろ、情報を鵜呑みにすることなく、できる限り「旧家者百姓」の来歴を考証している。また、必要であれば追加調査も行われていたようである(16)。

二　「旧家者百姓」の数量的分析

ところで、「旧家者百姓」を数量的に分析するにさいして、本章における「旧家者百姓」の定義について断っておきたい。

『新編風土記稿』では中世以来の有力家について、「旧家者百姓」という記述以外にも「旧家」「旧家者」「旧家百姓」「旧家者里正」「百姓」など、様々な名称が用いられている。こうした名称の相違は、『新編風土記稿』の各巻ごとに見られるものであり、それぞれを執筆した担当者の違いにより生じたものだと考えられる。本章では、中世以来の由緒を持つ人々すべてを「旧家者百姓」と呼ぶ。

さらに、本文中に「百姓」などとのみ記載がある人物も、中世以来の由緒があれば「旧家者百姓」に含めている。例えば、武蔵国橘樹郡小机村（現・神奈川県横浜市港北区）の加左衛門[17]らは、北条氏の家人「小机四人衆」であるという戦国期の由緒に基づき、除地を得ていた。しかし『新編武蔵風土記稿』では、「旧家者百姓」ではなく「百姓加左衛門」「百姓十右衛門」「百姓六右衛門」「百姓七兵衛」と記載されている。村における存在形態が「旧家者百姓」と同様だと考えられる人物は、可能な限り含めて分析を行う。

中近世移行期の関東における最大の画期は、天正一八年（一五九〇）の北条氏の滅亡である。そこで、『新編武蔵風土記稿』から天正一八年ごろの由緒に基づいて「旧家者百姓」を分類したのが表17である。

『新編武蔵風土記稿』に記載のある「旧家者百姓」は四九八名で、そのうち中世以来の由緒を持つのは四八八名である。正保期の武蔵国の村数は二四一五か村（『正保郷帳』[18]）であるから、近世前期には少なくとも村落の約二〇％（約五か村に一名の割合）で「旧家者百姓」先祖が存在していたことになる。また、天保期の武蔵国の村数は三〇四二か村（『天保郷帳』[19]）であるので、約一六％の村に「旧家者百姓」が存在した。

また武蔵国では、天正一八年ごろに北条氏の旧臣であった者と、天正一八年以前に土着していた者とが、相半ばする割合で存在していることがわかる。なかでも、先祖が北条氏に属していたという「旧家者百姓」の数は、多摩郡・橘樹郡では群を抜いて多い。

北条氏康の三男である北条氏照は、多摩郡の滝山城・八王子城に地域支配の拠点を置いていた。また、北条家臣団で南武蔵地域を拠点とした小机衆は、橘樹郡の小机城を中心に知行地を有していた。多摩郡・橘樹郡は北条氏の家臣（被官）が多く存在した地域なのである。

同様の傾向は、他地域でも見られる。岩槻城の所在する埼玉郡に隣接する足立郡では、岩槻城主太田氏に仕えた

「旧家者百姓」が、また成田氏の居城である忍城の所在する埼玉郡には、成田氏に仕えた「旧家者百姓」が多い。また吉良氏は世田谷城（荏原郡に所在）を拠点にしており、荏原郡にはその吉良氏に仕えた「旧家者百姓」が非常に多い。

武蔵国多摩郡柚木村（現・東京都青梅市）の勘右衛門の記事は、北条氏の滅亡と「旧家者百姓」先祖が土着する過程を具体的に示している。

【史料8】柚木村[20]

旧家百姓勘右衛門　野村を氏とす、（中略）左衛門尉貞常も父の跡を継て、使番を勤て毎度働あり、天正十八年六月八王子籠城の時、近藤出羽守助実が手に属して、山下の陣にて近藤と共に討死し、屍は由井の心源院に埋葬し、月窓道東と法謚す、貞常が子喜兵衛貞秀も使番を勤しが、此時父と共に討死を心がけしが、父頻に制止けるまヽ囲みを出て、雨間川の辺まで落けるに、家人戸泉青木小山小河等に出合て、爾々の事共語るまに、南の方に火の手見えければ、今こそ貞常が最期ならんと、主従馬を並べて見やりなくなく帰しと云、（中略）これより子孫民間に下れりと云、

合計	171	20	19	13	4	2	3	232	5	3	2	1	243	245	488
横見郡								0					0	1	1
比企郡	3	1			2			6					6	3	9
榛沢郡	8					1		9					9	4	13
幡羅郡	1			2				3					3	0	3
新座郡	2							2					2	1	3
那賀郡	2							2					2	0	2

柚木村の「旧家百姓」勘右衛門の先祖である野村左衛門尉貞常は、北条氏の使番を務めていた。八王子城で籠城戦が繰り広げられた天正一八年六月、貞常は近藤出羽守助実の旗下に属し、山下の陣で近藤とともに討死した。貞常の子である野村喜兵衛貞秀も使番を務めており、籠城戦にさいし、

表17　武蔵国における「旧家者百姓」出自一覧

旧家主家＼郡	足立郡	入間郡	荏原郡	大里郡	男衾郡	葛飾郡	賀美郡	久良岐郡	児玉郡	高麗郡	埼玉郡	橘樹郡	多摩郡	秩父郡	都筑郡	豊島郡
北条氏	4	10	5	1	2	1		9	6	6	5	28	52	16	7	3
太田氏(北条家臣)	13					1					5					
吉良氏(北条家臣)			12					3				2	2			
成田氏(北条家臣)	2			2							6		1			
上田氏(北条家臣)		1		1												
足利氏(北条家臣)						1										
その他北条家臣						1		1					1			
北条関係小計	19	11	17	4	2	4	0	13	6	6	16	30	56	16	7	3
徳川氏	1										1		1		1	1
上杉氏		1		1								1				
佐竹氏	1										1					
結城氏													1			
旧家主家合計	21	12	17	5	2	4	0	13	6	6	18	31	58	16	8	4
天正18年以前土着旧家合計	6	21	32	2	2	19	0	5	4	15	13	33	43	22	3	16
総　合　計	27	33	49	7	4	23	0	18	10	21	31	64	101	38	11	20

出典：蘆田伊人編集校訂・根本誠二補訂『大日本地誌大系 新編武蔵風土記稿』（雄山閣，1996年）。

父と討死しようと考えていたが押し止められ、ついに包囲網を突破し、八王子城の北に位置する雨間川まで落ち延びた。家人の戸泉らと合流し、それまでに起きたことを話していると、南の八王子城の方から火の手が上がっているのが見えた。父貞常の最期のときだと、主従馬を並べてその光景を見て、泣く泣く柚木村へと帰った。その後、子孫は土着したとのことである。

「旧家者百姓」先祖の約半分は、戦国大名の被官として行動していた。とくに、北条氏の被官となっていた者が多い。彼らは、北条氏滅亡後に被官としての身分を失い、土着し、百姓となったのだった。

表17と同様に、『新編相模国風土記稿』の「旧家者百姓」を分類したのが、表18である。

『新編相模国風土記稿』には、一五七名の「旧家者百姓」の記載があり、そのうち中世以来の由緒を持つのは一四九名である。正保期の相模国の

表18　相模国における「旧家者百姓」出自一覧

郡 / 旧家主家	愛甲郡	足柄上郡	足柄下郡	大住郡	鎌倉郡	高座郡	津久井県	三浦郡	淘綾郡	合計
北条氏	1	5	9	11	1	9	3	6	1	46
高城氏(北条家臣)						1				1
北条関係小計	1	5	9	11	1	10	3	6	1	47
徳川氏				1	2					3
旧家主家合計	1	5	9	12	3	10	3	6	1	50
天正18年以前土着旧家合計	7	8	25	18	9	12	6	12	2	99
総合計	8	13	34	30	12	22	9	18	3	149

出典：蘆田伊人校訂・圭室文雄補訂『新編相模国風土記稿』(雄山閣，1998年)。

村数は六〇五か村（『正保郷帳』[21]）で、村落の約二四％（約四か村に一名の割合）に「旧家者百姓」先祖が存在していたことになる。なお、天保期の相模国の村数は六七一か村（『天保郷帳』[22]）で、二二％の村に「旧家者百姓」が存在していた。

天正一八年ごろに北条氏の被官であった「旧家者百姓」先祖は四七名、天正一八年以前に土着したと思われる「旧家者百姓」先祖が九九名である。相模国では、天正一八年以前に土着した由緒を有する旧家が多い。これは甲斐国の武田氏や駿河国の今川氏の滅亡後に隣国の相模国に移住、土着した者が多いからであろう。相模国大住郡下大槻村（現・神奈川県秦野市）の新助の事例は、その典型的なものである。

【史料9】下大槻村[23]

旧家新助　原氏なり、家系を閲するに、先祖は千葉介常胤の末葉、原能登守友胤と称し、武田信虎に仕ふ、其子美濃守虎胤は信虎及信玄に仕へ、後入道して清岸と号す（永禄四年六月卒）、其子土佐守重政（始名新五郎）は弘治年中、父虎胤信玄の咎めを受、当国に退き北条氏に属せしが、幾程なく甲州に還る、其時重政、信玄の密意を受て、当村に止り終に土着し、今十二代に及ぶと云、

新助の先祖原能登守友胤は千葉介常胤の末裔で、武田信虎に仕えていた。友胤の子美濃守虎胤は信虎・信玄に仕え、その後出家して清岸と号した。その子である土佐守重政は、弘治年中（一五五五～五八）に父虎胤が信玄の咎めを受け

たことにより、相模国に退き北条氏に仕えた。しかしほどなく、父は甲州に帰った。一方、重政は信玄の密意を受けて、下大槻村に留まり、土着したという。

原家のように、武田氏滅亡以前に相模国へ移住する者、滅亡後に移住し土着する者など、武田氏などに仕えた由緒を持ち土着した「旧家者百姓」先祖が多く存在した。このことが、相模国で天正一八年以前に土着した「旧家者百姓」先祖が多い要因になっている。彼らは大名間を行き来し頻繁に主君を変えるような存在であり、天正一八年以前には完全に村に定住する百姓ではなかったと思われる。こうした人々が定住し、その後も百姓であり続ける起点となったのは、やはり天正一八年の小田原北条氏の滅亡と徳川家康の関東入部ということになろう。

武蔵国・相模国には、近世後期に把握されただけでも非常に広範に「旧家者百姓」とされる百姓が存在していた。「旧家者百姓」の大半は、天正一八年の北条氏の滅亡とともに土着し、百姓となった者の子孫であった。北条氏家臣であった「旧家者百姓」先祖は、主家の滅亡により自らの権力基盤を失い、新たな領主権力（徳川氏）により再編された。

さらに、天正一八年以前に土着したとする人々の中には、北条氏の被官でなくても、大名間を行き来し主君を変える存在が含まれている。こうした人々も北条氏の滅亡と徳川家康の関東入部に伴って土着し、百姓となっていった。この過程の中で、「旧家者百姓」先祖は一斉に土着して百姓となり、その多くは近世後期まで存続する「旧家者百姓」の家となったのであった。

『新編風土記稿』は、近世段階では広く一般の百姓らが見ることのできる書物ではなく、幕府の編纂意図に基づく書物であった。しかし、『新編風土記稿』に「旧家者百姓」として記載された百姓は、近世後期の地域社会において特別な由緒を持つ人々であったということができるだろう。

一方で、『新編風土記稿』成立までに、村から姿を消した「旧家者百姓」も存在していたことを忘れてはならない。武蔵国橘樹郡溝の口村（現・神奈川県川崎市高津区）の七右衛門の記事を取り上げよう。

【史料10】溝の口村(24)

旧家者百姓七右衛門　氏を鈴木と云、先祖は鍛冶なりと云伝ふれども旧記を失ひたれば其証なし、其宅は天正年間の造作なりとて近き頃までありしかど、損壊して後に修造せり、されど古の柱若干を用ひて今にあり、又古の棟札もあれど悉く烟にそみて文字読べからず、かたぐ\旧家なること推て知るべし、因に云、もとの名主松原某は世田谷吉良氏の浪人にて、こゝに住せしものゝ子孫なり、旧記武具等も蔵せしが、天明中に家族大抵死亡して、今纔に子孫の絶ざるばかりなり、由緒の書物武具等はゆかりにつきて、豊島郡下渋谷村の百姓吉兵衛と云ものゝ方へ譲りしと云、ゆへに其詳なることは知べからず、

後半の「松原某」に注目してほしい。溝の口村の元の名主である松原某の先祖は、世田谷城主吉良氏のもとを離れた浪人であった。その子孫も溝の口村に居住し、旧記や武具などを所蔵していた。しかし天明期に家族のほとんどが死亡し、今となってはわずかに一族が残るのみである。同家の由緒を示す書物や武具などは、縁のあった、豊島郡下渋谷村（現・東京都渋谷区）の百姓吉兵衛に譲渡された。そのため、この調査の時点では、吉良氏浪人であった松原氏の由来に関しては確認できない、と記されている。

【史料11】是政村(25)

旧家百姓佐兵衛　井田氏なり、（中略）太郎左衛門政能の子次郎四郎摂津守是政に至て、天正十八年北条氏照に従て八王子城を守りしが、その城落て後、富永高橋小磯等と共に世を避て府中辺に忍べり、其頃いつくも攻戦を経て土地荒廃に及びし折柄なれば、是政この地を再発して土着せしなり、これに因りて村名も是政と呼り、昔は

豪家のよしなりしが、近来甚だ衰微に及べり、しかしながらなをかれか譜代といへる百姓猶村内にあり、

史料11は、北条氏照家臣の井田是政が再開発して成立した、武蔵国多摩郡是政村（現・東京都府中市）の「旧家百姓」佐兵衛の記述である。井田氏はかつて「豪家」であったが、近年は（政治的・経済的に）「衰微」した。しかし、井田家と譜代関係を持つ百姓が村内には近世後期にもなお存在し、いまだに一定の社会的影響力を持ち続けているようである。

他にも、武蔵国豊島郡巣鴨村（現・東京都豊島区）徳右衛門[26]について、「世々名主役たりしか、享保年中より今の名主弥惣右衛門か家にて其職に代わりしと云、弥惣右衛門は則徳右衛門か分家なり」と、当初は世襲的に名主を務めていたが、分家にその地位を譲ったような記述もある。

このように、子孫が絶えることにより消滅した家や、政治的・経済的に衰退したり、分家が台頭したりすることによって「衰微」してしまう家もあった。近世前期には、実際にはさらに多くの「旧家者百姓」先祖が関東各地の村々に存在していたであろう。

三 『新編風土記稿』に見る村の歴史と「旧家者百姓」

1 「旧家者百姓」先祖による開発とその影響

北条氏の滅亡により、多くの北条氏旧臣や元大名家臣らが土着し、百姓となった。百姓となった彼らが盛んに行ったのが「開発」である。「はじめに」で取り上げた先行研究でも、「旧家者百姓」先祖が村の耕地開発を行っていた点は言及されている。しかし、実際に『新編風土記稿』にどの程度そうした記事が記載されているのか、その全体像は

明らかにされていない。そこで、まず『新編風土記稿』にどれくらい大規模耕地開発に関する記事があるのか検討してみよう。

『新編武蔵風土記稿』の「旧家者百姓」四八八名のうち六四名（約一三％）に、『新編相模国風土記稿』の「旧家者百姓」一四九名のうち一三名（約八％）に、村の開発を行った旨の記述がある（表19・20）。近世後期にまで言い伝えられる「旧家者百姓」先祖の顕著な活動として、とくに『新編武蔵風土記稿』では大規模開発の実施を記載する事例が多く見られる。

ここで、武蔵国葛飾郡二之江村（現・東京都江戸川区）の善右衛門の記述を取り上げる。

【史料12】二之江村(27)

旧家者善（右脱カ）衛門　宇田川氏なり、家譜を閲に上杉氏の庶流にして、先祖善左衛門定友は、伊奈備前守忠次に仕へし宇田川喜兵衛定次の弟なり、定次の祖父親定は、扇谷の上杉持朝の子朝昌の庶子なりしか、始は出家して東永房と号し、後還俗宇田川郷右衛門と称し、武州品川に住す、是氏を宇田川と改めし始なり、後年図書亮と称し、天文十八年五月廿二日六十一歳にて死す、其子を喜兵衛定氏と云、天文二年品川にて生れ、弘治元年本郡小松（川脱カ）村に移り、慶長元年小松川村内海表蘆原三千石の地を開墾して宇喜新田と号す、其功に依て上田一町五段を賜ふ、元和六年六月二十五日死し、厳池院華誉法蓮と号す、定次定友共に此定氏の子なり、定次は後年伊奈氏の家人となり、曾孫郷右衛門定清の時寛政四年伊奈氏断絶せしかは浪士となり、其後男子の継へきものなかりしゆへ、定清の孫女家の系図と伊奈備

合計	横見郡	比企郡	榛沢郡	幡羅郡	新座郡	那賀郡
488	1	9	13	3	3	2
64	1		1		1	
141	1	5	2		2	
69		1	2	1	1	
109		2	4	1		
10				1		
2						
190	0	3	6	3	1	0

表 19　武蔵国の「旧家者百姓」の実態

事項＼郡	足立郡	入間郡	荏原郡	大里郡	男衾郡	葛飾郡	賀美郡	久良岐郡	児玉郡	高麗郡	埼玉郡	橘樹郡	多摩郡	秩父郡	都筑郡	豊島郡
「旧家者百姓」数	27	33	49	7	4	23	0	18	10	21	31	64	101	38	11	20
開発従事	8	2	12	1		9				6	2	2	15	1		3
寺社開基	8	8	14	1		11		4	2	7	8	13	33	10	3	9
代々名主	8	4	5	2		9		2		2	5	5	15	5		2
名主	6	4	13	1		5		5	1		7	14	22	12	5	7
組頭	1		2								1	1			2	2
村役												1		1		
村役人経験者合計	15	8	20	3	0	14	0	7	1	2	13	21	37	18	7	11

出典：蘆田伊人編集校訂・根本誠二補訂『大日本地誌大系 新編武蔵風土記稿』（雄山閣，1996年）。

前守忠次及半十郎忠治の書状を善左衛門が家に授与すと云、

二之江村の「旧家者」善右衛門の先祖、宇田川喜兵衛定氏は、弘治元年（一五五五）に武蔵国葛飾郡小松川村（現・東京都江戸川区）に移住し、慶長元年（一五九六）に小松川村海岸沿いの「蘆原三千石」の土地を開墾して、宇喜新田と名付けた。その功績により、上田一町五反を代官よ

表 20　相模国の「旧家者百姓」の実態

事項＼郡	愛甲郡	足柄上郡	足柄下郡	大住郡	鎌倉郡	高座郡	津久井県	三浦郡	淘綾郡	合計
「旧家者百姓」数	8	13	34	30	12	22	9	18	3	149
開発従事	1	1	4		1	3	2	1		13
寺社開基	3	3	11	13	3	4	3	5	3	48
代々名主	1	5	8	2		3	5	3	1	28
名主		3	6	7	7	8	3	3		37
組頭			1				1			2
村役人経験者合計	1	8	15	9	7	11	9	6	1	67

出典：蘆田伊人校訂・圭室文雄補訂『新編相模国風土記稿』（雄山閣，1998年）。

り与えられた。定氏の子供の定次は伊奈氏の家人となったが、跡を継ぐ者がいなくなった。そこで、家系図や伊奈氏から授かった書状に関しては、定氏のもう一人の子供である定友の子孫である善左衛門家へ継承された、ということである。

この屋敷分の除地について、『武州文書』で確認することができる。

【史料13[28]】

以上

急度申入候、新田其外情ニ入候付て、為屋敷分上田壱町五反分被下候間、致手作、弥々新田幷郷中之儀情ニ入可被申候、越ヶ谷御鷹野ニて被仰出候、本佐州(本多正信)御存知ニて如此候者也、仍如件、

(慶長十三年)申十一月十五日　伊奈備前守

忠次（花押）

宇田川喜兵衛(定氏)殿

『武州文書』は、『新編武蔵風土記稿』編纂のための資料として、地誌調所の役人らが武蔵国村々を訪ね、古文書の原本を写した古文書集である。史料13によると、新田開発の功労に報いるため、屋敷分として上田一町五反歩を与えられた。

本事例のように、開発主導者の中には、新田開発の功績により反対給付や特権を獲得する者がいた。新田開発の盛んな武蔵国東部地域（武蔵国足立郡・葛飾郡）では、史料13のような除地付与開発手形が少なくとも九点確認されている。新田開発により獲得した除地は、開発の「褒美」や「功」による、開発人の「家領」もしくは「無年貢地」と、在地側では捉えられていた。しかし、こうした除地特権は伊奈代官所以外では認められず、さらに元禄八年の武蔵国

総検地により否定され、村高に編入されたとされている。(29)

さらに当該期の開発には、一人の人物が数か所を散りがかり的に開発する事例が見られる。例えば、北条氏家臣の高城下野守定胤に仕えた平本定久は、伊奈忠治に従って武蔵国葛飾郡三輪野江村（現・埼玉県吉川市）を開発し、その功績により土地を与えられた。跡式を長男定勝に譲り、自身は下総国相馬郡中谷原村（現・茨城県竜ヶ崎市）に移住し、主膳新田を開発した。その跡は、次男の清左衛門に譲ったという。定久の事例からは、周辺地域にある可耕地を発見し、盛んに移動を繰り返し開発する「旧家者百姓」先祖らの姿が見られる。(30)

「旧家者百姓」先祖が開発したのは、耕地だけではなく、街道の拠点である宿の整備も行っている。葛飾郡栗橋宿（現・埼玉県久喜市）(31)は「旧家者」与四右衛門らの先祖により、多摩郡府中宿を構成する番場宿（現・東京都府中市）(32)は「旧家百姓」茂右衛門の先祖により、大里郡熊谷町（現・埼玉県熊谷市）(33)は「旧家者」忠兵衛の先祖により、足立郡鴻巣宿（現・埼玉県鴻巣市）(34)では三〇〇町余が勘右衛門の先祖により開発されたと、『新編武蔵風土記稿』では説明されている。彼らのように、開発主導者の家には、その後も本陣役を務めるなど宿の中心的機能を担い続ける家もあった。

また「旧家者百姓」先祖には、山間部において江戸城を建築するための石灰や材木の生産などを進める者もいた。例えば、山間地域の武蔵国多摩郡上成木村（現・東京都青梅市）では、「旧家百姓」次右衛門の先祖が石灰製造を主導している。次右衛門の先祖は、北条氏照旧臣の木崎治部という人物であった。木崎氏は氏照の居城八王子城の落城後、上成木村に移住し、そのときに初めて石灰を焼く生業を始めたという。(35)同様に、山間地域の武蔵国秩父郡上名栗村（現・埼玉県飯能市）の「旧家者」栄次郎の先祖は、御上のためにもなるだろうと、自らの持山に杉・檜二万五〇〇〇本を植樹した。(36)

以上のように、北条氏旧臣や元大名家臣などの「旧家者百姓」先祖は、北条氏の滅亡後に土着し百姓となった。そして自己の居村での生活基盤を整備する一環として、荒廃した田畑を再開発し、新たな田畑の開発にも着手した。さらに、耕地開発のみならず、宿の整備や山間部における石灰や材木の生産を始める「旧家者百姓」先祖もいた。

2　村内における「旧家者百姓」家の特権・地位

開発主導者は、その功績により開発した耕地の一部を与えられるなど、新田開発特権を得た。また、宿や山間地域においても、開発を通じて重要な地位を占めていた。さらに、「旧家者百姓」家の中には、開発した耕地ではなく、住んでいる屋敷地の除地特権を持つ者もいた。史料14は、武蔵国男衾郡本田村（現・埼玉県深谷市）の本田五郎兵衛の記事である。

【史料14】本田村(37)

旧家者本田五郎兵衛　本田次郎親常の子孫にして、世々当所に住す、彼が宅地を本田屋敷と唱ふ、今も諸役免除せられ、又代々苗字帯刀をも許さる、按に【東鏡】本田次郎親常〔【盛衰記】親恒に作り、家譜親常と書す〕は畠山重忠が郎従として、武州二俣川に於て討死せり、家譜に拠に親常の子太郎親房は、重忠が子六郎重保に仕へて、和田合戦に討死し、其子藤十郎〔後改左馬介〕親定父討死の後、相州一ノ宮に蟄居せしが、北条時房進めて将軍頼経に仕へしめ本領を賜ひしより、代々将軍家の旗下に属し、其後足利家の臣となりて、源次郎長繁に至る、此人天正三年本田郷の内五十石の地を、村内教念寺へ寄附せしことは、同寺の条にもいへり、長繁の子右近尉長親北条氏直に仕へ、天正十八年小田原籠城の数に加はり、彼城落去の後浪士と成て、已が本田郷の宅に蟄居せしに、文禄四年関東惣検地の時、下吏山下源右衛門指揮して、本田は旧家たるに依り、其宅地は其まゝ免除地たるべしとて除かれしとなり、本田村の本田家は、畠山重忠の家臣としての由緒を持ち、長親の代には北条氏直に仕えていた。長親は、天正一八年（一五九〇）の小田原落城に際し、浪人となり、本田郷の居宅に蟄居した。文禄四年（一五九五）の関東総検地のさい、検地役人の山下源右衛門により本田家は旧家であり、宅地は以前から年貢免除地（除地）であるので、そのまま除地とされ続けたという。先祖以来の土地特権が、子孫まで引き継がれているめずらしい事例である。

では、実際に居屋敷が除地となった過程がわかる、武蔵国榛沢郡荒川村（現・埼玉県深谷市）の「旧家者」持田太郎兵衛家の史料を掲げよう。

【史料15】[38]

尚々、名主之やしき大縄ニ入不申候ハヽ、壱札を取候てはつし可申候、以上、

御書中過分ニ奉存候、如御意候、此中は一段とさむく罷成候、乍去御縄之所は涯分かせき申候、御心安可思召候、殊更荒河之百姓持田屋敷之所御意ニ候、尤御意ニ候ハヽ、大縄ニ入不申候ハヽ、はつし可申候、兎角何事も旦那被申様も、御両所様御指づ次第ニ可仕候之由、被申付へく候間、御意次第ニ存候、恐々謹言、

内藤左衛門（花押）

十一月九日　　袴田七右衛門（花押）

河下平次左衛門（花押）

自窪嶋

日下兵右衛様

成瀬吉右様

参御報

史料15は、文禄四年一一月九日に荒川村を検地した内藤ら検地役人が、荒川村を支配する代官日下部兵右衛門定好・成瀬吉右衛門正一に宛てた書状である(39)。

この書状には、荒川村名主である持田家の屋敷地について、「御両所」（日下部・成瀬）の意向どおり、検地縄入を行わなかったので、除地として欲しいと書かれている。尚々書にも、名主の屋敷地を検地縄除したので、一札を取って除地にするべしとある。

つまり、伊奈代官配下の検地役人らが、荒川村の支配代官日下部・成瀬の指図を受けて、持田家の屋敷地を除地としたことを報告する書状である。

寛文一二年（一六七二）の代官宛ての披露状(40)によれば、太郎兵衛の屋敷地一反二四歩と屋敷廻りの藪地六畝二九歩が除地とされていたことがわかる。また、延宝五年（一六七七）の名主出入訴訟の返答書(41)には、近世初期の検地に際して与えられた屋敷地除地は、「各別《格》御忠節」に対して認められたと記載がある。

太郎兵衛の屋敷地除地は、最終的には延宝四年の検地にさいして年貢地となった。近世初頭に与えられた様々な土地特権は、寛文・延宝〜元禄期にかけて大半が消滅ないし変質していった。

このように、古くからの由緒や徳川氏入部時の功績などにより、屋敷地を除地とされた先祖を持つ「旧家者百姓」も存在した。

今度は、除地にされる彼らの居屋敷に注目してみよう。武蔵国橘樹郡上小田中村（現・神奈川県川崎市中原区）の勘右衛門についての記述である。

【史料16】上小田中村(42)

旧家者百姓勘右衛門　今当村の里正なり、（中略）永禄の頃勝光吉良家の拝借奉行を承り、百貫目の地を領せしとぞ、天正年中に至り吉良氏も没落せしかば、自づから民間に下れり、勝光経済のことに長しければ、年老し後いよ〳〵家として世に聞えし富饒の民となれり、その頃五十間に百間の蔵屋敷をかまへ、そのまはりには四五間の溝をほりまはせり、今も溝のあとたしかにありと享保の頃の物にしるせり、此人村内宝蔵寺を建立し、又神社あまた勧請す、既にその社の所に出せり、この子久右衛門重信も富民にして田地三百石をもちたり、明暦三正月二十八日に八十六歳にして死す、（中略）其後子孫連綿として今の勘右衛門に及べり、この余原氏の分地といへるものあまたありて、此村にもすべて二十七家といへり、

上小田中村の「旧家者百姓」勘右衛門の先祖原勝光は、吉良氏の拝借奉行を務めており、一〇〇貫目の知行地を与えられていた。ところが、天正年間吉良氏が没落したので、勝光は土着して百姓となった。勝光は経済に長けており、世に聞こえるほどの富裕な家となり、周囲には四～五間の堀を持つ、五〇〇〇坪の蔵屋敷地を構えた。さらに勝光は、村内の寺社を数多く建立するなど、村内の信仰施設を整備する役割を果たしていた。また、多くの分家も輩出していた。

相模国津久井県牧野村（現・神奈川県相模原市緑区）の「旧家」神原五郎助については、『新編相模国風土記稿』にその居屋敷を描いた絵が残されている(43)。

神原五郎助の先祖（初代）神原徳兼は、元々は戦国大名今川氏に仕えていた。今川氏滅亡後、譜代の家来四名を従え、親類の縁を頼って牧野村に土着した。神原徳兼は、牧野村の荒地を再開発し、それにより伊奈備前守忠次から二〇貫文の土地を与えられた。『新編相模国風土記稿』に収載された、「旧家五郎助」徳孝は神原家十代目の当主である（表21）。

『新編相模国風土記稿』の「里正五郎助宅図」（図8参照）によると、神原五郎助の家は小高い山の上にあり、周り

表 21　神原家歴代当主

世代	実名	通　称　な　ど	事　　　　績	没　　　年
	氏徳	後，氏政	今川家家臣，今川義元とともに討死	永禄３年５月
初代	徳兼	佐藤姓，新五郎・三郎左衛門	今川家の滅亡後，牧野村に土着	慶長10年10月
２代	徳氏	新八郎・久右衛門・次郎左衛門	扶持を得る	正保４年10月
３代	徳冨	新八郎・久右衛門・次郎左衛門		延宝４年３月
４代	冨門	五郎助・神原姓に復姓		享保２年４月・96歳
５代	覚嘉	一学・甚五郎・甚五兵衛	貞享５年，39歳で弟長三郎(久弥)に家を譲る	—
６代	一嘉	—	養子	宝暦６年７月
７代	徳嘉	一学・万五郎・伴五郎		安永８年３月・67歳
８代	徳明	五百五郎・五郎次・久右衛門		寛政７年10月
９代	孝保	三郎五郎・五郎助		享和３年閏正月
10代	徳孝	五郎助・丑太郎		天保13年正月

出典：井上勝夫氏所蔵文書写真帳７－１(神奈川県立公文書館所蔵)。

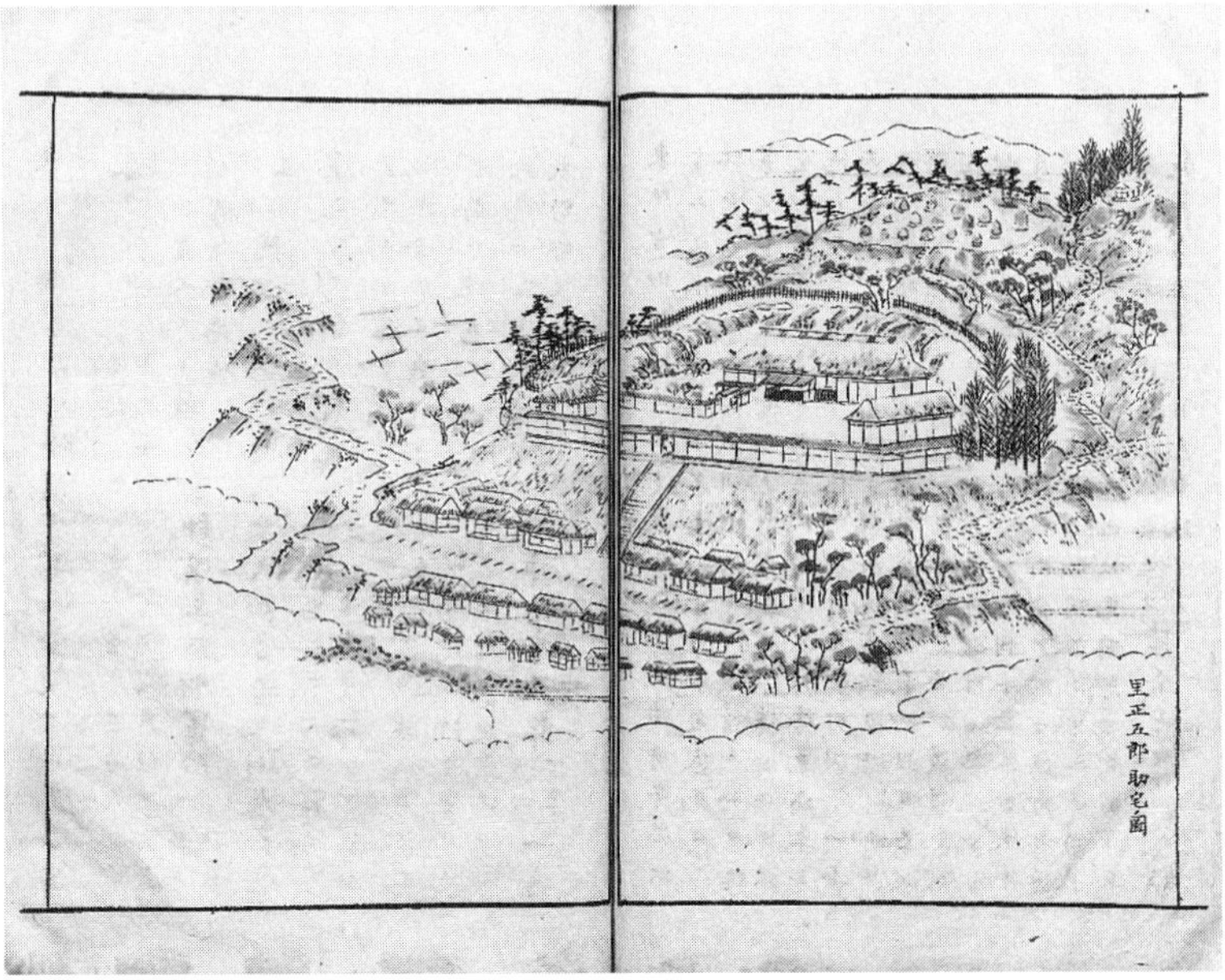

図８　里正神原五郎助屋敷図（国立公文書館所蔵「新編相模国風土記稿」173-190-57）

を塀が取り囲んでいる。神原家の住む牧野村大久和集落には、本百姓は神原家だけで、残りの住民は神原家の隷属農民（譜代下人）や地借（水呑百姓）だった。[44]つまり、山の上には神原家の家があり、山の下には「家来」である神原家の譜代下人などの家が並んでいる。住居配置が、神原家とその他の百姓との上下関係を示しているようである。この構図自体は、近世初頭から基本的には変化していないだろう。

このように「旧家者百姓」先祖には、堀や塀に囲まれた広大な屋敷地を所持する者もいた。一般百姓の家の大きさを超える敷地に、壮大な堀・塀をめぐらした屋敷は、戦国期に軍事拠点的な機能を果たした屋敷地を持つ彼らの姿を浮かび上がらせる。

3　寺社の建立と「旧家者百姓」家

「旧家者百姓」先祖の功績として数多く記載されているのが、村の寺社の建立である。

近世の公認された仏教教団に所属する寺院は、村人の葬祭や葬祭寺檀関係に基づく寺請を独占していた。さらに、神社の神職や修験・遍歴する僧侶などと競合しつつ、村に生きる人々の通過儀礼・年中行事・農耕儀礼など、定例化した宗教行事に関与した。また、時々の必要に応じて、占いや病気直しの祈禱なども執り行っていた。

さらに、寺社の住職や神職などが寺子屋の師匠や争論の仲裁人になったり、刑罰や制裁の免除・軽減のために「入寺」が行われたりすることもあった。また、寺社の土地が周辺村の生産・生活に必要な山林や水源としての役割を果たし、寺社の建物が村の寄合や祭礼の場などとして用いられる場合もあった。[45]つまり寺社は、村人の生活にとって、切っても切り離せない「公共施設」であった。

史料1で、永田村「旧家者百姓」の服部彦六の先祖である玄庵道甫が、宝林寺を開基したことを述べた。『新編武蔵風土記稿』の永田村の宝林寺に関する記事は次のとおりである。

【史料17[46]】永田村

宝林寺　除地、境内二段四畝十七歩、外に一町六段九畝十四歩、小名堂ヶ谷と殿谷の境にあり、禅宗臨済派、相州鎌倉円覚寺末、永田山と号す、開山大雅省音応永二十六年六月八日示寂、開基は当村の名主彦六が先祖服部玄庵なり、其位牌に玄庵道甫居士、天文九庚子四月十二日と記せり、されど開山開基の寂年隔りたれば、恐くは大雅が開山せしと云は、纔に庵室などにありしを、後玄庵造営せしをもて開基と唱へしにや、本堂は七間に五間東向、本尊釈迦を安す、長二尺程、

永田山宝林寺は臨済宗に属し、相模国鎌倉郡円覚寺の末寺である。応永二六年（一四一九）、大雅省音が宝林寺のもととなる庵室を開山し、その後、天文ごろ（一五三二〜五五）その庵室を発展させたのが玄庵道甫であったと記されている。

表19・20によると、村の有力者である「旧家者百姓」先祖が村の寺社の開基・造営に関わった事例は、武蔵国で一四一件（「旧家者百姓」の約二八％）、相模国で四八件（「旧家者百姓」の約三二％）確認できる。

著者は、先に屋敷地除地の事例で取り上げた武蔵国榛沢郡荒川村の「旧家者」持田家と、村民や村落寺院（寿楽院）との社会関係について、以下のような分析を行った[47]。

寿楽院は、一七世紀末〜一八世紀初頭にかけて「村内の個別集落（村内小集落）の寺院」から「村全体の寺院」へとその性格を徐々に変えていた。持田家も、近世前期の小百姓成長の影響を受け、中世以来の土地特権を所持し、村政を自らの裁量で運営する土豪としての性格を失った。しかし、元々寿楽院は持田家が開基した寺院で、それにより他の村民と比べて優位な戒名位号を受ける権利を近世中後期まで持ち続けていた。寿楽院・持田家の性格が変わって

も、寿楽院の開基に関わりを持つことにより得られる、持田家の村における戒名位号の格の優位性は、近世中後期に至っても変わることがなかった。つまり、近世初頭の寺院の開基は、近世中後期に至るまで村内の序列を一定程度規定する要因となっていた。

「旧家者百姓」先祖は、家の存続・発展のために村や地域の耕地開発、水路開削に加え、村の「公共施設」となる寺社を開基・造営するなど、村の基盤整備を行ったのである。一方で、「旧家者百姓」家は寺院の開基に関わったことから、他の村民より優位な戒名位号を得ることもあった。

4　村政運営と「旧家者百姓」家との関係

最後に、中世以来の由緒や様々な特権を持つ「旧家者百姓」と村政運営との関わりについて分析する。

表19によると、『新編武蔵風土記稿』に記載のある「旧家者百姓」四八八家のうち、一九〇家（約三八％）が村役人を務めていた経験を持ち、一七八家（約三六％）は里正・名主経験を持っていた。さらに、一七八家のうち六九家（約三八％）は、「世々里正」「世々名主」「累代名主」などの記載がある世襲名主家であり、天保期まで連綿と名主を務めた家である。

一方、『新編相模国風土記稿』に記載がある「旧家者百姓」一四九家のうち、六七家（約四四％）は村役人を経験しており、六五家（約四三％）は里正・名主経験を持っていた。さらに、六五家のうち、約四三％にあたる二八家が世襲名主家であった（以上、表20）。

つまり、武蔵国・相模国に広範に存在する「旧家者百姓」の家々の多くは村役人経験を持ち、その約四割は世襲名主家なのである。

武蔵国久良岐郡永田村の服部家（前掲史料1）は、近世を通じてほぼ世襲的に名主を務めてきた。永田村の内部は、北永田と南永田の二つの小集落に分かれていた。享保期に名主役をめぐる出入が発生し、近世初期以来の服部家を中心とする一元的な村政運営は村内小集落に即して二分された。出入の後、北永田集落は、住民の大半と本家分家関係を通じて権力を維持し、経済的・社会的に強いつながりを持つ、服部家を中心とした村政運営機構を持つ北永田「村」となった。一七世紀の服部家は、自らの裁量で村政を行っていた。元禄〜享保期になると、小百姓の成長を受け、彼らが村政に対して影響を及ぼすようになっていた。服部家は、村内の小農自立の動向に対応しつつ村政運営を行うようにその性格を変化させていたのだった。(48)

『新編風土記稿』に掲載された、近世後期にまで世襲的に名主を務めていた九七家は、服部家のように村内の状況変化にうまく対応できた家々だったと考えることができる。

おわりに

本章では、『新編風土記稿』から武蔵国・相模国の「旧家者百姓」の記事を分析し、近世初頭における「旧家者百姓」先祖の活動の歴史的意義とその後の家の展開過程を明らかにした。

近世前期の武蔵国・相模国には、戦国期以来の由緒を持つ「旧家者百姓」先祖が数多く、また広範に存在していた。彼らの半数は北条氏の被官で、天正一八年（一五九〇）の北条氏滅亡にさいして土着し、百姓となった者であった。一方、残る半数は、村に土着するか、完全に土着せず戦国大名間を行き来するなどしていた。彼らも、徳川家康の関東入部により、被官化の道が途切れたことによって、完全に土着することになる。天正一八年は、まさに近世的な村落社会形成の起点となったのである。

小百姓が自立し、近世的な村落社会が形成される以前の村落では、「旧家者百姓」先祖が自らの経営体を維持し、生活する環境を整備するため活動していた。その結果、後代に至るまで広大な屋敷地や優位な戒名位号を保持するなど、他の村民との差異性を示すことが可能となった。こうした「旧家者百姓」先祖以来の村落内部での特殊な地位が、戦国期から近世初頭の戦国大名との被官関係や開発などの由緒と相まって、その子孫を「旧家者百姓」と認識させたのであった。

また本章では、『新編風土記稿』と「旧家者百姓」家の史料を組み合わせることで、「旧家者百姓」家の土地特権の喪失や村政運営上の地位の変化、一方で他村民と戒名位号や屋敷地で優位性を維持し続けていたことを解明することができた。

ところで著者は、これまで永田村「旧家者百姓」の服部家（史料1）や荒川村「旧家者」の持田家を土豪として分析してきた。著者の土豪の定義は「中世から近世前期までに存在し、村落や地域において独自の特権や社会関係を有した有力者」である。

また、小酒井大悟氏(49)は、一七世紀後半までは戦国期に引き続き中間層を土豪という範疇で括ることが可能だが、その条件として小農を中心とする村からの規制を免れている点、言い換えると、近世の中間層（豪農・質地地主）の固有な特質をいまだ十分に帯びていない点を重視すべきであると主張する。長谷川裕子氏(50)も、土豪とは村の生存を支える活動を行っていた人々の総称であるとし、その具体的な活動として金融や荒地再開発などを挙げている。

『新編風土記稿』に見る「旧家者百姓」先祖は、独自の特権（屋敷地除地）や社会関係（優位な戒名位号・譜代下人関係）を持ち、村の小百姓の影響を受けていない人々（「開発」や村政運営を自らの裁量で行う）であり、村の基盤を整備する人々である。すなわち、土豪であったということができるだろう。近世前期の関東には、「旧家者百姓」先祖を含む土豪が、広範に存在していたのである。

註

（1）「新編武蔵風土記稿巻之八十」（蘆田伊人編集校訂・根本誠二補訂『大日本地誌大系　新編武蔵風土記稿』第四巻、雄山閣、一九九六年）。
（2）白井哲哉「地誌調所編纂事業論」（同『日本近世地誌編纂史研究』思文閣出版、二〇〇四年）。
（3）『新修世田谷区史』上巻（一九六二年）。
（4）『新編埼玉県史』通史編三　近世一（一九八八年）。
（5）児玉幸多「村落社会の組成」（同『近世農村社会の研究』吉川弘文館、一九五三年）。
（6）馬場憲一「近世初期・武州多摩郡における土豪的農民の系譜と土着化」（『多摩のあゆみ』四六、一九八七年）。
（7）『新編風土記稿』では、古くからの由緒を持つ家の当主を「旧家者百姓」「旧家百姓」「旧家」などと表現している。本章では、それらをまとめて「旧家者百姓」とする。
（8）長谷川裕子「戦国大名被官としての土豪」（同『戦国期の地域権力と惣国一揆』岩田書院、二〇一六年）。
（9）白井前掲論文（註（2）参照）。
（10）「新編武蔵風土記稿首巻例義」（蘆田伊人編集校訂・根本誠二補訂『大日本地誌大系　新編武蔵風土記稿』第一巻、雄山閣、一九九六年）。
（11）「新編武蔵風土記稿首巻例義」（蘆田伊人編集校訂・根本誠二補訂『大日本地誌大系　新編武蔵風土記稿』第一巻、前掲註（10）参照）。
（12）八王子市市史編集委員会編『新八王子市史』資料編4　近世2（二〇一五年）、一〇四二号文書「地誌捜索問目」。
（13）「新編武蔵風土記稿巻之三十一」（蘆田伊人編集校訂・根本誠二補訂『大日本地誌大系　新編武蔵風土記稿』第二巻、雄山閣、一九九六年）。
（14）「新編武蔵風土記稿巻之十八」（蘆田伊人編集校訂・根本誠二補訂『大日本地誌大系　新編武蔵風土記稿』第一巻、前掲註

（10）参照）。
（15）「新編武蔵風土記稿巻之九十」（蘆田伊人編集校訂・根本誠二補訂『大日本地誌大系　新編武蔵風土記稿』第四巻、前掲註（1）参照）。
（16）白井前掲論文（註（2）参照）。
（17）「新編武蔵風土記稿巻之六十八」（蘆田伊人編集校訂・根本誠二補訂『大日本地誌大系　新編武蔵風土記稿』第三巻、雄山閣、一九九六年）。
（18）和泉清司『近世前期郷村高と領主の基礎的研究』（岩田書院、二〇〇八年）。
（19）木村礎校訂『旧高旧領取調帳　関東編』（近藤出版社、一九六九年）。
（20）「新編武蔵風土記稿巻之百十四」（蘆田伊人編集校訂・根本誠二補訂『大日本地誌大系　新編武蔵風土記稿』第六巻、雄山閣、一九九六年）。
（21）和泉前掲書（註（18）参照）。
（22）木村礎校訂『旧高旧領取調帳　関東編』（前掲註（19）参照）。
（23）「新編相模国風土記稿巻之四十九」（蘆田伊人校訂・圭室文雄補訂『大日本地誌大系　新編相模国風土記稿』第三巻、雄山閣、一九九八年）。
（24）「新編武蔵風土記稿巻之六十一」（蘆田伊人編集校訂・根本誠二補訂『大日本地誌大系　新編武蔵風土記稿』第三巻、前掲註（17）参照）。
（25）「新編武蔵風土記稿巻之九十一」（蘆田伊人編集校訂・根本誠二補訂『大日本地誌大系　新編武蔵風土記稿』第四巻、前掲註（1）参照）。
（26）「新編武蔵風土記稿巻之十六」（蘆田伊人編集校訂・根本誠二補訂『大日本地誌大系　新編武蔵風土記稿』第一巻、前掲註（10）参照）。
（27）「新編武蔵風土記稿巻之二十八」（蘆田伊人編集校訂・根本誠二補訂『大日本地誌大系　新編武蔵風土記稿』第二巻、前掲註（13）参照）。
（28）萩原龍夫・杉山博編『新編武州古文書』上（角川書店、一九七五年）、葛飾郡二三二号文書。

(29)　多田文夫「伊奈氏の新田開発と除地設定について」（『関東近世史研究』四四、一九九九年）。
(30)　足立区立郷土博物館『浪人たちのフロンティア』（二〇一一年）。
(31)　「新編武蔵風土記稿巻之三十八」（蘆田伊人編集校訂・根本誠二補訂『大日本地誌大系　新編武蔵風土記稿』第二巻、前掲註(13)参照）。
(32)　「新編武蔵風土記稿巻之九十二」（蘆田伊人編集校訂・根本誠二補訂『大日本地誌大系　新編武蔵風土記稿』第四巻、前掲註(1)参照）。
(33)　「新編武蔵風土記稿巻之二百二十」（蘆田伊人編集校訂・根本誠二補訂『大日本地誌大系　新編武蔵風土記稿』第一一巻、雄山閣、一九九六年）。
(34)　「新編武蔵風土記稿巻之百四十八」（蘆田伊人編集校訂・根本誠二補訂『大日本地誌大系　新編武蔵風土記稿』第八巻、雄山閣、一九九六年）。
(35)　「新編武蔵風土記稿巻之百十七」（蘆田伊人編集校訂・根本誠二補訂『大日本地誌大系　新編武蔵風土記稿』第六巻、前掲註(20)参照）。
(36)　「新編武蔵風土記稿巻之二百四十八」（蘆田伊人編集校訂・根本誠二補訂『大日本地誌大系　新編武蔵風土記稿』第一二巻、雄山閣、一九九六年）。
(37)　「新編武蔵風土記稿巻之二百二十四」（蘆田伊人編集校訂・根本誠二補訂『大日本地誌大系　新編武蔵風土記稿』第一一巻、前掲註(33)参照）。
(38)　埼玉県立文書館所蔵持田英孝家文書（以下、持田（英）家文書と略記する）・九「内藤左衛門他二名連署書状」。
(39)　文書の作成年については『新編埼玉県史』通史編三　近世一（一九八八年）参照。
(40)　持田（英）家文書・五〇九「御披露申上候御事」。
(41)　持田（英）家文書・五六四「乍恐以返答書御訴詔申上候」。
(42)　「新編武蔵風土記稿巻之六十五」（蘆田伊人編集校訂・根本誠二補訂『大日本地誌大系　新編武蔵風土記稿』第三巻、前掲註(17)参照）。
(43)　「新編相模国風土記稿巻之百二十」（蘆田伊人校訂・圭室文雄補訂『大日本地誌大系　新編相模国風土記稿』第五巻、雄山閣、一九九八年）。

（44）木村礎編『封建村落』（文雅堂書店、一九五八年）。

（45）朴澤直秀「近世の仏教」（『岩波講座 日本歴史』第一一巻 近世二、岩波書店、二〇一四年）。

（46）「新編武蔵風土記稿巻之八十」（蘆田伊人編集校訂・根本誠二補訂『大日本地誌大系 新編武蔵風土記稿』第四巻、前掲註（1）参照）。

（47）拙稿「近世前期～中期における土豪家と村落寺院」（『関東近世史研究』七三、二〇一二年。本書第二部第二章）。

（48）拙稿「近世前期土豪の変容と村内小集落」（関東近世史研究会編『関東近世史研究論集1 村落』岩田書院、二〇一二年。本書第二部第一章）。

（49）小酒井大悟「中近世移行期の村をどうとらえるか」（『歴史評論』七三一、二〇一一年）。

（50）長谷川裕子『中近世移行期における村の生存と土豪』（校倉書房、二〇〇九年）。

終章　本書のまとめと今後の課題

本書では、二部にわたり、近世関東の村落社会の形成・展開過程を分析してきた。具体的には、土豪土地特権の変容過程と土豪およびその子孫たち（土豪家）が有した地縁・血縁関係などの社会関係の様相を検討した。最後に、ここまでの検討から明らかになったことを総括し、展望・課題を示していこう。

一　各章のまとめ

第一部「近世前期の土豪と土地特権」では、近世前期の関東村落に広範に存在した土豪の変容過程について、とくに土豪の土地特権を取り上げ、分析と考察を行った。

まず第一章では、屋敷地除地・名主免など近世初頭に土豪が有した土地特権について、武蔵国榛沢郡荒川村持田家・同国久良岐郡永田村服部家を事例に検討を進めた。

過去の忠節に対し代官らから与えられた屋敷地除地特権は、一七世紀後半に検地が施行された結果、消失していった。一方の名主免は、土豪に付属する土地特権から、幕府規定や惣百姓の合意に基づく名主の役に付属する土地特権（名主役地）へと、その性格を変えた。

第二章では、武蔵国多摩郡上恩方村草木家を事例に、分付関係が解消に至る経緯から、分付主―分付百姓という土豪（地主）と小百姓（小作人）との経済的・社会的関係の変容過程を明らかにした。

土豪草木家は、近世初期には耕地・山林所有により村内で有力な経済的地位を占め、上恩方村の名主役を務めていた。上恩方村では寛文検地の施行により、慶長検地で設定された分付関係が解消された。これは土豪草木家にとって、分付地を失うという経済的な損失であっただけではなく、村内で数少ない隷属的分付百姓を有する分付主であるという社会的地位の喪失でもあり、またその地位に根ざした、「土豪である」という自己意識を動揺させる出来事であった。こうして草木家は、村内の百姓と中世以来の経済的・社会的関係を保持するという、土豪的性格を失ったのであった。しかし一方で草木家は、寛文検地以降も耕地・山林所有の側面では村内における地位を維持・向上させ、村民と協力することで輪番名主となった。すなわち、土豪としての性格を喪失し、近世的村役人化を遂げていったのであった。

ここまでの検討を通して、土豪土地特権は、「土豪である」という自己意識を裏付け、他の村民からの優位性を象徴していたことがわかった。これを土豪固有の要素の一つであると評価する。

第一章の持田家・服部家、第二章の草木家で見たように、土豪土地特権の喪失や性質の変化は、土豪が中世的な性格を失い、村の惣百姓や領主権力に規定を受ける近世的な土豪を先祖に持つ家（土豪家）として変容していく過程を端的に示している。

近世前期の土豪は、小百姓らに規制されることなく、土地特権を所持し、村政運営を独占的に行っていた。しかし、着実に成長した小百姓から、土地特権や村政運営上の規制などを受けることで、彼らは土豪としての性格を失った。

それでも彼らが、近世中後期に至るまで有力な土豪家として存続することができたのはなぜだろうか。彼らは村落・地域社会でいかなる存在であり、いかなる地位を占めていたのか。そして、土豪としての性格を失った土豪家を、村や惣百姓はどのように受容し、あるいは制約していたのか。第二部「土豪の変容と村落・地域社会」では、土豪としての性格を失いながらも、近世中後期に至るまで土豪家として存続する要因を探った。

第二部第一章では、武蔵国久良岐郡永田村服部家を事例に、村政運営をめぐる土豪家と村内小集落とのせめぎあいを追究した。

永田村の内部は、地理的に北永田集落と南永田集落の二つの小集落に分かれており、土豪服部家は北永田集落内に強い政治的・経済的・社会的基盤を有していた。享保期に名主役をめぐる出入が発生し、その結果、近世初頭以来の服部家を中心とする一元的な村政運営は、村内小集落に即して二分した。小百姓の成長が、土豪である服部家本家を中心とする近世初期以来の村政運営を解体したのである。出入の後、北永田集落は服部家本家を中心とした村政運営機構を持つ北永田「村」となった。それは服部家本家が、北永田「村」において、他の北永田住民と緊張関係を内包しつつも、その大半と本家分家関係を通じて権力を維持しており、集落内における経済的・社会的優位性を一定程度維持していたからであった。

第二章では、武蔵国榛沢郡荒川村持田家を事例に、土豪家・村民と寺院の社会関係について考察した。

近世前期、荒川村の内部は、幕領である荒川地区と私領である只沢地区に分かれていた。寿楽院は、その再興に関連して持田家・荒川地区と検地帳の除地記載などを通じて、深い関係性を有していた。しかし、元禄の地方直しによって村内の相給化が激しくなり、幕領が四分割されると、旧来の寿楽院と幕領である荒川地区との関係は断ち切られ、寿楽院は「村の寺院」へと性格を変えていった。その後、宝暦期には、村の体面を示す「村の寺院」たる寿楽院の寺格を昇格するべく、村が一丸となって運動した。その中心にあって運動を展開したのは、土豪家の持田太郎兵衛だった。

持田家は、寿楽院から他の村民とは異なる特別な戒名位号を受けていた。こうした機能を有する寿楽院は、遅くとも寺格昇格運動の時点では、集落の寺院から村の寺院となったことで、持田家の特別な戒名位号による序列（家格）が村全体で顕在化することとなった。近世前期の小百姓成長の影響を受け、持田家は土地特権・村政運営に見られる土豪としての性格を失ったが、寺院の再興に関わることにより得られた村内における社会的地位での優位性は変わらなかった。これは、土豪家が小百姓の成長により変わりつつある村内でも、なお独自の地位を占め続けたことを意味する。

第三章では、武蔵国久良岐郡本牧領永田村の服部家を事例に、領主交代・新政策の導入・領主錯綜状態の進行などに伴い、地域権力としての土豪の地位がいかに変化したのかを分析した。

服部武兵衛は、延宝七年（一六七九）に代官手代に登用され、代官の置籾政策の実務を地域で担当した。代官手代退役後しばらくして、服部武兵衛の子の三郎右衛門は割元役に就任し、地域運営体制の中で重要な地位を占めることになった。代官手代登用以前の服部家が、政治的・経済的に影響を及ぼし得る範囲は、本牧領地域内でも限定されたものであったが、代官手代・割元役への就任を通じて、領主を同じくする村々に対して、地域権力として力を持つようになったのである。しかし、領主支配機構との結びつきにより上昇させた、地域権力としての地位は一時的なものとならざるを得なかった。その後、地方直しにより本牧領では領主の錯綜が進み、割元役という存在は見られなくなっていく。領主交代・錯綜が激しい本牧領では、村や地域の既存の秩序や権益が侵される可能性を多分に含んでおり、領主権力との長期的かつ安定的な結びつきを維持し続けることは難しかったのである。

第四章では、近世後期に幕府が編纂した『新編武蔵風土記稿』『新編相模国風土記稿』をおもな素材として、天正一八年（一五九〇）前後の関東に存在した「旧家者百姓」の数量的把握を試みるとともに、彼らの特徴や、その後の家の展開について考察した。

両書から、近世後期の武蔵国・相模国には、戦国期以来の由緒を持つ土豪の末裔である「旧家者百姓」が数多く、広範に存在していたことが明らかになった。両書に掲載されなかった、あるいは両書の成立までに没落した家などもあったはずであり、近世前期にはより多くの土豪が関東各地に存在していたであろう。こうした関東の土豪は、耕地や水路開削など、あるいは村の「公共施設」である寺社を開基・造営するなど、様々な開発を行い、生活環境を整備した。そして、その功績により、広大な屋敷地に対する除地特権を認められる者もいた。また、名主をはじめとする村役人を務め、村政を運営した者も多かった。その村政運営に対する関与に変化は見られるものの、彼らの子孫の一部は、近世中後期に至るまで世襲的に名主を務めた。

二　研究史上の意義

本書の研究史上の意義について、A近世土豪家への性格変容、B関東における村落・地域社会の形成・展開と土豪家、の二点から総括する。

近世土豪家への性格変容

第一に、土豪特権のうち、とくに土地特権を取り上げて分析した点である。

関東各地で行われた近世初期の検地では、村や地域における戦国期以来の地位に基づく土豪土地特権（屋敷地除地・分付関係など）が認められた。それは、土豪が既存の権益の一部を引き続き保証されるという意味を持った。また、徳川氏は、戦国末期に北条氏の家臣であった人物を登用した。近世初頭の関東地域支配にあたっては、戦国期以来の体制が活用されていたのである。

関東では、天正一八年（一五九〇）の北条氏の滅亡を画期として、北条氏の被官であり、村や地域の権力者である土豪の多くが一斉に村に土着したが、新たに入部した徳川氏は、彼らを懐柔しつつ支配を行わざるを得なかった。(1)その結果、近世初期の関東村落・地域社会は、戦国末期の社会状況に規定され、戦国期以来の強い継続性を持つものとなった。

従来の研究では、土豪と小百姓たちとの分付関係の解消により、小農自立が達成されると評価されてきた。(2)本書では、分付記載をめぐって分付主（土豪）と分付百姓（小百姓）との間で争われた出入から、土豪の分付地の所有が土豪としての自己意識の源泉であったことが明らかになった。また、土豪の屋敷地除地は、自らの「忠節」により与えられており、土豪の領主に対する功績を象徴するものであったことを解明した。

土豪の土地特権の喪失は、所持地の減少という経済的影響や分付百姓との経済的・社会的関係の変容を土豪にもたらすだけでなかった。上恩方村の土豪草木家が自らを「百姓衆」とは違う存在であると位置付けたように（本章第一部第二章）、彼らの持った土豪としての自己意識にも大きな影響を与えていたことを、ここでは強調したい。

さらに、土豪土地特権を屋敷地除地・名主免のみならず、分付関係を含めて考察した。従来は別個に分析されてきた屋敷地免除・名主免や分付関係などの土地特権を一括し、関東に特徴的に見られる土豪特権として位置付けたことも、本書独自の視点である。

初期検地で認められた土豪土地特権は、寛文・延宝期の検地により否定されていった。さらに、本書で分析した各村で共通に見られたように、一七世紀後半になると小百姓層が成長し、村政運営などに関与するようになる。つまり、土地特権を所持し、村からの規制を受けない土豪としての性格は失われていく。

長谷川裕子氏(3)は、一七世紀後半における小百姓の家の成立以後も、土豪(庄屋)が必要とされたことにより、彼らの持つ身分的特権(村役免除)は維持され、村の構造にも本質的変化は見られないと主張する。こうした主張は、土豪がその性格を変えることなく、近世社会へと存続していくと見るものである。しかし本書が明らかにしたように、土豪の自己意識や、先祖の功績を象徴し裏づける土豪土地特権の喪失は、土豪としての性格の喪失であったと言えるだろう。

第二に、土豪としての性格を失ってもなお、近世後期に至るまで土豪家が独自の地位を保ち得た、社会的要因を明らかにした。

その社会的要因の内容を具体的に言えば、土豪の子孫が構成する土豪家は、Ⅰ自らが居住する集落に強力な経済的・社会的基盤を有する点、なかでも、集落構成員の大半と擬制的親子関係を結ぶ、強力な本家分家関係を有したこと、Ⅱ村落寺院の再興に由来する格別な戒名位号を通じて、独自の社会的地位を示し、維持し続けたことなどである。土豪家は近世においても、戦国期以来の村内の社会関係を一定程度維持し得ていた。その背景には、土豪が中近世移行期に多くの分家を輩出し、かつ村の「公共施設」である寺社を開基・造営するなど、様々な開発を行ってきたという事実が存在した。本書で指摘した本家分家関係(血縁関係)・戒名位号は、そうした土豪の活動が、後世の社会関係にも大きな規定性を与えていた典型例と言えるだろう。

小酒井大悟氏(4)は、村や地域を経済的に下支えする役割を重視し、土豪がその性格を失って以降も、土豪家として他の村民との差異性を有する前提となるとしている。本書も、村や地域を経済的に下支えする土豪の役割自体を否定するものではない。しかし、経済的融通機能は、中世と近世の画期性を示す要素たり得ない。なぜなら経済的な融通機能は、土豪だけではなく、村役人・豪農・名望家など、中世・近世の中間層ならば、どのような概念で捉えようが、地域や村の代表者として必ず果たさなければいけない役割、随伴する機能なのである。

本書では、経済的な融通機能は、土豪がその後も独自の地位を占め続ける必要条件ではあるが、それのみでは、土豪家として存続する理由は解明できないと考え、近世中後期に至るまで土豪家が有する独自の家格を示す要素を解明した。それが、戦国期以来の土豪の分家輩出や村落開発・整備に伴って有するようになった、村内の社会関係である。

また小酒井氏は、越後国頸城郡大野村の村方騒動から、土豪の同族団を構成する分家の自立性が徐々に高まり、同族結合は弛緩すると評価した。本書第二部第一章でも、土豪の分家が中心となり、土豪の個人的才覚により運営されていた村政運営に変化をもたらしたことが明らかとなった。小酒井氏が中心的に検討した、村政運営や経済的側面から見れば、土豪同族団の希薄化は一定程度進んだと考えられる。しかし、村落社会内部の家格は、村落共同体を秩序付ける要素の一つであり、明治期に至るまで変質・動揺するが性格を完全に失うことはなかったと考えられてきた。(5)本書で検討したように、土豪家は名付け親として分家と擬制的親子関係を築くなど、同族団の本家として近世中後期に至るまで一定の社会的地位を保っていたと評価したい。

さらに、第二部第四章の分析で見たように、近世後期の武蔵国・相模国には、近世後期に至ってもなお、土豪の末裔である土豪家（「旧家者百姓」）が広範に存在したが、「旧家者百姓」は、伝承だけではなく、来歴を示す「物証」を含めて地域を調査した上で掲載されていた。最終的に認定したのは幕府だが、これは、地域内部に戦国期以来の特定の家を、土豪家と認識していた人々がいたことを示すものであろう。

以上、本書では、中世からの連続的な性格を持つ土豪が、小百姓が成長するに従い土豪的性格を喪失していった過程が確認できた。土豪は、政治的・経済的にその性格を変容させていく一方、近世初期の分家輩出により形成された同族団の本家としての立場や、村の寺社開基・建立の功績による社会的地位という、土豪家としての優位性により、一七世紀後半から一八世紀までを通じて、村落社会の近世化に適応した独自の中間層としての地位を占めていた。

関東村落・地域社会の形成・展開と土豪家

一五世紀から一六世紀の関東では、村落の廃絶が多く見られ、村落の再編が進んでいた(6)。いわば、人々の流動的状況を指して「移住の時代」とでもいうような社会状況にあったのである。こうした社会状況に変化が見られるのは一七世紀以降、北条氏の滅亡により、平和な社会において、多くの土豪が在地社会の開発・整備に本格的にあたるようになってからである。

土豪の村の開発・整備は、個別耕地の開墾だけではなく、郷蔵・用水路・神社寺院など、のちに村の共有財産という性格を強くする各種施設にも及んで行われていた。こうした共有施設の開発・整備こそ、その後も独自な土豪家として存在する原動力となっていたのである。

『新編武蔵風土記稿』『新編相模国風土記稿』には、「旧家者百姓」先祖(土豪)と各村の寺社の成り立ちとの関わりが詳細に記されている。先述したが、土豪が村落の「公共施設」の整備に尽力したとする記述は、一定の人々の認識を反映していると考えられよう。

関東の村落は、畿内村落と異なり一七世紀ごろに定住化が進んだとされている。『新編武蔵風土記稿』や『新編相模国風土記稿』を見ても、天正一八年の北条氏の滅亡が、多くの土豪が一斉に土着し、地域の開発に取り組む契機であったことは明白であろう。近世初期の土豪の村の整備こそが、中後期以降も土豪の子孫らを土豪家として存続せしめているのである。

中近世移行期研究では、一六世紀段階で強い共同性を帯びた惣村が誕生したとする近江国・山城国などが存在する畿内・近国(7)と、北条氏支配期には離村者の慰留と、離村者が残した荒れ地の再開発が重大な問題として存在した武蔵国などを事例とした関東(8)との社会状況の差が明らかにされている(9)。近世初期の土豪は、生産性の低く、共同体が未成立な関東村落において、優れた経済力により村内の基盤整備・開発を進めていた。

生産力の低位な関東では、融通を通じて村の成り立ちを支えることのできる存在は土豪のみであり、畿内村落のように村内から新たな権力が次々と生まれてくる(10)動向はあまり見られない。また、関東の世襲名主の先祖は、優れた経済力を持つ彼ら土豪であることが多い。土豪家が世襲名主となることは、彼らが年貢や小作料の未納に対応するなど、小百姓の生産基盤が脆弱である状況を考えると必然的な動向であった（第二部第一章）。

しかし、小百姓は、一方的に土豪家に支配される存在ではなかった。永田村の事例で見るように、一方では土豪およびその子孫に自らへの融通を求めるようになってくる。

さらに注目されるのは、土豪の名主役交代・馬草場の割り方に関する議定（第一部第一章）や、土豪家の名主役の相続などは、「村中惣百姓熟談之上相極」（第二部第一章）められているのである。つまり、土豪家にとって、惣百姓という無視し得ない組織が村内に存在していたのである。

関東各国では、名主を除外した「惣百姓」の相談にも村全体の意志を決定する機能があることが指摘され、その組織形態は、畿内・近国で見られる名主を含む「村惣中」とは性格を異にするとされている(11)。土豪に対抗するべく小百姓が結合したのが、惣百姓という組織であったのではなかろうか。社会的・経済的に卓越した力を持つ土豪の存在こそが、対抗軸としての惣百姓という存在を生み出した。さらに言えば、このような近世村落社会形成過程の中で、土豪家と惣百姓が、緊張関係を孕みつつも「相談」をもって円滑な村政運営を行う、関東独自の村政運営構造ができあがっていったのである。

三　本書の課題と展望

最後に、本書に残された課題と、今後の展望を述べておきたい。

本書を通じて、土豪と村民との間で醸成された政治的・経済的・社会的諸関係の変容過程について分析を行うことができた。しかし、地域社会内部に数多く存在すると思われる土豪たち相互の関係を分析することができなかった。土豪が武蔵・相模両国に広範に存在したことを示したが、その土豪らが相互にどのような連帯を持っていたのかまで解明するには及ばなかった。

中近世移行期の土豪・「侍」身分論では、「土豪のネットワーク」の機能などについて明らかにされている(12)。こうした土豪同士の連帯は、近世に入ってもなお相互に金銭融通を行うなど、土豪の相互保障的な機能を果たしていたと思われる。土豪と領主のみならず、土豪同士の連帯を踏まえた近世関東の地域社会の分析をさらに進めていく必要がある。

また、本書では、関東の土豪が存在する村をおもな分析対象として取り上げた。近世前期の関東村落には土豪が広範に確認されるところではあるが、当然土豪の存在しない村々もある。史料的限界もあるだろうが、今後は、こうした土豪の存在しない村の事例も念頭に、近世前期の関東村落の全体像を示す必要がある。

こうした視角から、近世前期村落の比較検討を行うことは、土豪の多面的な機能や性格をさらに明らかにするうえでも必要な作業であり、各村の普遍性・特徴の把握にもつながるだろう。

以上、地域社会に関する考察や土豪家自体の分析などには、さらなる分析の余地が残されている。今後、社会関係を中心に検討を行った、本書の研究手法により土豪家の分析を進めることで、中近世移行期の社会からの規定性を踏まえた、多様な近世村落像を描くことが可能となるだろう。

本書では、土豪の性格を変える要因として、徳川権力との関わりを重視し、武蔵国を中心に分析を行った。今後、本書が武蔵国において明らかにした点を、関東各地に分析対象を広げ、特殊性と普遍性を析出する必要があろう。本書で提示した結論は、武蔵国の内部にだけ当てはまるものではなく、広く関東全域に普遍化できる側面がある。それは、近世初頭の土豪が積極的に進めていた「開発」である。

本書第二部第四章では、関東の土豪の特徴的な動向として、初期の耕地・宿場・山野における「開発」の様相を明らかにした。土豪による関東の新田開発については、木村礎氏[13]や小酒井大悟氏[14]らによりすでに研究が進められてきている。ここで、関東各地の耕地開発状況を見ていきたい。

表22は慶長三年（一五九八）から天保五年（一八三四）までの石高増加の動向と増加率を示している。慶長三年の武蔵国の石高は六六万七一二六石余で、元禄一〇年（一六九七）には一一六万七八六二石余へと増加している。つまり、約一〇〇年間で石高が約一・七五倍に増加した（一七世紀増加率）。さらに、天保五年には一二八万一四三一石余へと増加し、元禄期の石高と比較すると約一・一〇倍（近世後期増加率）増加している。

このように、武蔵国では近世前期の石高増加が約一・七五倍と、顕著であった。表22によると、上総国を除く関東各国では、一七世紀の石高の増加率がそれ以降の増加率より高い。つまり、石高増加の推移から見ると、一七世紀の関東各国では耕地開発が盛んに行われていたことがわかる。

17世紀増加率	近世後期増加率
1.75	1.10
1.33	1.11
2.08	1.02
1.03	1.09
1.45	1.20
1.19	1.08
1.82	1.13
1.71	1.11
1.39	1.19

研究』（岩田書院，2008
176−0281。なお，石以下

表22　関東国別石高変化表

国名＼年代	慶長3年(1598)	正保2年(1645)		元禄10年(1697)		天保5年(1834)	
		石　高	村数	石　高	村数	石　高	村数
武　蔵	667,126	982,327	2,415	1,167,862	2,951	1,281,431	3,412
相　模	194,304	220,617	605	258,216	679	286,719	671
安　房	45,045	92,641	245	93,886	272	95,736	280
上　総	378,892	378,892	971	391,113	1,149	425,080	1,194
下　総	393,255	444,829	—	568,331	1,486	681,062	1,623
上　野	496,377	515,215	1,133	591,834	1,213	637,331	1,217
下　野	374,083	568,733	1,118	681,702	1,361	769,905	1,365
常　陸	530,008	840,048	1,546	903,778	1,677	1,005,707	1,723
全　国	18,509,043	23,342,672	—	25,786,929	63,226	30,558,917	63,932

出典：中野準ほか編『大日本租税志』2（清文堂出版，1927年），和泉清司『近世前期郷村高と領主の基礎的年），大野瑞男「国絵図・郷帳の国郡石高」（『白山史学』23，1987年），国立公文書館所蔵「天保郷帳」を切り捨てている。

関東各地の自治体史などでは、当該期の耕地開発はおもに各地の土豪を中心として進められていたことが指摘されている。一七世紀は「開発の時代」と言われるように、土豪を中心とした開発が各地で行われていた。本書では、開発の具体像については明らかにし得なかったが、本書により明らかになった様々な事実と関東各地の開発の動向とをあわせて見ることで、近世国家・社会の形成期の新たな地域社会像を提示できるだろう。

註

（1）北島正元『江戸幕府の権力構造』（岩波書店、一九六四年）。

（2）北島前掲書（註（1）参照）、所理喜夫『徳川将軍権力の構造』（吉川弘文館、一九八四年）、大舘右喜『幕藩制社会形成過程の研究』（校倉書房、一九八七年）、神立孝一『近世村落の経済構造』（吉川弘文館、二〇〇三年）、中野達哉『近世の検地と地域社会』（吉川弘文館、二〇〇五年）など。

（3）長谷川裕子「十五〜十七世紀における村の構造と領主権力」（同『戦国期の地域権力と惣国一揆』岩田書院、二〇一六年、初出二〇一一年）。

（4）小酒井大悟『近世前期の土豪と地域社会』（清文堂出版、二〇一八年）。

（5）児玉幸多「村落社会の組成」（同『近世農村社会の研究』吉川弘文

館、一九五三年）など。

（6）渋江芳浩「「江戸」成立前夜の山の手地域」（江戸遺跡研究会編『江戸の開府と土木技術』吉川弘文館、二〇一四年）、永越信吾「関東における中世集落の再編」（『総研大文化科学研究』一〇、二〇一四年）。

（7）久留島典子『日本の歴史一三　一揆と戦国大名』（講談社、二〇〇一年）。

（8）稲葉継陽『戦国時代の荘園制と村落』（校倉書房、一九九八年）、池上裕子『戦国時代社会構造の研究』（校倉書房、一九九九年）。

（9）久留島前掲書（註（7）参照）、渡辺尚志「村の世界」（歴史学研究会・日本史研究会編『日本史講座五　近世の形成』東京大学出版会、二〇〇四年）。

（10）町田哲「近世黒鳥村の村落構造と運営」（同『近世和泉の地域社会構造』山川出版社、二〇〇四年）。

（11）渡辺尚志『惣百姓と近世村落』（岩田書院、二〇〇七年）。渡辺氏は、名主を含まない「惣百姓」という組織の存在から、世襲名主は周縁性を帯びると評価した。また、名主が惣百姓から外された理由として、名主が村内における領主の代弁者であったことや、彼が村内最高の経済力と諸種の特権を持っていたことを挙げている。

（12）長谷川裕子『中近世移行期における村の生存と土豪』（校倉書房、二〇〇九年）、小酒井前掲書（註（4）参照）。

（13）木村礎『近世の新田村』（吉川弘文館、一九六四年）。

（14）小酒井大悟「開発からみる関東村落の近世化」（同『近世前期の土豪と地域社会』前掲註（4）参照）。

あとがき

私が歴史に強く興味を抱くようになったのは、父方の伯母の影響によるところが大きい。小学生のころ、図書室で『まんが　日本の歴史』を愛読していた私は、その登場人物に思いを馳せ、歴史の舞台を訪ねてみたいと思っていた。旅行が趣味の伯母は、そんな私を全国各地の史跡や博物館に連れて行ってくれた。なかでも、巨大で優美な姫路城を見たときの感動は、今も印象に残っている。

歴史が好きな男性の多くがそうであるように、戦国大名の活躍にロマンを感じた私は、戦国時代について学ぼうと中央大学に進学した。そこで出会ったのが森安彦先生である。森先生の講義では、江戸時代を生きた百姓のライフサイクルや日常が紹介され、私は近世村落史に関心を持つようになった。この森先生との出会いが、私が近世史研究を志すきっかけとなったのである。

学部三年生のときに森先生が退職され、山崎圭先生が着任された。山崎先生には、ゼミ終了後に古文書の読み方なども教えていただいた。また大学院生との勉強会に誘っていただき、そこで研究の基礎的な作法などを学んだ。思えば、渡辺尚志先生と出会ったのも、私が学部生のときに中央大学と一橋大学の大学院生が開催した合同書評会の場であった。

卒業論文を執筆する段になり、私は、もともと関心のあった戦国時代に近い時期、さらに自分の生まれ育った地域の歴史を調べたいと考えた。そして横浜開港資料館で、近世前期の文書を多数含む服部家文書にめぐり会い、旧永田村（現・神奈川県横浜市南区）に土豪がいたことを知った。また、地域のことをより理解すべく、永田地域で活動する「登り窯と永田の自然を守る会」の方々に連絡をとった。「守る会」の皆様には、聞き取り調査に応じてくださっただけではなく、旧永田村地域を案内していただいた。私は地域の歴史を研究するさい、必ず現地でのフィールドワークを行うようにしているが、それはこのとき研究対象地域を巡見することで村のイメージを深める重要性を学んだからである。現在も研究報告の場を設けていただくなど、「守る会」の皆様にはお世話になっている。この場を借りて、改めて御礼を申し上げたい。

卒業論文で永田村の土豪服部家を取り上げることにした私は、古文書の解読と同時に『新編武蔵風土記稿』を読み込むことを始めた。『新編武蔵風土記稿』には、服部家以外にも土豪の子孫と思われる家の情報が数多く記載されていた。朝尾直弘氏や水本邦彦氏などの研究成果では、土豪は小百姓に否定・克服され、消え去っていく存在だとされていた。しかし、関東では戦国期から近世後期に至るまで、村や地域の有力者として存続した土豪の子孫らが一定数存在していたことがわかった。彼らはどのように江戸時代を生き延びたのか。私はこの点に疑問を持つようになった。

その後私は、渡辺尚志先生のもとで学びたいと考え、一橋大学大学院社会学研究科修士課程に進学した。渡辺ゼミでは、村落史・地域史研究を専門とする若手研究者である先輩方の研究報告、熱のこもった議論を聞いて刺激を受け、自分自身の研究を深めていくことができた。また若尾政希先生のゼミにも参加させていただいた。若尾ゼミは、個別の研究報告・論文輪読・古文書読解など、一日中学問をするハードなゼミであったが、思想史や文化史といった分野について学ばせていただき、大変勉強になった。『新編武蔵風土記稿』『新編相模国風土記稿』を分析した本書第二部第四章の論稿は、若尾先生の影響を受けたからこそ、執筆できたものである。

月曜日の若尾ゼミ・火曜日の渡辺ゼミの終了後には、ほぼ毎回飲み会が開催された。そこは学問・研究や学会運営への熱い思い（「魂の叫び」）が語られる場であった。かたや、学会懇親会での失敗談やプライベートの悩みなど、他愛のない話で盛り上がった。時として、ゼミの時間より長丁場に及ぶこともあったが、これまた私の研究人生における大切な時間であった。一緒に杯を重ねたゼミの仲間たちに御礼を申し上げる。

院生時代は関東近世史研究会に所属し、事務局長・学術局長を務めたほか、二〇一二年には大会運営委員長として「一七世紀の関東と開発」という大会企画を運営した。大会当日の朝まで問題提起文をともに作成した、当時のメンバーには感謝を申し上げたい。また、関東近世史研究会会長としてお世話になったのが、佐藤孝之先生である。研究対象時期が近いこともあり、佐藤先生には、研究のご指導もいただいた。先生が群馬県上野村で実施している山中領の史料調査に加えていただき、山間村落の生業や災害などに関心を寄せるようになった。今後はこの研究を進めていくことで、先生に御恩をお返ししたいと思っている。

もう一つ、私の研究に大きな影響を与えたのは、八王子市が市制一〇〇周年の記念事業として行った『新八王子市史』の編纂である。二〇一三年四月、私は市史編さん専門員として、『新八王子市史』近世編の編纂に携わることになった。その近世史部会の部会長を務めていたのが藤田覚先生であった。藤田先生には、史料集刊行の「いろは」、通史を書くさいの文章表現など、市史刊行の各段階でさまざまなことを教わった。また私の論文に対して、仕事の範疇を超えて熱心に指導してくださった。

本書は、二〇一五年十月に一橋大学大学院社会学研究科に提出した博士論文「近世関東の土豪と村落・地域社会」をもとにしている。論文審査を担当してくださったのは、渡辺尚志先生・若尾政希先生・石居人也先生・高柳友彦先生である。お忙しいなか、審査の労をとっていただいたことに、記して感謝申し上げたい。

最後に、これまで私の行き当たりばったりの人生を容認してくれた父昭次・母秀美に対して、感謝を述べたい。私の行く末を心配するそぶりは決して見せず、「自分の思うように生きるように」といつも言ってくれた。肝の据わった両親を持ったことを、本当に有り難く思う。また、小さいころから全国各地に連れて行き、私を歴史好きな少年へと導いてくれた伯母小夜子にも御礼申し上げる。そして、同じ研究者として、人生のパートナーとして、時に優しく、時に厳しく、私を支えてくれる妻の麻里にも感謝したい。

　　　　　　　　　　　　　　　　　　　　　　鈴　木　直　樹

二〇一八年十月

初出一覧

序章　本書の課題と構成（新稿）

第一部　近世前期の土豪と土地特権

第一章　近世前期における土豪の土地特権（「近世前期における土豪の土地特権」『地方史研究』第六七巻第六号、二〇一七年）

第二章　近世前期における検地施行と土豪の変容―武蔵国多摩郡上恩方村草木家を事例に―（「近世前期における検地施行と土豪の変容―武蔵国多摩郡上恩方村草木家を事例に―」『八王子市史研究』第五号、二〇一五年）

第二部　土豪の変容と村落・地域社会

第一章　近世前期土豪の変容と村内小集落―武蔵国久良岐郡永田村服部家を事例に―（「近世前期土豪の変容と村内小集落―武蔵国久良岐郡永田村服部家を事例に―」関東近世史研究会編『関東近世史研究論集1　村落』岩田書院、二〇一二年）

第二章　近世前期～中期における土豪家と村落寺院―武蔵国榛沢郡荒川村持田家を事例に―（「近世前期～中期における土豪家と村落寺院―武蔵国榛沢郡荒川村を事例に―」『関東近世史研究』第七三号、二〇一二年）

第三章　近世前期地域支配体制の変容と土豪（「近世前期地域支配体制の変容と土豪」『人民の歴史学』第二一〇号、二〇一六年）

第四章　「旧家者百姓」家の特質と展開過程―『新編武蔵風土記稿』『新編相模国風土記稿』を素材に―（「旧家者百姓」家の特質と展開過程―『新編武蔵風土記稿』『新編相模国風土記稿』を素材に―」『一橋社会科学』第一〇巻、二〇一八年）

終章　本書のまとめと今後の課題（新稿）

索　　　引

I 事　　項

あ 行

か 行

さ　行

な　行

は　行

ま 行

や 行

ら 行

わ 行

II 研究者名

あ 行

著者略歴

一九八三年　埼玉県に生まれる
二〇一六年　一橋大学大学院社会学研究科博士後期課程修了・博士（社会学）
現在　税務大学校租税史料室研究調査員・一橋大学大学院社会学研究科特別研究員

〔主要論文〕

「年中行事に見る山間村落の社会構造」（渡辺尚志編『生産・流通・消費の近世史』勉誠出版、二〇一六年）

「近世前期における土豪の土地特権」（『地方史研究』第六七巻第六号、二〇一七年）

「近世後期松代藩領における地域社会の再編と洪水」（『信濃』第七〇巻第四号、二〇一八年）

近世関東の土豪と地域社会

二〇一九年（平成三十一）一月一日　第一刷発行

著　者　鈴《すず》木《き》直《なお》樹《き》

発行者　吉川道郎

発行所　株式会社　吉川弘文館
郵便番号一一三―〇〇三三
東京都文京区本郷七丁目二番八号
電話〇三―三八一三―九一五一〈代〉
振込口座〇〇一〇〇―五―二四四番
http://www.yoshikawa-k.co.jp/

印刷＝株式会社 理想社
製本＝株式会社 ブックアート
装幀＝山崎　登

ISBN978-4-642-03493-7